LE
DROIT DE LA GUERRE

Deuxième Partie

La Guerre considérée dans les rapports des combattants
avec les non combattants et les neutres

CONFÉRENCES

Faites aux Officiers de la garnison de Grenoble

Pendant l'année 1892-1893

PAR

A. PILLET

PROFESSEUR A LA FACULTÉ DE DROIT DE GRENOBLE

PARIS
LIBRAIRIE NOUVELLE DE DROIT ET DE JURISPRUDENCE
ARTHUR ROUSSEAU
ÉDITEUR
14, rue Soufflot et rue Toullier, 13

1894

LE

DROIT DE LA GUERRE

CONFÉRENCES

Faites aux Officiers de la garnison de Grenoble

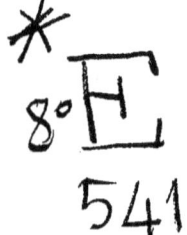

LE
DROIT DE LA GUERRE

Deuxième Partie

La Guerre considérée dans les rapports des combattants avec les non combattants et les neutres

CONFÉRENCES

Faites aux Officiers de la garnison de Grenoble

Pendant l'année 1892-1893

PAR

A. PILLET

PROFESSEUR A LA FACULTÉ DE DROIT DE GRENOBLE

PARIS
LIBRAIRIE NOUVELLE DE DROIT ET DE JURISPRUDENCE
ARTHUR ROUSSEAU
ÉDITEUR
14, rue Soufflot et rue Toullier, 13

1893

LE DROIT DE LA GUERRE

DEUXIÈME PARTIE

ONZIÈME CONFÉRENCE.

Objet de cette seconde série de conférences. — La guerre considérée dans les rapports des combattants et des non combattants. — Influence de l'état de guerre sur les non combattants et sur les neutres. — Aperçu historique de la question. — Civilisations anciennes. Droit illimité du vainqueur sur la personne et sur les biens des vaincus. — Époque moderne. — Persistance des doctrines anciennes. Grotius. — Idées modernes. Vattel. — Principes admis de nos jours. — Leurs principales conséquences. — Distinction de l'invasion de l'occupation et de la conquête.

Le droit de la guerre n'a pas seulement à se préoccuper des rapports réciproques des combattants. Son domaine est plus vaste et présente un autre aspect qu'il nous appartient maintenant de considérer. Nous avons jusqu'ici étudié les hostilités, et déterminé, autant que faire se peut, les limites que la raison et l'honneur commandent aux combattants de ne jamais dépasser dans l'usage qu'ils font de leurs forces. Mais les hostilités, quoique constituant le trait essentiel de l'état de guerre, sont loin de résumer en elles tout l'effet qu'il produit. La guerre n'est pas visible seulement sur les champs de bataille : avant même que le premier coup de canon n'ait été tiré, l'état de guerre a fait sentir son influence sur le territoire entier des deux pays qui vont courir les chances de la lutte. Dans ces limites, il n'est pas une personne, pas une chose qui ne soit ou ne puisse être de quelque façon affectée par cet état. L'homme le plus étranger par son âge, ses occupations, ses tendances aux opérations militaires ne portera pas moins sa part dans le fardeau de la guerre, et c'est justice. Lorsque les nations sont engagées dans ces grandes et solennelles contestations, il est convenable, il est bon que chaque citoyen supporte dans la mesure de ses forces la cause de sa patrie. De même il n'est pas de bien, pas d'objet, si peu approprié qu'il paraisse aux besoins des armées, qui ne puisse être utilisé dans la lutte, telle est aujourd'hui la variété infinie des ressources dont il faut disposer pour triompher. Et il est élémentaire que, dans une cause aussi grave, les richesses tout entières des peuples belligérants doivent être, en cas de besoin, affectées aux nécessités que font naître les vicissitudes de l'action.

Mais il y a plus. La solidarité des peuples civilisés est assez grande pour qu'il ne puisse se passer chez l'un quelconque d'entre eux aucun événement véritablement important qui n'ait immédiatement son contre-coup chez les autres. Les nations qui ne prennent aucune part aux hostilités doivent respecter chez les autres le droit qu'elles ont de se combattre, de même qu'en temps ordinaire elles sont tenues de respecter leur droit de vivre en paix. Elles seront donc tenues à conserver dans leurs rapports avec les belligérants la plus grande réserve et l'impartialité la plus complète. De là pour leurs gouvernements toute une série de devoirs nombreux, étendus, délicats; de là pour les particuliers appartenant à ces nations une abstention forcée qui, pratiquement, se traduit surtout par des gênes fort sensibles imposées à leur commerce international. C'est l'état de neutralité.

La tâche que nous nous sommes assignée cette année consiste précisément à étudier cette partie du droit de la guerre qui dépasse dans son effet le théâtre des hostilités proprement dites.

Nous allons essayer de déterminer avec quelque exactitude quels sont les droits et les devoirs incombant soit aux non combattants, soit aux neutres. Cette face nouvelle de notre étude touche à des principes moins élevés sans doute que ceux que nous avons envisagés l'année dernière, mais en revanche plus pratiques et d'une observation plus certaine. Les questions que nous allons examiner nous concernent tous. Elles intéressent les officiers qui demeurent ici encore, les agents principaux de l'état de guerre et les dépositaires du droit qui y correspond ; elles n'intéressent pas moins les simples particuliers, même les enfants et les femmes, qu'une déclaration de guerre transforme fatalement en ennemis passifs ou en neutres, et expose par là à subir dans une mesure plus ou moins rigoureuse les conséquences des hostilités.

Elles sont aussi d'une application plus facile, car, en sortant du domaine propre aux hostilités, nous entrons dans une sphère plus calme, où la violence de l'action ne risque plus de supprimer la réflexion, où la liberté est plus grande, la responsabilité plus efficace, où enfin la légitime autorité du droit peut s'exercer sans se heurter à chaque pas à une prétendue raison de guerre devant laquelle il semble qu'il n'y ait plus de place pour l'humanité ni pour la justice.

Ajoutons immédiatement que l'objet que nous nous sommes assigné déterminera ici encore le choix de nos développements. Nous traiterons particulièrement, et avec tout le soin dont nous serons capable, les questions qui appartiennent à la théorie de la guerre terrestre, les réquisitions militaires, par exemple, et l'occupation, et nous nous bornerons au contraire à une mention aussi sommaire que possible des nombreux et difficiles problèmes que fait naître à notre point de vue la guerre maritime. Sans doute bien des choses seront laissées de côté qui auraient mérité une place, mais, dans un sujet aussi vaste, force est bien de se borner, et il nous semble préférable de concentrer notre attention sur les matières qui présentent pour les militaires en campagne un intérêt immédiat.

Tel est l'esprit qui dominera dans nos recherches.

Le premier et principal objet de nos études doit être la situation des non combattants, c'est-à-dire des personnes qui, bien que résidant en pays ennemi, ne doivent prendre et ne prennent effectivement aucune part aux hostilités.

Mais sur ce point, comme sur tous ceux auxquels nous avons déjà touché, on ne peut bien connaître et surtout bien juger le droit actuel qu'autant que l'on possède des lumières sur les coutumes qui l'ont précédé.

La pratique suivie à cet égard dans l'antiquité était aussi simple que radicale. L'ennemi était sans droit au regard de son vainqueur, et aucun ménagement n'était jamais dû ni à sa personne ni à ses biens. Telle était la rigueur du droit, et cette rigueur s'explique si l'on songe que la distinction des combattants et des non combattants qui, la première, a permis d'apporter quelque adoucissement au sort des personnes paisibles, est d'invention récente, et si l'on considère de plus que les guerres des peuples anciens n'étaient pas ce qu'elles sont aujourd'hui, le moyen suprême de décider les contestations internationales, qu'elles revêtaient presque toujours le caractère de guerres d'extermination entreprises pour faire disparaître l'ennemi du nombre des nations ou, au moins, pour l'enchaîner à jamais à la fortune de son vainqueur. Ce caractère était si tranché que la religion elle-même, cette base première de l'organisation des républiques anciennes, devait céder à son influence. Le belligérant ne respectait rien en territoire ennemi, pas même les temples et les statues des dieux, et les scrupules religieux du vainqueur, s'il en éprouvait, étaient satisfaits lorsqu'il avait donné un asile parmi ses propres dieux aux divinités ennemies dont il avait violé et détruit le sanctuaire [1].

Quelles pouvaient être les conséquences de pareils sentiments? On le devine sans peine, et tous les historiens de l'antiquité sont là pour nous attester la férocité incroyable dont le vainqueur ne craignait pas de faire preuve envers les paisibles habitants du pays qu'il avait conquis. A la guerre, l'innocent est confondu dans une même infortune avec le coupable. On peut tuer toute personne trouvée en pays ennemi, et le droit n'admet pas que le sexe ou l'âge puisse garantir personne de la fureur du soldat [2]. Il est permis de massacrer même

---

[1] V. sur ce point les exemples cités par Grotius, *Droit de la guerre et de la paix*, l. III, ch. v, § 2. — Cf. Bluntschli, R. D. I., 1887, p. 520.

[2] « Cæsar (Germanicus) avidas legiones, quo latior populatio foret, quatuor in cuneos dispertit. Quinquaginta millium spatium ferro flammisque pervastat: non sexus, non ætas miserationem attulit;

ceux qui se sont rendus à discrétion, comme l'attestent plusieurs exemples demeurés célèbres (Grotius, III, IV, § 12) ; à plus forte raison, se croyait-on autorisé à mettre à mort les citoyens que leur patrie avait constitués comme otages, auprès de l'ennemi, en garantie de la parole qu'elle leur avait donnée. La violation de la promesse faite était le signe de leur mort. Les Romains ne craignirent pas de massacrer d'une seule fois trois cents otages[1]. Ces cruautés n'étaient point le fait de la fureur sanguinaire d'un seul peuple : on les trouve en usage chez les Hébreux, chez les Grecs, chez les Romains, c'était un trait commun à tous les peuples de l'antiquité[2].

profana simul et sacra, et celeberrimum illis gentibus templum quod Tanfanæ vocabant, solo œquantur ; sine vulnere milites, qui semisomnos, inermos ant palantes ceciderant. » (Tac., *Ann.*, l. I, ch. LI.) Cf. sur l'obstination des chefs à user des rigueurs du droit de la guerre, même contrairement aux ordres du Sénat, Tite-Live, *Hist.*, l. XXVI, ch. XV.

[1] Après la révolte des Volsques (Denys d'Halycarnasse, l. VI, ch. XXX.)

[2] Il paraît résulter cependant des études faites sur la civilisation des peuples les plus anciens que leurs usages en cette matière étaient moins barbares que ne le furent ceux des Grecs ou des Romains. Les Chinois, peuple essentiellement pacifique, ne prenaient les armes qu'en cas de nécessité pressante, et apportaient dans leurs expéditions tous les ménagements compatibles avec leur objet. (V. Müller-Jochmus, *Geschichte des Völkerrechts in Alterthum*, pp. 46 et ss.) Les lois de Manou recommandent la loyauté dans le combat, et ordonnent d'épargner quiconque ne peut ou ne veut pas se défendre (id., p. 86). La loi de Moïse elle-même n'est impitoyable que contre l'ennemi héréditaire dont Dieu lui-même a commandé l'extermination (id., p. 72). On peut donc penser que l'avarice et l'ambition des conquérants, plus que la barbarie des mœurs primitives, contribuèrent à aggraver les rigueurs de la guerre.

Elles ne souillent pas la mémoire de certains capitaines seulement : tous les guerriers paraissent y avoir eu recours à l'occasion, et, dans l'histoire des faits qui ont dû à leur horreur de passer à la postérité, on trouve les noms les plus illustres de l'antiquité, Alexandre, Annibal, Marcus Brutus, César et jusqu'à Germanicus et à Titus. Même l'honneur des femmes ne fut pas toujours sacré pour le vainqueur, et l'on cite des circonstances malheureusement trop fréquentes où il fut la proie du soldat[1]. Pourtant sur ce point, les anciens ne montraient plus tout à fait la même insensibilité, et, outre que l'on voyait les généraux recommander fréquemment à leur soldat le respect des femmes de l'ennemi[2], les historiens qui nous ont transmis la mémoire des excès commis, s'accordent à blâmer sévèrement un pareil abus de la force. Mais, à cette exception près, historiens et philosophes paraissent presque unanimes à considérer l'usage illimité de la violence comme permis en temps de guerre, même contre ceux qui ne peuvent prendre la moindre part aux

---

[1] Elien (*Hist. div.*, l. VI, ch. I) accuse les Sicyoniens d'excès de ce genre. Diodore de Sicile (l. XIX, § VIII et s.) porte la même accusation contre les bandes d'Agathocle après la prise de Syracuse.

[2] Tite-Live (*Hist.*, l. XXVI, cap. XLIX) met dans la bouche de Scipion cette réponse aux supplications des femmes de Carthagène : « Meæ populique romani disciplinæ causa facerem, inquit, ne quid, quod sanctum usquam esset, apud nos violaretur. Nunc, ut id curem impensius, vestra quoque virtus dignitasque facit, quæ ne in malis quidem oblitæ decoris matronalis estis. »

hostilités. *Dura lex, sed lex*. Ce droit était rigoureux, mais c'était le droit[1] tel qu'on le comprenait à cette époque reculée, et ceux qui, par aventure, mettaient un frein à ces cruautés inutiles en étaient loués comme d'un acte de singulière vertu.

On comprend que l'esclavage, cette institution contre nature et qui répugne si fort à notre conscience de civilisés, apparut d'abord comme un soulagement et comme un bienfait par l'adoucissement qu'il introduisit dans les coutumes ordinaires de la guerre [2].

Par le peu de respect montré pour les personnes, on peut juger du sort réservé aux biens de tout genre rencontrés en territoire ennemi. Ici encore nous rencontrons un principe absolu dans sa rigueur [3]. Tous les biens de l'ennemi, sans exception même pour ceux qui sont consacrés aux dieux, tombent à l'entière discrétion du vainqueur. Il peut les ravager, les brûler, les détruire

---

[1] Devant l'assemblée générale des Étoliens (Panætolium) les Athéniens se plaignent en ces termes de Philippe de Macédoine : « Neque id se queri quod hostilia ab hoste passi forent: esse enim quædam belli jura, quæ ut facere, ita pati sit fas. Sata exuri, dirui tecta, prœdas hominum pecorumque agi, misera magis quam indigna, patienti esse, etc. » (Tit.-Liv., l. XXXI, c. XXX.)

[2] Just., *Instit.*, l. I, tit. IV, § 3.

[3] Grotius, III, VI, § 2. A Rome, l'exclusivisme ancien se reflétait complètement dans cette règle de droit d'après laquelle, à partir de la déclaration de guerre, la propriété ennemie n'existait plus, devenait *res nullius*, et pouvait être saisie par le premier occupant. Gaius, II, § 69. Müller-Jochmus, *l. c.*, p. 169.

sans avoir à cela d'autre raison que sa pure fantaisie. Il peut surtout se les approprier, et, en fait, l'avarice et la cupidité furent des facteurs importants dans les guerres des anciens. Le butin était à leurs yeux la propriété peut-être la plus importante et certainement la plus légitime ; ce dernier point nous est attesté par l'un des principaux organes de la jurisprudence romaine classique, le jurisconsulte Gaius[1]. Et, en effet, chez les Romains, peuple conquérant par excellence, l'acquisition provenant du pillage donna lieu à toute une réglementation assez compliquée, et dont les traits ne nous sont même pas parfaitement connus. Rien mieux que l'existence d'une semblable législation ne saurait prouver l'importance énorme du butin, la cupidité insatiable des conquérants. Le butin comprenait tout : il englobait à la fois les meubles et les immeubles[2]. Ces derniers

[1] Gaius, c. IV, § 16.
[2] L'opinion du savant Grotius sur ce point mérite d'être rapportée. Il établit une antithèse entre ce qu'il appelle le droit de la nature et le droit des gens. D'après le droit de la nature, nous ne pouvons prendre sur l'ennemi que ce qui est nécessaire pour nous payer de ce qui nous est dû, ou pour lui infliger une peine proportionnée au tort que son injustice nous a causé. Mais cette distinction est inconnue au droit des gens, d'après lequel tout ce que nous pouvons enlever à notre ennemi est de bonne prise sans distinction ni limite. (*Le droit de la guerre,* l. III, ch. VI.) Cette opposition du droit de nature et du droit des gens pourrait être justement critiquée, mais il ne demeure pas moins vrai (et les citations de Grotius le prouvent abondamment) que l'opinion du monde ancien était unanime touchant le droit illimité d'appropriation qu'elle reconnaissait au vainqueur.

avaient diverses destinations : on les vendait à l'encan, ou bien on les assignait aux vétérans ou encore on les laissait à leur ancien propriétaire, qui demeurait à titre de simple possesseur sur les terres qu'il avait comptées en des temps plus heureux dans son domaine le plus complet. Quant au butin mobilier qui comprenait les esclaves, les métaux précieux, les œuvres d'art, les armes, les provisions, les machines, bref, tout ce qui, aux yeux du vainqueur, présentait une certaine valeur, on l'emportait. Une part était destinée à l'embellissement de la ville, une autre consacrée le plus souvent à l'ornement du triomphe du vainqueur. Le reste paraît avoir appartenu au peuple romain qui en disposait à sa guise, mais l'usage s'était imposé de bonne heure d'en laisser aux soldats une part, qui fut d'abord minime et devint par la suite considérable[1].

On peut s'étonner de voir ces pratiques, qui sont en somme barbares, subsister même au moment de l'épanouissement le plus brillant de la civilisation en Grèce et à Rome, mais on a bien plus de sujet d'étonnement à constater l'étrange vitalité, la persistance incroyable des idées sur lesquelles reposait tout ce système de coutumes surannées. Pendant tout le moyen âge et jusqu'aux temps modernes les opinions n'ont pas sensiblement

---

[1] Grotius, l. III. ch. VI, §§ XIV et ss.; Müller-Jochmus, *l. c.*, § 76; Bluntschli, R. D. I., 1877, p. 521.

changé. C'est encore un axiome que toutes personnes armées ou non armées, soldats de métier ou artisans paisibles, supportent également et au même titre les rigueurs des hostilités. Une ville n'est pas prise d'assaut sans que l'on accorde au soldat le pillage comme récompense de sa valeur. Trop souvent la résistance acharnée de ses habitants sert de prétexte à un massacre général[1]. Il semblait en vérité, après la victoire, que la résistance qui l'avait retardée dût être érigée en crime capital, et le vainqueur n'éprouva pendant trop longtemps aucun scrupule à faire expier ce prétendu crime, non seulement à ceux qui avaient pris part à la lutte, mais à ceux-là même qui en étaient demeurés les simples spectateurs. Trop heureux les vaincus lorsqu'ils pouvaient désarmer par le sacrifice volontaire des principaux d'entre eux (comme dans le célèbre cas d'Eustache de Saint-Pierre et de ses compagnons) le courroux de leur vainqueur. La guerre ainsi comprise n'avait rien d'une lutte pour le droit. C'était le déchaînement de toutes les passions où la fureur, le ressentiment, la cupidité se donnaient libre carrière.

Froissard[2] nous rapporte qu'en 1382 Charles VI de France fit brûler Courtray et emmener « par manière

---

[1] J. A. Farrer, *Military manners and customs*, ch. II.
[2] Chronique de Froissart, t. II, ch. cc.

de servage » une partie de la population, uniquement pour venger la défaite qu'avaient subie dans ces parages près d'un siècle auparavant les troupes de Philippe le Bel. Plus récemment le sac de Magdebourg pendant la guerre de Trente ans nous offre un trop célèbre exemple de l'incroyable persistance des pratiques anciennes.

Cependant le commerce maritime s'était considérablement accru : aux horreurs de la guerre sur terre venaient se joindre les horreurs de la guerre sur mer, qui ne leur cédaient en rien. Les pirates, les corsaires, si souvent dignes du nom de pirates, infestaient en tout temps les mers les plus fréquentées, et c'était une coutume si invétérée de piller les bateaux voués au commerce, que cette coutume a dès lors été diminuée et restreinte, mais qu'elle n'a pas encore disparu de nos jours de la pratique des nations civilisées.

Pour imaginer à quel point la lumière a tardé à se faire dans ce domaine, il suffit de consulter l'ouvrage jadis classique du célèbre Grotius[1]. Il semble que l'on entend parler un Grec ou un Romain de la république ; le droit de Grotius n'est ni moins rigoureux ni moins aveugle que le droit de l'époque des XII tables, et ce droit était enseigné au commencement du XVIIe siècle. On retrouve chez lui tous les traits que nous avons indiqués comme

---

[1] Grotius, *De jure belli et pacis*, lib. III, cap. III et ss.

caractéristiques dans les civilisations anciennes, et c'est même grâce à la vaste érudition de ce philosophe que nous devons d'être instruits aussi complètement que nous le sommes des usages primitifs. Évidemment, la connaissance approfondie que possédait le jurisconsulte hollandais des auteurs anciens, son admiration sans limites pour leurs ouvrages, est ce qui a perverti sa raison et faussé son jugement. Il lui semblait que les maximes grecques et romaines représentaient la suprême sagesse, le droit idéal, la ligne de conduite dont on ne devait jamais dévier : c'est ainsi qu'oublieux de la mobilité nécessaire à toute science sociale, il prétendait imposer aux Français et aux Hollandais de son temps des règles faites pour les Grecs et les Romains. Sa superstition à cet égard dépasse toute mesure. Comme, malgré tout, il ne peut se dissimuler la disproportion évidente des doctrines qu'il se croit tenu de reproduire avec les idées d'humanité déjà communes à son époque, il pense esquiver la difficulté en établissant une opposition entre ce qui est permis et ce qui est louable, entre les actes qui sont véritablement innocents et ceux qui demeurent simplement impunis[1]. Ce sont de pauvres raisons en vérité et qui recouvrent un de ces sophismes qui, pratiquement, sont plus dangereux et plus nuisibles

---

[1] V. not. lib. III, cap. IV, in pr.

que le serait la négation pure et simple de l'autorité de la raison et du droit.

Ces défauts affaiblissent singulièrement la portée de la grande œuvre de Grotius, et cependant il les aurait évités facilement si, moins exclusivement fidèle aux traditions anciennes, il eût attaché quelque prix à ce qui s'était dit et fait en France avant lui. Il aurait vu que tous les chevaliers ne partageaient pas les idées des capitaines d'autrefois, que plusieurs parmi les plus illustres, du Guesclin et Bayard, par exemple, se crurent toujours obligés de montrer pour l'ennemi, et surtout pour l'ennemi vaincu, tout le respect compatible avec les nécessités du service des armes. Du Guesclin mourant recommandait à ses compagnons d'armes de n'oublier jamais que les gens d'église, les femmes, les enfants et le pauvre peuple n'étaient point leurs ennemis, et Bayard est demeuré fameux en même temps par sa valeur et par les ménagements dont il usait envers les habitants inoffensifs des pays qu'il occupa durant ses expéditions[1].

En réalité donc il y eut au moyen âge un adoucissement réel, quoique encore bien insuffisant, dans les pratiques de la guerre. Il se produisit en même temps un changement dans les idées. Déjà à la fin du XIV⁰ siècle, Honoré Bonet, ce très ancien auteur qui écrivit l'*Arbre*

---

[1] De Terrebasse, *Histoire de Bayard*, not., ch. XXXII.

des batailles[1], insiste avec beaucoup de force sur l'injustice de la condition faite par les guerres « aux pauvres laboureurs qui ne savent ni mal dire ni mal penser, et desquels le pays, les rois et tous les seigneurs du monde ont après Dieu ce qu'ils mangent et ce qu'ils boivent. » C'est son sujet de prédilection : nul homme ne doit porter le péché d'un autre, et ainsi les laboureurs, les bergers, les marchands ou les autres de cette sorte doivent rester en dehors de la guerre. Quelle bonne raison peut-on avoir à frapper des hommes qui ne demandent qu'à vivre en paix? Quel honneur peut-il y avoir à tuer ou à emprisonner celui qui ne saurait revêtir une cotte de mailles ni fermer un bassinet? Honoré Bonet ne se dissimule point que ses idées ne sont pas celles de son siècle : il n'est pas moins à louer de les avoir exprimées.

La cause de l'humanité eut dès lors pour champions ces théologiens que l'on aime à citer comme les plus anciens auteurs qui se soient occupés de droit international. Au milieu du xvi° siècle, le dominicain Soto[2] prend la défense des naturels Africains contre les négriers espagnols qui pratiquaient à leur détriment leur coupable industrie. Un peu avant lui, Victoria, son maître, avait traité la question qui nous occupe. Il enseigne que l'on ne peut faire dans une guerre que ce qui

---

[1] Nys., R. D. I., 1882, pp. 465 et ss.
[2] Wheaton, *Histoire du droit des gens*, t. I, pp. 32 et ss.

est nécessaire à la défense et à la conservation de l'État. Il recommande expressément d'épargner les femmes et les enfants, même dans les guerres contre les Turcs, il faut épargner aussi les laboureurs, les personnes étrangères à la profession des armes, les étrangers. Les biens de ces personnes ne peuvent être enlevés que s'ils sont nécessaires à l'objet de la guerre ; s'ils ne le sont pas, ils ne doivent être ni pillés ni détruits. On trouve à la même époque chez un militaire, Balthazar Ayala, grand prévôt de l'armée de Philippe II dans les Pays-Bas, des idées à peu près semblables.

Il est intéressant de suivre ainsi à la trace l'éclosion et le développement des idées qui étaient destinées à servir de fondement au droit de la guerre contemporain. Mais pendant de longs siècles ces idées ne furent que timidement proposées, et ne changèrent pas sensiblement les usages reçus. Nous en avons eu la preuve dans l'ouvrage de Grotius ; plus tard encore, et près d'un siècle après lui, chez un autre Hollandais, Bynkershoek [1].

---

[1] Bynkershoek, *Qest. jur. publ.*, lib. I, cap. III et ss. — Bynkershoek se raille, non sans quelque raison, de la politesse exagérée dont usent les souverains au milieu même des hostilités. « Et adeo adulandi ferax fuit sæculum præteritum, et est hoc nostrum, ut Principes neque adulationis obliviscantur inter ipsa arma. » Rappelant que Louis XIV, au cours d'une guerre contre l'Angleterre, envoya à Charles II une ambassade pour lui présenter ses condoléances au sujet de l'incendie de Londres (1666), le Hollandais ajoute : « Humanitatem, clementiam, pietatem, cæterasque animi

Aux philosophes du xviiie siècle était réservé l'honneur de déterminer dans notre domaine une évolution radicale. De même que, à l'intérieur, leurs efforts réussirent à effacer les derniers vestiges de la féodalité, de même dans l'ordre international ils tendirent à rendre les relations entre les peuples plus faciles et plus douces. La conception d'un état de nature qui est la perfection même et auquel l'humanité doit revenir est inconciliable avec les inimitiés entre nations, plus encore avec cette idée barbare qu'un ennemi est sans droit. Si la philosophie ne put détourner l'humanité de la pratique de la guerre, comme elle en avait le dessein, du moins parvint-

magni virtutes in bello gloriosum est, sed oppido putidum, solis verbis ludere ; quid enim nisi verbis ludis, cum indoles conflagrationi Urbis, quam ipse cuperes incendere ? » Bynkershoek n'a peut être pas complètement raison et l'expérience a montré plus d'une fois que l'observation des règles de la courtoisie entre combattants n'est pas aussi inutile qu'il le pense. La simple politesse est par elle-même un progrès dans la voie de la civilisation, car il est rare qu'un homme accoutumé à subir son empire demeure en même temps insensible aux suggestions de l'humanité. En outre le respect montré en toute occasion pour la personne de l'ennemi, fût-il purement extérieur, contribue à diminuer l'âpreté des haines et à rendre la réconciliation plus facile. Les peuples anciens étaient moins sensibles au massacre de leurs citoyens qu'à la barbarie de l'ennemi qui avait laissé leurs corps sans sépulture. De nos jours la politesse, si elle reste en dehors du droit, est au moins d'une excellente politique. C'est à la courtoisie des alliés devant Sébastopol, non moins qu'à la stricte observation des lois de la guerre, que l'on doit ce résultat qu'une campagne sanglante n'a pas laissé subsister la moindre inimitié entre les peuples qui y ont pris part.

elle à en adoucir les rigueurs. Le jurisconsulte suisse Vattel[1] nous fournit une image fidèle des opinions de son temps. Son respect pour les anciens ne va plus jusqu'à une reproduction servile de leurs sentences les plus dures ; sa doctrine est celle d'un véritable philosophe, partout la raison et l'humanité y font entendre leur voix. Qu'il s'occupe du sort des malheureuses populations d'un territoire envahi, il impose à l'envahisseur le devoir de les traiter avec ménagements ; s'il considère le droit que l'ennemi peut prétendre sur leurs biens, il le limite à ce qui est strictement nécessaire à la poursuite des hostilités. Sur quelques points seulement, tels que le pillage ou la pratique des otages, on s'aperçoit que Vattel écrivait il y a plus d'un siècle, et que depuis lui les idées se sont transformées.

On peut assez exactement résumer l'état de notre société ancienne sur ce point, en disant que, aussi longtemps qu'elle a duré (et cela est vrai surtout pour les derniers siècles de son existence), les doctrines sont restées en retard sur la pratique. Avec l'histoire de notre siècle nous assistons à un phénomène tout opposé. Une réaction s'est produite, réaction longtemps attendue, dont la véhémence a donné dans l'excès contraire. Ce sont les doctrines maintenant qui ont pris la tête ; elles

---

[1] Vattel, *Le droit des gens,* t. III, ch. VIII et ss.

précèdent la marche forcément assez lente de la pratique, parfois d'un espace si grand, qu'elles méritent le reproche de méconnaître les conditions dans lesquelles se meuvent les luttes des nations. Quoi qu'il en soit, on ne peut concevoir d'opposition plus tranchée que celle qui s'observe entre le langage des anciens jurisconsultes et le langage des publicistes contemporains. Les uns disaient : tous les habitants du pays que l'on combat sont pour l'armée des ennemis. Tout est permis contre eux et si l'on peut se montrer miséricordieux à leur égard, on ne viole du moins aucun droit en leur refusant toute miséricorde. Leur personne est laissée à la discrétion du soldat, leurs biens deviennent très légitimement sa proie, il n'y a pour eux ni droit ni justice. Les autres disent au contraire : les habitants paisibles qu'une armée rencontre dans le cours de ses opérations sur le sol étranger ne sont point ses ennemis. Ils ne prennent aucune part aux hostilités, donc aussi doivent-ils ne subir aucun mal, aucune vexation même de la part de ceux qui s'y livrent. Leur personne est inviolable, leurs biens doivent être respectés ; il y a pour eux un droit, et lorsque ce droit subit quelque atteinte, ils peuvent demander justice aux ennemis mêmes de leur patrie.

Pourquoi ce revirement? On a coutume d'en rapporter l'honneur à la formule sonore de Rousseau : « La guerre n'est point une relation d'homme à homme, mais d'État à État. » En adoptant cette maxime on tombe précisément dans l'excès que nous venons de signaler. Bien qu'il soit rigoureusement vrai que la guerre est une relation d'État à État, les études que nous allons entreprendre ne nous montreront que trop l'illusion grande que l'on se ferait en pensant qu'il est possible d'épargner aux populations paisibles le poids des hostilités qui se poursuivent sur leur territoire[1]. Mais il en existe d'autres raisons. Ce revirement tient d'abord à ce que sous l'influence de mille causes diverses les mœurs actuelles n'ont plus la rudesse des mœurs anciennes. La vie de l'homme a, aujourd'hui, aux yeux de tous, un prix qu'elle n'avait jamais obtenu. Sa liberté ne date que d'hier, et sa liberté est déjà regardée comme un bien sacré entre tous, bien auquel il est criminel de toucher sans une absolue nécessité. Puis cette évolution tient aussi au progrès des idées et au nouveau point de vue sous lequel on envisage le fait de la guerre. La guerre de nos jours est essentiellement scientifique. Un État conscient de ses devoirs ne fait la guerre que pour obliger la volonté rebelle d'un adversaire à reconnaître son bon droit. Il faut pour cela qu'il brise la force de son ennemi, et il emploiera à le faire les moyens les plus terribles : mais aussi il s'abstiendra de toute violence qui ne concourrait pas direc-

---

[1] V. notre 1er vol., p. 44 ; Hall, *International law*, pp. 55 et ss.

tement à l'œuvre qu'il poursuit, car sa raison lui montre clairement qu'à la guerre tout ce que la nécessité n'excuse pas devient de la cruauté. Il combat pour son bon droit et non pas mû par le désir sordide de s'enrichir des dépouilles de son ennemi. Il respectera donc la propriété de son ennemi, comme il respectera sa personne, ne voulant pas être convaincu d'avarice plus que de barbarie.

Tels sont les devoirs des États modernes. Ils se résument dans la double inviolabilité de la liberté des non combattants et de leur propriété.

Que renferment ces deux idées? Si on les analyse, on trouve en elles le germe de toute une série de commandements pour les armées en campagne, de garanties pour les particuliers en contact avec elles[1].

[2] Ces idées sont celles de la totalité des auteurs modernes. V. Klüber, *Droit des gens*, §§ 246 et 250 ; Wheaton, *Droit des gens*, t. II, §§ 2 et ss; Heffter, *Le droit international de l'Europe*, §§ 126 et 130; Travers Twiss, *Le droit des gens*, §§ 42 et ss, 62 et ss; Phillimore, *International Law*, t. III, p. 78 ; Hall, *International Law*, pp. 333 et 354 ; Acollas, *Le droit de la guerre*, pp. 78 et ss ; Bluntschli, *Das moderne Völkerrecht*, §§ 568 et ss; Calvo, *Le droit international*, t. IV, n°s 2166 et ss, 2199 et ss; F. de Martens, *Traité de droit international*, t. III, p. 261; Rüstow, *Kriegspolitik und Kriegsgebrauch*, pp. 205 et ss, 212 et ss; Guelle, *Précis des lois de la guerre*, t. II, pp. 38 et ss; Morin, *Les lois relatives à la guerre*, t. I, p. 50; Lentner, *Das Recht im Kriege*, p. 120; P. Fiore, *Le droit international codifié*, art. 1035, 1053, 1058, 1063 ; Neumann, *Éléments de droit des gens*, §§ 46 et ss; Funck Brentano et Sorel, *Le droit des gens*, pp. 282, 284; *Leuder dans le Holzendorff's Handbuch*, t. IV, § 118; Halleck,

Respect des personnes inoffensives. On ne doit ni les tuer, ni les blesser, ni les molester d'aucune façon. L'honneur des femmes doit être réputé aussi sacré que leur vie[1].

Respect des liens de la famille. Quelques charges qu'il puisse devenir nécessaire d'imposer à un pays, on évitera de séparer la famille de son chef, de priver les enfants de la protection qui leur est si nécessaire.

Respect de la liberté individuelle, et, ce qui appartient au même ordre d'idées, respect des convictions religieuses, de la liberté du travail, de la liberté politique. Ce sont tout autant de manifestations de la personnalité humaine, et cette personnalité doit demeurer inviolable.

Respect de la propriété sous toutes ses formes, immeubles et meubles, instruments, récoltes, outils, argent comptant, créances. La guerre ne tend ni à dérober ni

---

Elements of international law, pp. 191 et 204; Sumner Maine, *La guerre*, pp. 161 et ss; Rouard de Card, *La guerre continentale et la propriété*, p. 16; Féraud-Giraud, *Des recours à raison des dommages causés par la guerre*, § 1; Desjardins, dans la *Revue des Deux-Mondes*, 1882, p. 331; Lorimer, *Droit international*, p. 215.

[1] Cette dernière obligation est certainement celle que l'on a vu le plus parfaitement observer dans les campagnes de ce siècle. Toutefois la conduite des troupes bulgares en Roumélie en 1877-78 a donné lieu sur ce point à de vives réclamations. L'Institut de droit international fut prié par quelques-uns de ses membres de faire une enquête à ce sujet, mais il ne crut pas pouvoir accéder à cette demande (V. la lettre de M. Lorimer et la motion de M. Hall dans l'*Annuaire* de 1880, pp. 38 et ss.)

à dépouiller, mais à vaincre, et l'esprit de lucre s'allie mal avec l'honneur des armes.

Voilà en substance ce que l'on trouve dans le principe moderne. Ce principe est avoué aujourd'hui par tous les publicistes et il n'a pas tardé à passer dans les diverses compilations rédigées soit à la demande des gouvernements et pour l'usage de leurs troupes en campagne, soit par des sociétés compétentes et désireuses de maintenir la lettre du droit au niveau du progrès des mœurs[1]. Fréquemment même les généraux d'armées prennent soin, au moment où ils franchissent la frontière, de publier une proclamation dans laquelle ils rappellent à leurs soldats le respect qu'ils doivent observer à l'égard des populations ennemies dont ils vont fouler le territoire, et à ces populations le devoir qui leur incombe de n'entraver en rien les opérations militaires de leurs envahisseurs. L'usage de ces proclamations est excellent. Malheureusement nous savons mieux que personne qu'elles ne constituent pas toujours une garantie solide pour les provinces auxquelles elles sont adressées. La tendance de la science actuelle consiste donc à répartir en deux

---

[1] Dahn, *Das Kriegsrecht, Kürze, volksthümliche Darstellung*, etc., pp. 7, 19; Manuel français, pp. 105 et 120; Instr. amér., art. 25, 38; Déclaration de Bruxelles, art. 38 et ss. Manuel de l'Instit. de dr. intern. art. 49, 54.

groupes les habitants des pays entre lesquels une lutte s'est engagée, d'une part les combattants contre lesquels toute violence est légitime, d'autre part les non combattants dont le sort ne doit pas être affecté par l'état de guerre de leur patrie.

En réalité, il n'existe pas entre ces deux classes de personnes d'opposition nette et complète : les non combattants eux-mêmes subissent l'influence des hostilités, seulement cette influence est moins directe que celle qui s'exerce sur les combattants. Les soldats doivent seuls paraître sur les champs de bataille, mais c'est au pays tout entier qu'il appartient de soutenir la lutte. Ses forces intégrales sont consacrées à cette œuvre, et il n'est pas pour un particulier de bien si précieux qu'il puisse le revendiquer contre l'intérêt suprême du salut de l'État. Toutes les richesses du pays sont à la disposition de la nation et peuvent être employées aux besoins de la défense de sa cause. Mais il y a plus. Lorsque quelque victoire a conduit l'armée sur le territoire ennemi, il est nécessaire et par conséquent juste qu'elle utilise à son profit les diverses ressources qu'elle y trouve. Elle requerra les services personnels des habitants, lorsqu'elle ne trouvera pas dans ses rangs d'hommes capables de lui rendre les mêmes services, elle s'emparera de leurs biens, lorsque la possession de ces biens paraîtra nécessaire à l'entretien des troupes ou au succès des opérations qu'elles poursuivent. Tout cela n'ira pas sans doute sans une violation parfois grave des immunités reconnues aux non combattants. Mais la nécessité le veut ainsi. L'inviolabilité qui leur est accordée ne peut raisonnablement être entendue que sous la réserve des nécessités supérieures de la guerre, elle n'existe réellement qu'autant que ces nécessités ne sont pas en jeu, ou qu'il s'agit d'une de ces libertés primordiales dont la conscience commande le respect en toute occasion. Il est certain par exemple que la vie, l'honneur, la liberté religieuse sont en tous cas intangibles, mais il est certain aussi que tous les biens qui ne paraissent pas essentiels à la dignité humaine ne doivent être respectés qu'autant que le soin de ses intérêts ne dicte pas à l'ennemi une résolution contraire.

Il y a donc dans ce principe de l'inviolabilité des non combattants et de leur fortune une question de mesure. Notre étude va tendre précisément à déterminer cette mesure et à faire une juste part aux droits des combattants et aux droits des non combattants.

Pour arriver à tracer cette ligne de démarcation, un certain ordre est nécessaire, dont voici les bases. Une distinction doit être posée ici qui est appelée à faire sentir son influence dans le cours entier de ces études. La situation d'une armée n'est pas toujours la même par rapport au pays dont elle occupe le territoire. Cette armée peut avoir avec le sol des attaches plus ou moins solides, et à ce point de vue trois situations sont à distinguer. Ces trois situations sont celles de l'invasion, de l'occupation et de l'incorporation. Dès qu'une armée a franchi la frontière qui sépare son pays du pays ennemi il y a invasion. Le sol qu'elle foule n'est pas celui de la patrie, la population qu'elle rencontre est composée de sujets ennemis. Cette armée n'est pas encore la maîtresse incontestée du coin de terre sur lequel elle a établi ses campements. Elle s'y tient pour les besoins de la lutte et en raison des vicissitudes des combats. Elle ne sait pas si elle commandera encore le lendemain au lieu qu'elle couvrait la veille de ses bataillons et de ses voitures. Le territoire qui n'est encore qu'envahi est occupé simultanément par les armées nationales et par les armées adverses : les unes, pas plus que les autres, n'y ont de prépondérance marquée ; c'est une situation éminemment transitoire, et destinée à aboutir sous peu de temps ou à la confirmation de la conquête ou à l'expulsion de l'ennemi. Au cours de cette première période, les rapports de l'armée d'invasion avec la population du pays envahi sont naturellement des plus simples. Les circonstances ne se prêtent point aux longs desseins, et l'envahisseur se bornera à vivre au jour le jour sur le pays ennemi, demandant à l'habitant ce qui est nécessaire à la satisfaction de ses besoins, s'appropriant ce qui lui appartient par droit de guerre. Cette période appelle l'étude de l'importante théorie des réquisitions militaires et des vestiges encore existants de la coutume ancienne qui voulait que la propriété du vaincu appartînt au vainqueur qui s'en emparait.

Faisons un pas de plus. La suite des hostilités a confirmé le succès de l'invasion. Non seulement l'envahisseur n'a perdu aucune de ses positions, mais il s'y est affermi en faisant taire toute résistance : on est alors en face d'un cas d'occupation militaire. Cette situation n'a rien de définitif, car si les hostilités ont en fait cessé sur le territoire occupé, elles se sont transportées un peu plus loin et il est possible qu'un revirement subit de fortune oblige l'occupant à évacuer la terre qu'il possède. Mais tant que l'occupation subsiste, elle crée une situation des plus délicates et des plus intéressantes. Le territoire auquel elle s'applique ne change pas de souveraineté ; seulement, dans ses limites, l'État auquel il appartient est devenu impuissant et voit son pouvoir de droit remplacé par le pouvoir de fait de son vainqueur. De là naissent entre ce dernier et la population de ce territoire des obligations plus nombreuses et plus étendues. Celle-ci n'est plus seulement obligée à s'abstenir de toute hostilité et à supporter les réquisitions qui lui sont faites, elle doit de plus obéissance à l'occupant, son souverain de fait, et réciproquement ce dernier garde

ONZIÈME CONFÉRENCE

à sa charge l'administration du territoire occupé qu'il dirigera provisoirement, et sans préjudicier aux droits du souverain légitime. Nous étudierons de près l'intéressante situation créée par l'occupation militaire.

Enfin, il est possible que la fortune des armes condamne une partie du territoire du vaincu à faire désormais partie des domaines du vainqueur. C'est l'incorporation. L'incorporation résulte le plus souvent des clauses du traité de paix; parfois elle se produit en dehors de tout traité par l'anéantissement complet de la puissance publique vaincue. Dans l'un et l'autre cas nous assistons à un déplacement réel de la souveraineté. La conquête a accompli son œuvre, et le pays conquis devient partie intégrante d'une communauté politique nouvelle. Les habitants de ce pays ne sont plus des ennemis pour les vainqueurs, mais bien des concitoyens. Cependant un certain temps leur est accordé, pendant lequel ils peuvent individuellement, et en satisfaisant à certaines conditions fort simples, éviter la dénationalisation qui les menace. Nous traiterons de l'incorporation à propos de la fin de la guerre. Telle est la grande division qui éclairera tout notre sujet[1], permettant de donner

---

[1] Il faut insister sur cette distinction tripartite des situations dans lesquelles une armée peut se trouver sur le territoire ennemi, parce qu'elle n'est généralement ni très clairement ni très complétement faite par les publicistes contemporains. A la vérité, il est une confu-

à chaque relation de droit la place qu'elle mérite et de concilier les droits fort étendus des armées en campagne, avec la protection qui ne cesse jamais d'être due aux intérêts légitimes des non combattants.

sion que l'on ne commet plus de nos jours, c'est celle de l'occupation et de la conquête (ou incorporation). V. not. Heffter-Geffcken, tr. fr. Bergson, p. 300; Klüber, *l. c.*, p. 368 ; Bluntschli, § 545 ; Rüstow, *l. c.*, p. 215 ; Lueder, *l. c.*, § 118 ; Lœning, *L'Administration du gouvernement général de l'Alsace durant la guerre de 1870-71.* R. D. I., 1872, p. 624. C'est un lieu commun aujourd'hui que l'occupation ne donne pas tous les droits qui découlent de l'incorporation. Au contraire, il est rare de rencontrer une distinction nette de la simple invasion : pareille distinction n'est bien faite que par Fiore, *l. c.,* art. 1076. Note. Elle est cependant tout aussi importante que la précédente. Aux intérêts par nous signalés dans le texte, on peut ajouter que la juridiction de l'autorité militaire sur la population du pays n'est certainement pas aussi étendue en cas d'invasion qu'en cas d'occupation. Cette idée trouvera son développement dans nos recherches ultérieures.

DOUZIÈME CONFÉRENCE

Des réquisitions militaires. — Nécessité des réquisitions dans l'organisation militaire actuelle. — Leur fondement juridique. — Objet des réquisitions. — Réquisitions exercées sur le territoire français. — Loi du 3 juillet 1877. — Réquisitions de services et réquisitions d'objets ou de denrées. — Logement, nourriture, vêtement, machines et outils, moyens de transport. — Interdiction des contributions en argent. — Réquisitions exercées en territoire étranger. — Diverses formules proposées. — Principe. — Assimilation aux réquisitions pratiquées en territoire national. — Réserve. — Des contributions en argent en territoire étranger. — De la situation des sujets neutres habitant le territoire des belligérants au point de vue des réquisitions.

L'armée est entrée en campagne. Du jour où elle a quitté les lieux dans lesquels s'est effectuée sa concentration, se pose, pour ses chefs, le redoutable problème de l'entretien quotidien de leurs troupes. On a vu, il est vrai, dans quelques occasions, des soldats manquant de tout faire des prodiges de valeur, — et la conquête de la Hollande par les troupes de Pichegru en est restée un exemple célèbre, — mais ce sont là d'héroïques exceptions sur le retour desquelles il serait imprudent de compter. La règle est, au contraire, que, pour bien se battre, et surtout pour supporter sans trop de peine les fatigues d'une campagne, les troupes doivent être bien vêtues, bien nourries, et aussi souvent que possible bien logées, et cette règle devient de plus en plus impérieuse et exigeante au fur et à mesure que s'élèvent les formidables contingents destinés à constituer les armées des guerres à venir. Comment va-t-on pourvoir à ces divers besoins ? Toute armée traîne à sa suite une longue file de chariots, et il n'est pas de nos jours de nation militaire qui ne prenne le soin d'accumuler en temps de paix d'immenses approvisionnements de toute nature prêts à être affectés à l'usage des troupes au moment de commencer une campagne. Mais il faut prévoir le cas où ces provisions menaceront de s'épuiser, le cas plus probable et plus fréquent où les convois ne pourront suivre assez tôt les troupes auxquelles ils sont destinés, le cas enfin où des besoins se font jour avec lesquels on n'avait pas compté et qui réclament cependant une prompte satisfaction.

Dans de semblables circonstances, une seule voie est ouverte à ceux qui ont la responsabilité de la conduite et de l'entretien des armées : il faut qu'ils empruntent aux ressources des pays qu'ils traversent les approvisionnements qui leur font défaut, il faut qu'ils procèdent par voie de réquisitions militaires. Le mot de réquisition est consacré par l'usage, et il exprime bien en effet ce qu'est la chose qu'il a pour objet de désigner. Il comporte l'idée d'une sommation, d'une demande à laquelle on ne peut pas se soustraire, car elle sera appuyée, s'il le faut, par l'emploi de la force.

Les réquisitions militaires ont été en usage de tout temps, et on trouve à leur sujet plusieurs types de règlementation fort anciens. Ces règlements n'auraient actuellement pour nous qu'un intérêt de curiosité, et la richesse de notre sujet nous oblige à les passer ici sous silence[1].

[1] On a coutume de rapporter à Washington l'invention des réquisitions militaires. Hall observe avec raison (*l. c.*, p. 262, n° 1) que le mot réquisition nous vient peut-être de Washington, mais que la pratique qu'il qualifie est beaucoup plus ancienne que ce général. Il faut à ce sujet mentionner une très intéressante monographie de M. Henri Thomas. (*Des réquisitions militaires et du logement des gens de guerre à Rome dans l'ancienne France, depuis le Ve siècle jusqu'en 1889,* Paris, Larose et Forcel, 1884.) M. Thomas nous apprend notamment que sous les Karolingiens l'obligation de fournir les diverses provisions nécessaires au cours d'une campagne en armes, vêtements, vivres, chariots, était comprise dans l'obligation générale du service militaire. Les hommes convoqués devaient rejoindre l'armée, approvisionnés pour trois ou six mois ; ceux qui devaient à leur état d'en être dispensés, comme parfois les abbés ou les évêques, ne comptaient pas moins dans ce rôle de contribution. Il y avait dans cette pratique quelque chose de plus semblable à un impôt régulier et général qu'à une réquisition moderne essentiellement liée aux exigences des circonstances. Cependant on trouve à la même époque certaines fournitures constituant de véritables réquisitions : telle est, par exemple, la défense des herbages tendant à constituer des approvisionnements de fourrages dans les lieux par lesquels l'armée doit passer. Sous la féodalité, les redevances de cette sorte, comme toutes les autres, sont dues au seigneur comme conséquence de son domaine éminent sur la terre ; de son côté le seigneur doit pourvoir à ce que ses hommes soient pourvus de tout ce qui leur est nécessaire. En même temps, l'ancien *jus mansionaticum* (droit de gîte, d'albergement) d'abord réservé au roi, ensuite

Nous observerons cependant qu'au milieu de ce siècle-ci on a pu croire que l'usage des réquisitions se perdrait étendu aux seigneurs, perd son caractère primitif et devient le droit de loger le soldat chez l'habitant. De saint Louis à la Révolution française, la question de l'entretien des troupes passa par nombre de phases successives et donna lieu à beaucoup d'ordonnances représentant autant de systèmes différents. On rencontre ainsi le droit de prises comprenant tout ce qui est nécessaire à la subsistance, sauf le logement, et régularisé par une ordonnance du 18 novembre 1315, qui le réserve au seul trésorier du roi et en subordonne l'exercice à une indemnité équitablement estimée. En 1355, le droit de prises est supprimé, mais il est certain que cette ordonnance ne fut pas observée, car on rencontre postérieurement à sa date de nombreux exemples de dispenses de cette charge. A la même époque on trouve la mention de lettres de vivres permettant à une troupe de subsister sur un canton déterminé. Leurs inconvénients les firent bientôt abolir. Lors de la création des armées permanentes, les soldats furent d'abord logés par groupes chez l'habitant, contre indemnité, et durent se procurer sur leur solde les vivres nécessaires (ord. de 1467). Bientôt, (1470) une ordonnance confie dans chaque ville aux justiciers le soin de l'approvisionnement des troupes. Un peu plus tard (ord. de 1485, 1514) on voit apparaître le principe de la taxe. De 1530 à 1579 on constate un retour à la liberté des transactions entre le soldat et l'habitant. Sous Louis XIII, et par le ministère de Richelieu, on voit s'organiser le corps de l'intendance militaire. C'est toujours au moyen de réquisitions que l'on pourvoit à l'entretien des troupes, mais elles sont plus régulièrement pratiquées, et une indemnité complète est promise à ceux qui les supportent. Sous Louis XIV, les capitaines doivent pourvoir aux besoins de leur compagnie. Des marchés d'entreprise sont passés par l'État pour leur faciliter leur tâche. On voit apparaître en même temps un impôt nouveau, l'ustensile, pesant sur les villes qui hébergent des gens de guerre. Les réquisitions subsistent encore, notamment pour le transport des troupes, jusqu'en 1775. Enfin, c'est au XVIIIe siècle seulement que l'on voit poindre les premières tentatives de casernement des troupes : encore furent-elles accueillies par de vives résistances. Ces systèmes successifs eurent et que la propriété des particuliers comme leur personne serait placée au-dessus des atteintes des belligérants. L'armée française dans ses campagnes de Crimée, d'Italie et du Mexique ne fit aucun usage du droit de réquisition[1]. Mais cette illusion devait être de courte durée. L'augmentation progressive des effectifs, accroissant proportionnellement les besoins des armées, on en vint bientôt à reconnaître que les services administratifs les mieux organisés ne pourraient pas pourvoir à tout et que l'on serait toujours obligé de compter en partie sur les ressources locales. En effet, les dernières campagnes nous ont montré les réquisitions exercées sur une grande échelle : aujourd'hui plus que jamais ce rouage a son importance dans l'ensemble de l'organisation militaire[2].

leur application en temps de guerre comme en temps de paix; en temps de guerre seulement, leur application prenait une extension plus considérable, soit à raison du plus grand nombre de troupes reunies, soit parce qu'il fallait constituer des magasins d'approvisionnement. On ne trouve dans le consciencieux et curieux ouvrage de M. Thomas aucune mention des réquisitions en territoire ennemi. Le fait se comprend facilement, étant données les idées professées autrefois à l'endroit de la propriété de l'ennemi.

[1] Les armées anglaises ont suivi le même système dans leurs expéditions coloniales les plus récentes, mais il est clair qu'il n'y a pas de conséquence à tirer de là au point de vue des principes, les pays où se passent de semblables campagnes manquant le plus souvent de tout ce qui est nécessaire à l'entretien d'un soldat européen.

[2] Cf. Guelle, *l. c.*, t. II, p. 180.

Les réquisitions sont nécessaires; elles le sont en tout temps comme en tout lieu. Elles sont nécessaires en temps de paix comme en temps de guerre, car les manœuvres, telles qu'on les pratique de nos jours, impliquent la concentration de forces parfois très considérables, et, sous certains rapports, pour le logement des troupes par exemple, il est clair que l'on est contraint d'user des ressources des localités où elles ont lieu. Nous limiterons nos explications aux réquisitions pratiquées en temps de guerre, qui, seules, rentrent dans le cadre de cet enseignement, mais nous remarquerons que, au cours d'une guerre, l'exercice du droit de réquisitions est également indispensable, soit que les troupes combattent sur le territoire national, soit qu'elles se trouvent en pays ennemi; ici et là, les mêmes besoins reviennent périodiquement, ici et là peuvent se produire les mêmes difficultés dans leur satisfaction, ici et là les réquisitions se présentent à nous avec le même caractère de nécessité. La question des réquisitions mérite donc d'être envisagée à un double point de vue, suivant qu'elles sont faites en territoire national ou en territoire ennemi, et notre étude embrassera en effet ces deux côtés de la question. Cependant il faut noter que, bien que dans l'un comme dans l'autre cas le droit aux réquisitions soit l'expression d'une même nécessité, cette charge ne se présente pas toujours à nous sous le même aspect. Lorsque l'on impose certaines fournitures à des nationaux, leur devoir de les livrer se déduit du devoir plus général qui oblige chaque citoyen à soutenir la cause de sa patrie. On ne peut plus donner cette justification s'il s'agit de réquisitions levées en pays étranger, et, pour les expliquer, il faut faire appel à la vieille maxime suivant laquelle toute armée a le droit de vivre, en cas de besoin, sur l'ennemi. Cette différence dans le fondement premier du droit à la réquisition n'est point chose insignifiante : elle se traduit en pratique par les différences assez notables qui distinguent encore le droit de réquisition suivant le lieu où il est exercé.

La première question à laquelle nous devons nous arrêter appartient à la doctrine pure. Quelle est la nature juridique d'une réquisition militaire, et comment peut-on la concilier avec le principe de l'inviolabilité de la propriété privée reçue dans les guerres terrestres? Quelques mots suffiront à résoudre cette question. On pourrait être tenté de voir dans l'exercice de ce droit un vestige du pouvoir illimité d'appropriation qui appartenait autrefois au soldat[1], mais cette explication serait mauvaise. Elle laisserait sans justification les réquisitions qu'il peut être nécessaire d'exercer en territoire national et même en territoire ennemi, elle serait en

---

[1] Hall, *l. c.*, pp. 366 et ss.; Rüstow, *l. c.*, p. 219.

contradiction avec cette idée élémentaire, qu'un peuple fait la guerre pour le triomphe de son droit et non pas pour retirer un enrichissement des opérations de ses armées. Il ne serait pas plus exact[1] de voir dans le droit de réquisition un pouvoir d'administration analogue au droit de percevoir les impôts. A la différence des impôts, les réquisitions ont toujours quelque chose d'extraordinaire et d'anormal, et, s'il fallait les assimiler aux impôts, il ne faudrait logiquement les permettre en territoire ennemi qu'en cas d'occupation, parce que c'est alors seulement que l'armée victorieuse a le droit de prendre en main l'administration du territoire sur lequel elle s'est établie. Évidemment toute restriction de ce genre est inadmissible, et les réquisitions ayant la même utilité en cas d'invasion et en cas d'occupation ont, par là même, un titre égal à se produire dans l'une et l'autre hypothèse.

La vérité est, sur ce point, que le droit à des réquisitions naît de la nature des choses, et constitue une grande application de cette idée de bon sens que, en cas de nécessité, le droit des particuliers doit être sacrifié à l'intérêt général[2]. Les réquisitions présentent ainsi la plus grande analogie avec l'expropriation pour

---

[1] Morin, *l. c.*, I, p. 390; Vidari, *l. c.*, p. 151; Bluntschli, § 653.
[2] Cf. Lentner, *l. c.*, p. 128; Klüber, *l. c.*, p. 358.

cause d'utilité publique [1]. Dans l'une comme dans l'autre on rencontre ce trait caractéristique du sacrifice exceptionnel d'un droit inviolable en soi, sacrifice motivé et justifié par la considération sans réplique d'un intérêt public pressant. Si l'on se pénètre bien de ce caractère essentiel, je pense que l'on pourra résoudre sans grande difficulté les nombreux problèmes que comporte ce sujet. Pour le moment, contentons-nous de déduire de ce principe les deux grands caractères du droit de réquisition.

Ce droit, né d'une nécessité publique, est absolu dans son existence, comme tout ce que peut commander une nécessité de ce genre ; nous admettrons donc son existence partout où une nécessité de cet ordre pourra être constatée. Mais en même temps, il est exceptionnel, parce qu'il déroge à un principe universellement reconnu, le principe de l'inviolabilité de la propriété privée, et par suite, toutes les fois que la réquisition ne nous apparaîtra pas comme indispensable, nous la rejetterons comme illégitime. La nécessité donne au droit de réquisition sa

---

[1] Cap. Masselin, *Cours d'Administration militaire professé à l'École d'application de Fontainebleau*, p. 103 ; Fuzier-Herman, *Revue générale du droit*, 1886, p. 56 ; G. Ferrand, *Des réquisitions militaires* (thèse), p. 23 ; Couchard, *Des réquisitions militaires*, p. 5 ; Lueder, *l. c.*, § 117, n[te] 1 ; Rouard de Card, *l. c.*, p. 159. *Contrà,* Funck Brentano et Sorel, p. 280.

grande autorité, mais elle lui impose aussi ses limites, et ses limites doivent être rigoureuses, à peine de le laisser dégénérer en une série de spoliations incompatibles avec le droit, comme avec l'honneur des armées qui se les permettraient.

Ces idées préliminaires étant exposées, nous pouvons aborder l'examen détaillé de notre sujet. Il faut, pour étudier la matière des réquisitions militaires, considérer successivement trois points : 1° l'objet des réquisitions, 2° leur mode d'exercice, 3° leur sanction et les conséquences qui résultent de leur exécution.

Demandons nous d'abord quel peut être l'objet d'une réquisition.

Une loi du 3 juillet 1877 a été promulguée en France sur cette matière des réquisitions militaires ; elle contient une réglementation complète du sujet. A cette loi est venu se joindre bientôt après un décret d'administration publique du 2 août de la même année, avec l'objet d'en faciliter l'exécution et de régler quelques points de détail qui n'avaient pu trouver place dans le texte de la loi. La loi et le décret de 1877 ne sont naturellement relatifs qu'aux réquisitions exercées en territoire français. Leurs dispositions n'en sont pas moins essentielles à connaître, soit à raison de leur importance intrinsèque, soit parce que, sur bien des points, comme nous le verrons, la mesure de ce qui peut être exigé en territoire national constitue aussi la mesure de ce que l'on peut demander en territoire ennemi [1].

Le titre II de la loi (art. 5 et 7) est consacré aux prestations à fournir par voie de réquisition. L'art. 5 nous donne l'énumération desdites prestations, il ne comprend pas moins de onze numéros. Le plus important est sans contredit le dernier qui est ainsi conçu : « Est exigible... la fourniture de... 11° tous les autres objets et services dont la fourniture est nécessitée par l'intérêt militaire ». L'emploi de cette formule générale nous prouve que les rédacteurs de la loi française se sont bien placés, dans leur conception des réquisitions, au point de vue que nous dégagions tout à l'heure. Ils y ont vu une mesure qui ne peut être autorisée que par raison de nécessité et ils ont pensé en même temps que, dans cette limite, il n'était ni prestation ni service qui ne pût à l'occasion être compris dans une réquisition.

---

[1] La plupart des nations étrangères possèdent également des lois relatives à cet objet. L'Allemagne obéit à une loi du 13 juin 1873 sur les réquisitions en temps de guerre (Gesetz über die Kriegsleistungen, V. *Annuaire de lég. étr.*, 1874, p. 108), complétée par une ordonnance du 1er avril 1876 (*Annuaire de lég. étr.*, 1877, p. 83). Mentionnons aussi une loi roumaine du 5 avril 1878 sur l'acquittement des réquisitions (*Annuaire de lég. étr.*, 1879, p. 656). Il existe aussi un grand nombre de lois spéciales sur ce sujet. Citons la loi austro-hongroise du 11 juin 1879 sur le logement des troupes (*Annuaire de lég. étr.*, 1880, p. 293), la loi danoise du 16 juin 1876 sur la réquisition des chevaux et voitures (*Id.*, 1876, p. 605), la loi russe du 24 octobre 1874 (*Id.*, 1877, p. 629) sur le même objet.

L'énumération de la loi est donc purement énonciative ; le législateur a nommé les fournitures les plus usuelles, sans prétendre exclure par là les prestations qui, dans des cas exceptionnels, peuvent devenir indispensables.

Les réquisitions, envisagées au point de vue de leur objet, se répartissent en réquisitions de services personnels et réquisitions d'objets ou de denrées : dans un cas l'atteinte est portée à la liberté de l'individu requis, dans l'autre à l'inviolabilité de sa propriété privée. Les unes et les autres sont également prévues par la loi.

Les réquisitions de services sont dirigées contre toute personne dont les forces ou les connaissances peuvent être de quelque utilité à l'armée. Sans doute, on ne requerra les services d'un étranger qu'autant que l'armée elle-même ne compte pas dans ses rangs d'hommes capables de services identiques, car, s'il en existait, la réquisition deviendrait arbitraire et illégitime. Mais, cette réserve faite, le droit s'exerce dans toute sa plénitude. Il a une seule limite. On ne peut pas obliger un non combattant à entrer dans les rangs des combattants et à prendre part avec eux aux hostilités. Cela, pour une double raison, parce qu'il n'entre pas dans les pouvoirs du chef militaire, même le plus élevé en grade, de décider à sa fantaisie de la composition de son armée, et puis parce que ces personnes ne seraient pas au regard de l'ennemi des combattants réguliers et ne pourraient réclamer de lui, le cas échéant, l'observation des lois de la guerre.

Toute personne peut être requise de prêter à l'armée ses services. Les ouvriers pourront être contraints d'exercer à son profit leur métier, les hommes adonnés aux professions libérales seront de même, à l'occasion, requis de mettre au service des troupes les ressources de leur art. Un individu quelconque pourra être choisi pour ces services que, toute personne sait exécuter, tels que ceux de guides, de messagers, de courriers[1]. Et cela n'est pas vrai seulement des simples particuliers, mais tout aussi bien des fonctionnaires. C'est en vain, par exemple, qu'un employé des télégraphes opposerait à la réquisition qui lui serait adressée les règlements particuliers de son administration : il devrait obéir, même en dehors des règlements, même contre les règlements, et, obéissant, il serait couvert par l'autorité supérieure de l'ordre de réquisition des conséquences des irrégularités qu'il aurait pu commettre.

---

[1] Un messager, un guide saisis par l'ennemi au moment de l'exécution de leur commission peuvent-ils être faits prisonniers de guerre ? En dehors du cas d'occupation je ne le pense pas, car d'une part ils ne sont pas des combattants, d'autre part ils ne violent en rien les lois de la guerre. On doit se borner à les mettre dans l'impossibilité de s'acquitter du service dont ils ont été requis.

La physionomie générale de l'obligation où chacun se trouve de déférer aux réquisitions de services personnels qui lui sont faites peut être rendue en ces termes : Toute personne doit obéir aux ordres de réquisitions émanant des chefs des armées de sa patrie ; toute désobéissance est une faute inexcusable, toute malversation frauduleuse dans leur exécution est une trahison.

Les réquisitions qui portent sur les biens sont les plus fréquentes et celles dont l'importance est de beaucoup la plus considérable. Les principales sont relatives au logement des troupes, à leur nourriture, à leur habillement, aux matériaux et outils dont elles peuvent avoir besoin, enfin aux moyens de transport.

1° Lorsque le stationnement des troupes ne peut être assuré à l'aide des locaux appartenant à l'État, au département ou à la commune, et mis à cet effet à la disposition de l'autorité militaire, il se fait alors par voie de réquisition de logement ou de cantonnement chez l'habitant. Le logement et le cantonnement sont l'objet du titre III de la loi de 1877 (art. 8-18, cf. loi du 23 mai 1792, art. 14 et 17). Il n'y a entre l'un et l'autre qu'une différence de mesure[1]. Il y a lieu à logement lorsque le nombre relativement restreint des troupes à

---

[1] Intendant Crétin, *Cours d'administration à l'École supérieure de guerre,* p. 167.

héberger permet de leur faire partager l'habitation de la population civile, en maintenant entre les hommes les inégalités de traitement justifiées par la différence des emplois et des grades. Il est de principe que l'on peut loger cinq à six hommes par feu, ou, en cas de nécessité, jusqu'au même nombre d'hommes par tête d'habitant. Lorsque les troupes à héberger sont hors de proportion avec l'importance des abris que l'on peut mettre à leur disposition, on procède alors par voie de cantonnement. Le cantonnement consiste à utiliser tous les locaux que l'on possède, même ceux qui ne sont point ordinairement affectés à l'habitation, et à y recevoir le plus grand nombre d'hommes possible : en cas de cantonnement les conditions ordinaires posées par les règlements pour le logement des troupes sont de plein droit suspendues. Tous les habitants et tous les édifices sont également sujets au droit de réquisition, lorsque ce droit est exercé dans une commune. Il n'est même pas fait d'exception pour les absents (en temps de guerre au moins); leurs maisons seront ouvertes pour être affectées à l'usage des troupes. Naturellement il sera d'une bonne administration de prendre quelques mesures de police pour que l'absence du propriétaire ne soit pas une occasion de désordre et de dégradation. Il a paru au législateur prudent ou convenable de dispenser certaines personnes du logement : tels sont les détenteurs de fonds publics, les veuves ou filles vivant seules, les communautés de femmes. Ces personnes ne supportent pas moins leur part dans la charge générale, mais elles fournissent cette part en procurant chez d'autres le logement qu'elles sont exemptées de donner elles-mêmes. S'il y a lieu, l'autorité municipale s'acquitte pour elles de ce devoir, et à leurs frais. Les officiers ne subiront pas non plus la charge d'une réquisition de logement dans le cas où ils seront logés dans les bâtiments militaires : s'ils sont logés hors de ces bâtiments, ils ne la supporteront que si l'habitation qui leur a été primitivement assignée dépasse en étendue la proportion affectée à leur grade. Il ne peut être question dans cette hypothèse ni d'équivalent ni d'indemnité à leur charge. En aucun cas l'habitant ne sera délogé de la chambre, ni du lit qu'il occupe habituellement. Les soldats logés ou cantonnés ont droit au feu et à la chandelle (art. 16 de la loi), au combustible et à la paille de couchage[1]. Ils sont responsables des dégradations qu'ils peuvent commettre. Le logement ou le cantonnement des troupes donnent lieu parfois à indemnité. Il y a sur ce point des distinctions et des tarifs établis par la loi et par les règlements.

2° La nourriture des troupes nous paraît occuper le second rang dans l'ordre d'importance parmi les réquisi-

---

[1] Décret du 30 août 1885, art. 35. Int. Crétin, *l. c.*, p. 129.

tions. Cette réquisition n'est pas, comme le logement, une nécessité de tous les jours : au contraire, les soldats seront généralement mieux nourris lorsqu'on pourra les faire vivre sur les approvisionnements de l'armée. Cependant il faut prévoir les cas dans lesquels les retards des convois rendront l'usage de cette ressource nécessaire. Il faut prévoir aussi que les colonnes de cavalerie que l'on lance souvent au loin devant les corps d'armée n'ont point la possibilité de s'encombrer de provisions considérables, et que ces colonnes ne pratiqueront pas d'autre mode d'alimentation que celui qui consiste à vivre sur les pays qu'elles traverseront[1]. Aussi, après un temps d'abandon relatif, cette ressource a-t-elle de nouveau été acceptée en principe et réglementée dans son organisation par notre législation militaire la plus récente[2].

La nourriture chez l'habitant est assurée soit directement en obligeant ce dernier à recevoir le soldat à sa table, soit par des conventions passées avec des municipalités. On notifie aux populations la composition des repas pour les officiers et pour les hommes, et, s'il y a

---

[1] Ainsi les colonnes de cavalerie indépendante n'emportent normalement avec elles qu'un jour de vivres et un jour d'avoine (Cap. Masselin, *l. c.*, p. 147).

[2] V. le décret du 26 oct. 1883, art. 105 et 107, et les règlements et instructions cités par Ferrand, p. 191.

lieu, le prix de remboursement, au moyen d'affiches dont les états-majors sont pourvus à l'avance. Le principe adopté par le législateur, et expressément indiqué dans les travaux préparatoires de la loi, est que le soldat doit partager l'ordinaire de l'habitant chargé de sa nourriture. Aussi est-ce sous cette réserve, et en autorisant d'avance et dans la plus large mesure l'usage des substitutions d'un aliment à un autre aliment, que l'autorité militaire a déterminé la composition des repas, soit en territoire national, soit en territoire ennemi, pour les officiers et pour les hommes. En territoire national ou allié, officiers et soldats ont le même ordinaire, les officiers ayant seulement un certain nombre de rations; en territoire ennemi, au contraire, on tient compte dans la composition des repas de la qualité des militaires auxquels ils sont destinés. Tel est l'esprit des règlements en question[1].

En outre on peut avoir à recourir aux réquisitions, soit pour renouveler les provisions de vivres de l'armée (art. 5, 3°, loi), soit, en cas d'urgence (art. 7, loi), pour réunir rapidement les moyens de pourvoir aux besoins des habitants d'une place de guerre menacée d'investissement. Il existe sur ce point toute une réglementation administrative. Le sens général de cette législation nous

---

[1] Masselin, *l. c.*, pp. 265 et 266.

est indiqué par l'art. 94, § 2, du décret sur le service des armées en campagne, où il est dit « qu'il importe de ménager autant que possible les vivres et fourrages de réserve que l'armée transporte avec elle, que dans ce but on tirera d'abord du pays par voie d'achat ou de réquisition toutes les ressources qu'il peut donner[1] ». Nous sommes loin, on le voit, du principe qu'une armée doit vivre sur ses propres approvisionnements.

Les réquisitions de cette sorte exercées en territoire national, étant toujours considérables, devront donner lieu à une indemnité (titre V de la loi).

3° L'habillement des troupes pourra aussi, dans certaines circonstances, être fourni par le moyen des réquisitions. A vrai dire, la nécessité d'un costume uniforme dans les divers corps de troupes diminue sensiblement l'importance pratique de cette ressource; elle subsiste cependant pour certains effets, le linge de corps par exemple ou les chaussures. Les réquisitions de cette espèce s'exerceront surtout chez les commerçants des localités traversées (art. 5, 10°, loi).

4° Nous noterons en passant les réquisitions assez fréquentes qui porteront sur des instruments ou outils de toute sorte, et qui seront utiles surtout aux troupes à

---

[1] Le même principe est établi pour l'approvisionnement des troupes en campagne. V. *Aide mémoire de l'officier d'état-major*, p. 342.

qui leur marche rapide défend de se charger outre mesure (art. 5, 6 et 7 de la loi).

L'autorité militaire n'est nullement obligée de se conformer à la destination ordinaire de l'objet requis. Ainsi pendant le siège de Paris beaucoup de locomotives devenues inutiles ont été transformées en moteurs fixes et employées notamment à la mouture des céréales[1]. Le principe du droit à l'indemnité demeure toutefois respecté. L'art. 17 du règlement du 2 août 1877 porte que, lorsque la réquisition d'outils, d'instruments ou de matériaux est faite pour une période dépassant huit jours, elle doit être précédée d'une estimation faite contradictoirement par l'officier requérant et par le maire de la commune.

Dans cet ordre d'idées on peut requérir jusqu'à des usines entières, afin de les faire fonctionner dorénavant pour l'usage exclusif de l'armée. Cependant, si ces établissements industriels doivent être détournés de leur destination ordinaire, la loi (art. 6), prenant en considération le trouble grave qu'entraînera cette transformation, ordonne que la réquisition ne puisse être faite que par le ministre de la guerre ou par un général commandant une armée ou au moins un corps d'armée.

5° Enfin l'un des avantages les plus grands des réquisitions sera de procurer à l'occasion à l'armée les moyens

---

[1] Ferrand, *l. c.*, p. 208.

de transport qui lui manquent. On usera de ce moyen pour les convois, on pourra même en user pour le déplacement des troupes. Les Romains recouraient quelquefois à des chariots réquisitionnés pour le transport de leurs légions aux extrémités de l'empire[1], et on se souvient que Napoléon Ier a dû à l'emploi de ce procédé une partie des prodiges qu'il a réalisés lorsqu'il tentait, à la tête d'une poignée d'hommes, d'arrêter les armées de l'Europe entière coalisée contre lui dans leur marche sur Paris.

Dans la réquisition des chevaux et voitures il faut distinguer deux choses très différentes : la réquisition définitive des équipages qui composeront dès lors une part des convois ordinaires de l'armée, et la réquisition temporaire des mêmes objets correspondant à un besoin momentané. La première, véritable conscription des chevaux et voitures, fait l'objet du titre VIII de la loi ; elle dépasse les limites de cette étude. La seconde (art 5, 5°, loi) est une réquisition comme toutes les autres, qui comprendra tous les objets susceptibles d'être utilisés et qui comprendra accessoirement les services des conducteurs. Le décret du 2 août 1877 (art. 14, 15, 16, 19) prend les mesures propres à assurer aux propriétaires

---

[1] Thomas, *l. c.*, pp. 37 et ss. Les Romains réquisitionnaient surtout pour les transports militaires des voitures lourdes appelées *angariæ*. C'est évidemment dans cette pratique qu'il faut voir l'origine première de notre droit actuel d'angarie.

une indemnité complète de la valeur du service rendu et des détoriations que subissent trop souvent leurs véhicules dans l'accomplissement de ce service[1].

La réquisition des moyens de transport comprend aussi les bateaux, soit dans les eaux fluviales, soit dans les eaux maritimes.

De nos jours ce sont les chemins de fer qui joueront le plus grand rôle dans les transports de troupes, comme l'a démontré péremptoirement l'expérience de la campagne de 1870. Pour ne point scinder l'étude d'une matière aussi importante que la situation des chemins de fer en temps de guerre, nous la renvoyons au moment où nous traiterons de l'occupation militaire (Tit. VI de la loi).

Terminons sur ce point par un principe général de toute importance. La loi de 1877 traite avec les plus grands détails des réquisitions en nature, mais son texte ne laisse pas soupçonner que l'on puisse pratiquer en territoire national des réquisitions en argent. Il y est question (art. 5, 11°) d'objets ou de services, et non pas d'argent ou de valeurs. Le règlement sur le service des armées en campagne est plus explicite; son art. 104 décide formellement qu'en territoire national on ne peut lever aucune contribution en argent. C'est, en effet, que

---

[1] V. sur les divers modes de transport le *Cours de l'intendant Crétin*, pp. 211 et ss.

les réquisitions en nature sont seules parfaitement correctes, seules exactement correspondantes à l'esprit de ce moyen de guerre. Une armée n'a jamais un besoin immédiat et impérieux d'argent, elle a besoin des choses qui s'acquièrent avec de l'argent. Si ces choses existent dans le pays où elle se trouve, elle les réquisitionnera directement; si elles ne s'y trouvent pas, elle n'a pas le droit d'exiger de l'argent pour se les procurer ailleurs, parce que l'argent n'est jamais pour une armée l'objet d'un besoin véritable, les troupes ayant toujours la ressource d'aller réquisitionner là où elles existent les ressources qui leur sont nécessaires. Tel est le point de vue adopté par le législateur français relativement aux réquisitions pratiquées en territoire national, point de vue en dehors duquel les réquisitions deviendraient une charge écrasante pour les habitants des pays traversés par les troupes, car ceux-ci se trouveraient dépouillés à la fois de leurs denrées par les réquisitions en nature et des moyens de se procurer de nouvelles ressources par les contributions en argent. Ce seraient eux qui porteraient, provisoirement au moins, le poids entier de la guerre, au mépris de toute justice et de toute égalité.

Cela ne s'oppose pas du reste à ce que les municipalités et même les simples particuliers puissent par des paiements s'affranchir des réquisitions en nature qui leur ont été imposées, mais le principe exprimé dans l'art. 104

précité signifie que les négociations de cette espèce doivent toujours être librement consenties de part et d'autre. On peut les souhaiter et les favoriser ; il est interdit de les imposer.

Passons maintenant aux réquisitions exercées en territoire ennemi, nous restreignant comme ci-dessus au seul aspect de l'objet sur lequel elles peuvent porter. Nous rentrons avec cette seconde partie de notre étude dans le droit des gens.

La question que nous allons traiter ici est le point de savoir quelles choses ou quels services peuvent faire l'objet des réquisitions que l'on exerce en territoire ennemi. Il y a peu de questions aussi vivement disputées que celle-là. Vainement on a cherché une formule générale qui permît d'introduire un peu d'ordre et de lumière dans les nombreuses difficultés particulières que cette matière fait naître. Sur ce point trois opinions principales se sont formées, armées de formules différentes, dont voici l'énoncé.

On peut faire en territoire ennemi les réquisitions autorisées par la loi particulière de ce pays et que son armée nationale y pratiquerait pour elle-même.

On peut exercer en territoire ennemi les mêmes droits de réquisition que l'on exercerait sur son propre territoire.

On peut imposer au pays ennemi toutes les réquisitions qui se justifient par les nécessités de la guerre.

Ces trois formules ont été successivement mises en avant au cours des débats qui eurent lieu à ce sujet parmi les délégués réunis à la conférence de Bruxelles, et la discussion n'eut pas, on est obligé de le reconnaître, la hauteur de vues et l'éclat qui marquent d'autres parties de cette œuvre sans précédent. Le projet russe primitif se ralliait au premier système, mais il souleva beaucoup d'objections[1]. On lui reprocha (reproche assez puéril) de ne pas donner de règle pratique dans le cas où la législation du pays envahi serait muette sur la matière des réquisitions, comme c'est le cas pour l'Angleterre par exemple. Le colonel Hammer (Suisse)[2] proposa d'adopter la seconde formule, et le général de Voigts-Rhetz (Allemagne) déclara se rallier à la troisième. En outre, M. de Lansberge (Pays-Bas) soumit à la Conférence une proposition tendant à restreindre le droit de

---

[1] Voici le texte des §§ 52 et 53 du projet primitif :

§ 52. L'ennemi peut exiger de la population locale tous les impôts, services et redevances en nature et en argent auxquels ont droit les armées du gouvernement légal.

§ 53. L'armée d'occupation peut exiger de la population locale tous les objets d'approvisionnement d'habillement, de chaussures et autres, nécessaires à son entretien. En pareil cas, le belligérant est tenu, autant que possible, ou d'indemniser les personnes qui lui cèdent leur propriété, ou de leur délivrer les quittances d'usage. — Ce texte atteste une confusion fâcheuse entre l'invasion et l'occupation, confusion que nous ne retrouvons plus du reste dans la rédaction définitive.

[2] V. *Actes de la conférence de Bruxelles*. Protoc. XV et XVI, pp. 169 et ss.

l'armée ennemie aux réquisitions autorisées par l'usage. Le baron Lambermont (Belgique) alla même jusqu'à proposer d'admettre que chacun des belligérants doit pourvoir à ses propres besoins et payer en numéraire ou en bons remboursables par lui-même les prestations qu'il requiert. Le colonel Manos (Grèce) se rallia à cette idée. Une discussion fort vive s'ensuivit, dont les protocoles ne nous rapportent qu'assez imparfaitement les traits. Cependant le troisième système préconisé par le général de Voigts-Rhetz gagna les préférences de la savante assemblée, quoiqu'on lui reprochât avec beaucoup de raison de ne pas donner une limite précise et de nature à rassurer les intéressés sur le respect que la propriété privée conserverait encore, et l'art. 40 fut rédigé par la Commission et approuvé par l'Assemblée plénière dans les termes suivants : « La propriété privée devant être respectée, l'ennemi ne demandera aux communes ou aux habitants que des prestations et des services en rapport avec les nécessités de guerre généralement reconnues, en proportion avec les ressources du pays et qui n'impliquent pas pour les populations l'obligation de prendre part aux opérations de guerre contre leur patrie. »

L'Institut de droit international a, à son tour, envisagé ces questions dans sa session d'Oxford de 1880[1]. Après

[1] L'Institut de droit international avait, dès 1875, envoyé un ques-

avoir renouvelé la discussion de la conférence, l'Institut a inséré dans son Manuel les dispositions suivantes :

« Art. 48. Les habitants d'un territoire occupé qui ne se soumettront pas aux ordres de l'occupant peuvent y être contraints. L'occupant ne peut toutefois contraindre les habitants à l'aider dans ses travaux d'attaque et de défense, ni à prendre part aux opérations militaires contre leur propre pays.

Art. 56. Les prestations en nature (réquisitions) réclamées des communes et des habitants doivent être en rapport avec les nécessités de la guerre généralement reconnues, et en proportion avec les ressources du pays.... »

Des divers systèmes proposés, le meilleur nous paraît incontestablement être le second. Ce n'est pas que nous reprochions à la formule qui a prévalu de n'être pas juste, mais elle est insuffisante. Toute réquisition est par essence œuvre de nécessité ; reste à l'apprécier, cette nécessité. La formule que nous attaquons a l'inconvénient de laisser croire que l'appréciation de la nécessité présente puisse être différente, suivant que l'on se trouve en territoire national ou en territoire ennemi. Au contraire, étendre à l'ennemi ce que l'on a résolu et décidé pour

---

tionnaire aux membres de sa commission d'examen des lois et coutumes de la guerre. V. le questionnaire et le rapport de M. Rolin Jaequemyns dans la *Revue de droit international,* 1875, pp. 438 et ss.

soi-même, c'est montrer que, dans un cas comme dans l'autre, on est résolu à réduire ses prétentions au minimum indispensable que l'on a pris soin de déterminer, c'est faire preuve dans l'exercice de ce droit d'un esprit de justice et d'humanité indiscutable. Si vraiment toute réquisition est fondée sur un besoin urgent, il est impossible d'apercevoir une raison de faire varier suivant les circonstances la satisfaction à donner à ce besoin, et ce qui cause la répugnance que beaucoup éprouvent à adopter notre formule, ce n'est rien autre que cette idée traditionnelle que la propriété du citoyen n'a pas droit au respect de la part de l'ennemi de sa patrie. Cette idée est condamnée, elle n'est plus digne de notre époque, et cependant elle pousse encore des rejetons. Du jour où elle aura été extirpée, personne ne soutiendra plus que le droit de réquisition puisse avoir en territoire ennemi une étendue plus grande que celle qu'il possède en territoire national[1]. .

Mais le principe auquel nous donnons notre adhésion ne peut pas lui-même être accepté dans toute sa généralité. S'il est vrai qu'une réquisition ne puisse être faite

---

[1] Il est intéressant de connaître les jugements portés par les maîtres les plus connus sur cette grave question. La convenance d'une règle fixe en cette matière n'a été aperçue par les auteurs qu'à une époque toute récente et en grande partie sans doute grâce à l'influence de la conférence de Bruxelles. Chez Klüber (*l. c.*, § 250), chez Heffter (*l. c.*, p. 301), on n'aperçoit point de limites au droit de l'envahisseur. Hall (pp. 362 et ss., *l. c.*) se contente de constater qu'il n'existe pas encore sur ce point de coutume assise, Travers Twiss (*l. c.*, t. II, p. 117),

DOUZIÈME CONFÉRENCE

à l'étranger qui ne pourrait être faite à l'intérieur, il n'est pas vrai par contre que toute réquisition possible à l'intérieur soit également licite à l'étranger. Une réserve doit ici être faite sur le principe de laquelle l'accord est unanime, quoique beaucoup d'obscurité règne encore sur sa portée d'application. Cette réserve a trait aux réquisitions de services personnels. Elle consiste en ce que l'on ne peut pas imposer à un particulier des actes contraires aux devoirs dont il est tenu envers sa patrie. Le fait de l'invasion, non plus que celui de l'occupation, ne change rien à la situation politique des habitants du territoire envahi. Ils restent après comme avant sujets de la même patrie et ne cessent pas d'être tenus envers elle à la même fidélité. L'envahisseur doit respecter cette situation et s'abstenir d'entraver l'accomplissement de ce devoir. Il y a pour lui un point d'honneur à agir ainsi,

---

Funck-Brentano et Sorel (*l. c.*, p. 281), Bluntschli (*l. c.*, § 653), Neumann (*l. c.*, p. 189), Lueder (*l. c.*, § 119), suivant les termes de la déclaration de Bruxelles, ne voient pas d'autre loi que celle de la nécessité, Calvo, (*l. c.*, t. IV, p. 257), Ferrand (*l. c.*, p. 8) veulent que la nécessité soit absolue (de même Rouard de Card, *l. c.*, p. 160, et Lentner, *l. c.*, p. 129), Griolet (*l. c.*, p. 43) se rallie à la solution du projet russe primitif, Guelle (*l. c.*, t. II, p. 185) suit avec nous l'opinion du colonel Hammer, mais par des raisons de pur fait. Dans le même sens, Féraud-Giraud, p. 271. Enfin, parmi les opinions divergentes, signalons celle de Morin (*l. c.*, t. I, p. 395) qui voudrait que toute armée fût obligée de payer ce qu'elle consomme, et celle d'Acollas (*l. c.*, 84) assez semblable à la précédente, toutefois avec plus d'intelligence des nécessités de la guerre.

tout le monde le reconnaît. Nous ne dirons donc plus, comme précédemment, que l'armée peut exiger de l'habitant tous les services que celui-ci est habile à lui rendre, nous dirons que l'on peut demander à l'étranger seulement les services que celui-ci peut prêter sans manquer à ses devoirs de citoyen et de patriote. Non seulement on n'obligera pas l'habitant à se battre contre ses concitoyens, mais on ne lui demandera rien qui puisse nuire directement au succès de ses armées nationales. On a accusé les Allemands d'avoir contraint des paysans alsaciens à prendre part aux travaux du siège de Strasbourg. Si le fait est vrai, les Allemands ont manqué gravement à leurs devoirs. Les publicistes allemands le contestent, Lœning[1] surtout, qui prend en tout cela très chaudement la défense de sa patrie. Le fait étant par contre affirmé chez nous par des autorités respectables, la question demeure indécise.

Quoi qu'il en soit, il est certain que l'armée doit respecter, dans la personne de l'étranger soumis à ses réquisitions, ces sentiments et ces devoirs. Cet étranger peut être un instrument à son service, mais il ne faut pas que l'action de cet instrument soit directement contraire à la puissance qu'elle combat. On conçoit qu'il

---

[1] Lœning, R. D. I, 72, p. 650. Lœning reconnaît cependant que l'on a fait faire aux paysans les charrois nécessités par les travaux du siège, et ce procédé est déjà d'une légitimité fort discutable.

puisse s'élever dans l'appréciation de cette condition des difficultés assez sérieuses. Au fond, tout service rendu à l'armée ennemie dessert fatalement la cause de la patrie de l'individu qui le rend, et, s'il fallait pousser à bout les exigences dont nous parlons, on aboutirait à abolir complètement les réquisitions personnelles, ce qui serait contraire aux coutumes de la guerre et inconciliable avec les nécessités qu'elle entraîne. Voici le principe transactionnel auquel on paraît s'être arrêté. Lorsque le service requis entraîne un dommage immédiat et distinct pour l'armée opposée, ce service ne peut pas être exigé d'un citoyen ennemi. On ne peut pas demander ainsi à un habitant d'espionner ses compatriotes, on ne peut pas davantage l'obliger, à l'aide de menaces, à livrer les renseignements qu'il possède sur leurs forces ou sur leurs positions. D'actes de cette nature résulte un danger direct pour l'armée ennemie : ils constituent au regard de leur auteur une sorte de trahison et cela suffit pour que l'honneur militaire défende de les exiger. Il serait illicite de même de contraindre un employé de la poste ou du télégraphe à user, au profit de l'envahisseur, des moyens secrets de communication qu'il peut connaître. Ce fonctionnaire est tenu à la fidélité envers le gouvernement qui l'a placé à son poste : il a le droit strict de remplir son devoir[1].

[1] Nous pensons qu'il n'est pas licite non plus d'user de menaces

Au contraire, seront licites toutes les réquisitions portant sur des services utiles sans doute à l'armée qui en profite, mais qui n'apportent pas de modification sensible à la situation de l'armée adverse. Ainsi on requerra des hommes pour aider à des travaux de campement, à la réfection des routes, pour enterrer les morts, pour soigner les blessés, et en général pour tous les actes qui ne constituent ni des hostilités, ni des moyens de rendre plus faciles ou plus efficaces des hostilités ultérieures. On requerra de même fréquemment des attelages et des voitures ainsi que leurs conducteurs. La pratique n'est pas restée toujours fidèle à la distinction que nous venons d'indiquer. Sur un point au moins elle s'en écarte décidément, c'est sur la question des guides. Il est admis par une coutume constante qu'une armée d'invasion choisit ses guides dans la population du pays qu'elle traverse, et est autorisée, en cas de refus ou de fraude, à sanctionner son pouvoir par les peines les plus graves. Il y a cependant là un acte directement nuisible à l'armée adverse, et qui se complique dans la personne du guide d'une espèce de trahison envers sa patrie, trahison involontaire sans doute, et que, pour cette raison, on ne punira pas, mais douloureuse et regrettable. La pratique

---

envers un détenteur de deniers publics pour l'obliger à révéler où se trouvent les fonds commis à sa garde, car c'est l'obliger à trahir son devoir professionnel.

existe et le Manuel français qui la constate ne peut s'empêcher d'en déplorer l'existence[1]. Mais on peut espérer que les progrès de la cartographie et l'instruction toujours plus étendue des officiers la laisseront peu à peu tomber en désuétude.

En ce qui concerne les réquisitions portant sur les biens, nous ferons tout d'abord l'application des principes généraux que nous avons posés plus haut. Les réquisitions possibles en pays ennemi ne sont ni plus ni moins grandes que celles qu'il est permis d'exiger en territoire national. Ainsi une armée française suivra au dehors comme à l'intérieur les prescriptions de la loi du 3 juillet 1877 et des différents textes qui sont venus compléter cette loi. A cette pratique on gagnera de posséder en matière de réquisitions un ensemble de règles bien

---

[1] *Manuel fr.*, p. 110. Si comme le dit Acollas (*l. c.*, p. 79) l'habitude de prendre des guides dans la population ennemie est un abus, c'est un abus invétéré et que l'on ne peut espérer déraciner de sitôt. Il semble que le progrès pourrait porter sur un autre point. Il est très généralement admis (Bluntschli, *l. c.*, § 636) que l'on a le droit de punir de mort un guide qui égare les troupes qu'il a été contraint de conduire. Il y a là un excès évident. Dans un cas semblable, le guide ne commet ni crime ni délit, il commet un acte d'hostilité légitime après tout, puisque ce sont les ennemis qui l'ont forcé à sortir de sa situation de non combattant. Nous concluons donc avec MM. Funck Brentano et Sorel (*l. c.*, p. 283) que la seule mesure légitime est la captivité, et nous ajoutons que la perspective de la captivité beaucoup plus redoutable pour un non combattant que pour un combattant, est une sauvegarde suffisante des intérêts de l'armée.

connues de la troupe, d'éviter le désordre, les dilapidations, de garantir à l'ennemi paisible l'inviolabilité la plus grande, cette inviolabilité même que l'on reconnaît à ses propres concitoyens. Ce sera donc la loi ou ce seront les coutumes nationales de l'armée qui requiert qui détermineront la nature et le montant des réquisitions. Ajoutons que pour demeurer justifiables et honnêtes les réquisitions ne devront jamais être faites que pour satisfaire à un besoin réel et impérieux. Notre Manuel dit très bien que l'on ne doit jamais voir dans les réquisitions une source de superflu[1]. Cette phrase me paraît être la réponse la plus digne et la meilleure que l'on puisse faire aux réquisitions sans mesure dont les Allemands nous ont accablés en 1870-1871. Il est permis de goûter les douceurs du luxe, même en campagne, mais il est convenable de les goûter à ses frais et non pas aux frais des autres, et si l'on traite de voleur celui qui

---

[1] *Manuel fr.*, p. 125. Nous n'entendons pas dire par là qu'en campagne, à raison des fatigues qui lui sont imposées, le soldat ne doive pas être mieux traité qu'il ne le serait dans sa garnison. Le soldat ne doit manquer de rien de ce qui peut contribuer à réparer ses forces. Mais, par contre, des fournitures de pur agrément ne peuvent pas être exigées. Une réquisition de vin de Champagne, par exemple, ne se justifie qu'autant qu'elle est faite pour le service de malades ou de blessés auxquels sa consommation peut être nécessaire. Il est nécessaire d'insister sur ces détails si l'on veut conserver une valeur quelconque au principe proclamé si haut du respect de la propriété privée.

détourne des richesses pour les emporter au loin, on ne peut avoir une estime bien plus grande pour celui qui se les approprie dans le but de les dissiper immédiatement.

De même qu'il faut s'abstenir d'imposer aux populations une charge trop lourde et qui les priverait de leurs moyens d'existence, de même il faut se garder de réquisitions minimes et futiles qui ne sont de leur vrai nom que de misérables vexations : telles ces réquisitions de trois balais, d'une boîte d'allumettes, d'un morceau de pain bis, d'un confessionnal qui nous ont été adressées.

Reste au sujet des réquisitions de toute sorte qui peuvent être imposées au pays ennemi une question générale intéressante et délicate. Un général peut-il à l'occasion remplacer les réquisitions en nature par des contributions en argent dont il frappera les localités occupées par ses troupes ? Nous ne parlons ici, cela est bien entendu, que des contributions en argent levées au lieu et place des réquisitions en nature, et nous laissons par conséquent de côté toutes les contributions qui peuvent être levées à un autre titre[1]. Nous avons vu précédem-

---

[1] Des contributions peuvent en effet encore être levées soit pour remplacer des impôts que l'on ne peut percevoir, soit à titre d'amende ou d'indemnité pour des infractions commises au droit des gens ou des dommages causés à l'occupant. Nous ne traitons ici que des contributions qui ne se justifient par aucune des causes sus-énoncées.

ment que l'emploi de ce procédé est absolument interdit aux troupes françaises en territoire national. Que faut-il décider à son sujet, si nous supposons ces mêmes troupes en territoire ennemi ?

La question peut être envisagée soit au point de vue de l'utilité de l'opération, soit au point de vue de sa légitimité. Qu'elle soit utile, cela est incontestable. La substitution à des réquisitions en nature d'une somme d'argent payée d'un seul coup est une opération excellente pour l'armée d'invasion. Elle lui permet de s'abstenir de ces perquisitions toujours pénibles, et qui ne seront le plus souvent qu'une occasion de désordres, elle réalise une économie de temps considérable, enfin et surtout elle assure à la troupe la fourniture de denrées de première qualité par le moyen des achats au comptant qui s'ensuivront, au lieu que l'habitant requis essaiera toujours de livrer des marchandises d'ordre tout à fait inférieur. Elle n'est pas moins bonne pour les habitants qui supportent ces réquisitions, parce qu'elle permet de proportionner immédiatement la charge de chacun à sa fortune réelle, et qu'elle évite de faire porter provisoirement au moins sur ceux-là seuls qui possèdent en nature les objets utilisables le poids entier des obligations imposées. L'opération est donc avantageuse, et il sera d'une bonne administration de l'effectuer chaque fois que cela sera possible. Les chefs agiront sagement en se prêtant à des substitutions de ce genre et même en proposant des réductions propres à les encourager, car il est de leur intérêt de les multiplier.

Mais faut-il faire un pas de plus, et dire qu'ils ont le droit de les imposer et de réclamer de leur propre autorité des sommes d'argent aux lieu et place des prestations en nature auxquelles ils auraient incontestablement droit? Si l'on considère la pratique, on n'hésitera pas sur la question. Au cours de notre dernière grande guerre, les réquisitions se présentaient le plus souvent sous forme de demandes d'argent, et la première parole des Allemands chaque fois qu'ils se montraient dans une localité était toujours pour imposer des contributions. Les instructions plus récentes que nous possédons n'ont pas renoncé à l'exercice de ce droit, et notre Manuel français les recommande encore, tout en les soumettant à de sévères restrictions (Cf. art. 104, § 3 D; 26 oct. 1883).

Cette pratique nous paraît d'une légitimité contestable, et voici les doutes que nous éprouvons à son sujet. Elle serait irréprochable et réaliserait même un progrès sensible sur les usages anciens, s'il était possible de garantir aux populations frappées les biens et les denrées qu'elles ont rachetés par le versement de la somme exigée d'elles, mais cette garantie est impossible. Un jour on prendra aux habitants leur argent, et le lendemain on leur enlèvera les denrées qu'ils avaient rachetées à l'aide de cet argent. Ces habitants paieront deux fois; ils paieront pour eux et pour ceux qui vendront les denrées achetées avec leur argent, et qui auraient été obligés de les livrer contre de simples bons de réquisition si la contribution en question n'avait pas été fournie. Cela est inégal, cela est injuste et surtout cela est dangereux, car où s'arrêtera-t-on dans cette voie[1]? Les réquisitions en nature ont, elles, pour limite forcée les besoins de l'armée : on ne s'embarrasse pas de denrées dont on n'a que faire. L'argent n'est jamais embarrassant, il est toujours utile ; il est donc à craindre que d'un usage légitime on ne verse presque fatalement dans l'abus, même de la meilleure foi du monde, et que l'on ne revienne par ce détour à ce régime de spoliation générale que l'on a à bon droit stigmatisé[2].

---

[1] Voici les excellentes remarques que fait à ce sujet M. Mountague Bernard : « There is hardly any power which is so liable to abuse or has been abused so flagrantly, and I cannot see the utility of an express recognition of it. The very facility with which money may be extorted, and in which General Voigts Rhetz sees an argument for the practice (Protocol XVI) is an objection to it ; and I cannot quite understand why it should be more difficult to obtain necessary supplies by calling for them in a populous town than in a small village. Let the army call for the supplies it wants and for no more. If it is more convenient for the inhabitants to furnish what will buy the supplies than the supplies themselves, I do not see that such an arrangement requires to be expressly provided for. » (R. D. I, 1875, p. 505.)

[2] Sur cette question critique des contributions en argent, voici les principales opinions émises : Lentner (*l. c.*, p. 133) les considère comme

Nous avons ainsi défini les charges qui pèsent sur les habitants du pays envahi, mais que doit-on entendre ici par habitants ? La question prend de l'importance si l'on suppose que dans la population se trouve mêlée une certaine proportion d'étrangers appartenant par leur nationalité à des pays restés neutres. Quelle est la situation de ces habitants ? La pratique n'a fait jusqu'ici aucune différence entre eux et les habitants originaires des localités qu'ils habitent ; ils occupent le même sol, ils doivent supporter les mêmes charges. Leur condition cepen-

---

ne pouvant servir que de châtiment ou d'indemnité ; Fiore (*l. c.*, art. 1074) a cette phrase assez surprenante : « la contribution de guerre ne pourra être imposée *que* pour remplir les caisses du Trésor de l'armée » ; Geffcken dit : « les contributions, autrefois fort en usage comme moyen de se racheter du pillage, sont aujourd'hui des exceptions justifiées seulement par des raisons spéciales » (Heffter-Geffcken, p. 131 n^{te} 4 inf.) ; Bluntschli (§ 654 note) enseigne qu'il est aussi peu légitime de lever des contributions pour remplir les caisses de l'armée que d'obliger la population à remplir les vides de ses régiments. Il reconnaît que la pratique la plus récente donne sous ce rapport prise à la critique. Pour Neumann, l'imposition des contributions en argent manque de base légitime (*l. c.*, p. 189). Rüstow se borne à recommander au vainqueur de se montrer aimable (liebenswürdig) et cela lui sera facile « jeder Staat hat ja eigentlich heut seine Bürger an das Ausgesaugtwerden gewohnt und ein verhältnissmanig mildes Verfahren dadurch auch dem erobernden Feinde so leicht gemacht. » (*l. c.*, p. 218) ; Lueder ne les autorise que comme équivalent des réquisitions en nature (*l. c.*, p. 504) ; Vidari ne paraît pas faire de distinction entre les réquisitions et les contributions (*l. c.*, pp. 149 et ss.) ; Funck Brentano et Sorel (*l. c.*, p. 280), Acollas (*l. c.*, p. 85), Morin (*l. c.*, I, p. 463), Guelle (*l. c.*, II, p. 212), Calvo (*l. c.*, IV, p. 256) condamnent les contributions en argent. Cf. F. de Martens, *l. c.*, p. 265.

dant n'est pas identique : pour les belligérants, ces hommes ne sont ni des concitoyens ni des adversaires, et pour justifier la part qu'on leur fait supporter dans la charge des hostilités on ne peut pas invoquer d'un côté leurs devoirs de citoyens, de l'autre leur qualité d'ennemis. On ne peut à la vérité que se réclamer de la nécessité des choses qui, dans des opérations conduites avec rapidité, ne permet pas de tenir compte de distinctions telles que celles-là, fussent-elles fondées en raison.

La guerre franco-allemande a fourni deux exemples d'application de ces idées.

Un sujet anglais, M. Lawrence Smith [1], habitant Saint-Ouen, se plaignit à son gouvernement de ce que, en dépit du drapeau britannique qu'il avait arboré sur sa maison, des soldats prussiens étaient venus s'y loger, avaient pris toutes ses provisions, avaient en outre tiré des coups de fusil dans une cave où sa famille était réfugiée et avaient obligé celle-ci à s'enfuir dans les bois. Lord Granville, prudent à l'excès, n'osa pas intervenir même en présence d'une semblable violation du droit des gens, il fut d'avis cependant que les faits fussent portés à la connaissance du gouvernement allemand pour que celui-ci donnât à l'affaire telle suite qu'il jugerait à propos de lui donner.

---

[1] V. Calvo, *l. c.*, IV, p. 265.

Une affaire plus retentissante a été l'incident de Duclair[1]. Lorsque les Allemands eurent occupé la Normandie, les canonnières françaises prirent le parti de remonter la Seine pour se livrer dans ses eaux à des actes d'hostilité contre les troupes allemandes. Pour se défendre, celles-ci prirent et coulèrent en travers du fleuve à la hauteur de Duclair, près de Rouen, six navires anglais qui y étaient venus avec la permission de l'autorité prussienne. Cette fois le gouvernement anglais appuya les réclamations de ses sujets, le prince de Bismarck répondit en donnant ses raisons, dont quelques-unes étaient fort mauvaises, et finalement ce fut le gouvernement allemand qui paya aux armateurs l'indemnité de 7,073 liv. arbitrée par le ministre du commerce britannique.

Tels sont les faits. Il serait souhaitable que les sujets

---

[1] Rolin Jaequemyns, R. D. I., 71, p. 370. Dans les négociations qui eurent lieu à cette occasion, la chancellerie allemande invoqua à tort l'exercice du droit d'angarie. Le droit connu sous ce nom est la faculté (peu usitée aujourd'hui du reste) pour un belligérant d'opérer une main-mise sur les vaisseaux neutres qu'il trouve dans ses eaux territoriales, et de les affecter à ses propres besoins, sauf indemnité (*Phillimore, International law*, III, p. 50) à leurs propriétaires. Jamais la notion du droit d'angarie n'est allée jusqu'à permettre de couler des vaisseaux pour faire de leurs coques submergées une sorte de barrière contre les attaques auxquelles on peut être sujet. Il est certain du reste que les armées allemandes étaient autorisées par les usages de la guerre à agir comme elles l'ont fait. Cf. Féraud-Giraud, *l. c.*, II, p. 278.

neutres résidant en territoire ennemi fussent dispensés des réquisitions de services personnels et mis ainsi complètement en dehors des hostilités. Quant aux réquisitions sur les biens, on comprend qu'ils y soient soumis comme tous autres habitants du même territoire.

TREIZIÈME CONFÉRENCE.

Des réquisitions militaires (*Suite.*) — Exercice des réquisitions. — Nécessité d'un ordre rigoureux. — Période pendant laquelle il est permis de faire des réquisitions. — Qui peut exercer le droit aux réquisitions. — Principe. Délégations. Subdélégations. — A qui les réquisitions doivent être adressées. — Formes dans lesquelles elles doivent être faites. Ordres de réquisitions. Reçus. — Répartition de la réquisition entre les habitants de la commune. — De l'exercice des réquisitions, considéré au point de vue international. — *Première hypothèse* : Armée française en territoire ennemi. Application des principes du droit français. *Deuxième hypothèse* : Armée ennemie en territoire français. Devoir des maires.

Il ne suffit pas de savoir sur quels objets les réquisitions doivent porter, il importe tout autant, plus encore peut-être, de connaître comment on les exercera. Un droit comme le nôtre, dont le contenu est nécessairement fort variable, qui de plus s'exerce le plus souvent dans un temps où le relâchement de tous les liens sociaux paraît inviter à tous les abus, un droit semblable dépend essentiellement dans ses conséquences de la façon dont il est exercé, et la question de procédure, trop souvent décriée, prend ici l'importance d'une garantie unique instituée en faveur du droit contre la force, la grandeur d'une institution destinée à épargner à la civilisation des sacrifices irrémédiables et qui pourtant n'étaient point véritablement nécessaires.

Le système de la loi de 1877 peut à cet égard se résumer dans le seul mot d'ordre qui exprime bien exactement l'esprit de ses dispositions. Succédant à une législation formée de lois et de décrets remontant à des époques bien différentes, représentant pour la plupart les exigences de situations extrêmes et de besoins momentanés[1], la loi de 1877 a été conçue comme une œuvre d'ensemble, comme un monument durable et destiné à

---

[1] Jusqu'à la loi actuelle, l'imprévoyance paraît véritablement avoir été érigée, chez nous, en système. On ne trouve de lois et de décrets sur les réquisitions qu'aux époques les plus troublées de notre histoire militaire, mais alors, ces documents apparaissent fort nombreux, et témoignent, par leur fréquence même, du désarroi dans lequel l'absence d'une législation générale ne pouvait manquer de jeter les pouvoirs publics. On trouve ainsi, au temps de la Révolution, un très grand nombre de lois et de décrets (V. Ferrand, *l. c.*, pp. 141 et ss.). Le texte le plus général de cette période est la loi du 19 brumaire an III, qui pose déjà quelques principes fort sages, le principe de la spécialité des réquisitions, par exemple, et la limitation d'un petit nombre d'autorités auxquelles était confié le droit de requérir. On sait, du reste, que la Convention se servit de réquisitions non seulement pour les armées, mais aussi pour les besoins de la population civile (loi du maximum). La loi du 19 brumaire an III est le seul texte général que l'on rencontre jusqu'en 1877. Le gouvernement de la Défense Nationale nous a également laissé un très grand nombre de textes relatifs à l'exercice des réquisitions (Voir Ferrand, *l. c.*, pp. 146 et ss.); il fallait, en effet, remplacer à brève échéance les monceaux d'approvisionnements de toute sorte qui avaient été pris ou détruits à la suite de nos premiers revers. Une loi du 15 juin 1871 ordonna la liquidation ou le remboursement de tous les emprunts faits sous cette forme.

former pendant de longues années notre code des réquisitions militaires. Telle étant la situation, on comprend que le législateur se soit surtout pénétré de la nécessité de soumettre les nombreuses opérations que comporte la pratique des réquisitions à une réglementation détaillée, minutieuse, seule capable d'assurer à l'armée la jouissance intégrale des ressources du pays, seule susceptible de garantir la population d'excès aussi funestes à sa tranquillité que nuisibles à la discipline de l'armée qui les commet.

La loi de 1877 a poussé très loin les idées d'ordre qu'elle avait pour objet de faire prévaloir. Elle a pris soin de faciliter par avance l'exercice des réquisitions par la confection de statistiques périodiques portant à la connaissance de l'autorité toutes les ressources de chaque province, de chaque localité[1]. Elle a déterminé rigoureusement les personnes auxquelles elle a conféré des réquisitions : elle a veillé à ce que leurs pouvoirs s'exerçassent parallèlement sans jamais se contrarier, elle a pris les mesures propres à déterminer exactement les responsabilités, afin de pouvoir découvrir et

---

[1] Il est certain que la première condition nécessaire pour faire, en temps de guerre, des réquisitions fructueuses, est de les avoir, pendant la paix, soigneusement préparées. L'état-major allemand nous a donné à cet égard, en 1870, une leçon qui, suivant toute apparence, ne sera pas perdue.

frapper les auteurs des abus qui viendraient à se produire. Puis elle a prescrit dans l'usage même qui serait fait de ce droit l'accomplissement de formalités simples et précises, destinées à laisser une trace durable des actes accomplis, à donner aux habitants qui ont subi cette expropriation un titre qui leur facilitât le paiement de l'indemnité à laquelle ils ont droit. Si l'on ajoute à cela que, par des sanctions énergiques, le législateur a imposé à tous le respect de ses volontés, on aura parcouru à grands traits l'œuvre accomplie par la loi de 1877 et l'on aura mesuré le progrès qu'elle a fait accomplir à notre organisation militaire.

Il importe qu'un général, lorsqu'il occupe le territoire où doit évoluer l'armée placée sous ses ordres, n'y entre pas complètement en étranger : il faut qu'il connaisse déjà approximativement la nature et la quotité des ressources que ce territoire pourra lui fournir. Ces renseignements, c'est l'administration municipale qui les lui fournira. Cette administration est mieux à même qu'aucune autre de bien connaître les ressources de la commune qu'elle dirige, et en même temps plus intéressée que personne à ce que l'autorité militaire soit informée de l'état desdites ressources, puisque c'est elle qui, le cas échéant, supportera le poids des réquisitions [1]. Notre

---

[1] V. les art. 23 à 26 du décret du 2 août 1877. Pour la description

loi (art. 10) prescrit d'une façon générale de dresser dans toutes les communes un état des locaux qui peuvent être affectés au logement ou au cantonnement des troupes, et de le communiquer à l'autorité militaire, laquelle a le droit de le faire reviser toutes les fois qu'elle le juge à propos. Le décret plus explicite ordonne que cet état soit refait tous les trois ans. Il doit indiquer les chambres et les lits que pourront occuper les officiers, les locaux qui seront mis à la disposition de la troupe, à raison d'un lit par sous-officier, et d'un lit ou au moins d'un matelas et d'une couverture pour deux soldats, enfin les places disponibles pour les chevaux et mulets dans les écuries. Des indications correspondantes seront aussi données concernant le cantonnement. Ces états sont envoyés au préfet et par lui aux commandants de région. Le ministre de la guerre fait procéder à une revision s'il y a lieu. Puis l'administration communale dresse un état indicatif des ressources de chaque maison au point de vue du logement et du cantonnement : c'est cet état qui formera la base des réquisitions qui pourront être ordonnées[1]. De même pour

---

du logement affecté à chaque grade et du cantonnement, (V. la loi du 23 mai 1792, art. 14 et 17.)

[1] En temps de guerre et dans la zone d'étapes, le soin du logement ou du cantonnement des troupes, suivant les cas, revient au commandant d'étapes (Règlement du 24 nov. 1889 sur l'organisation et le fonctionnement des étapes aux armées, art. 97). Sur le cantonnement

faciliter la réquisition générale des chevaux et voitures susceptibles d'être utilisés au service de l'armée, la loi et le décret de 1877 ont émis toute une série de dispositions tendant au recensement périodique et au classement des animaux et des véhicules (Loi, art. 37 à 45 ; Décret, titre VIII, art. 74 à 89).

Tels sont les préparatifs ordonnés par la loi. Venons aux réquisitions elles-mêmes [1].

Le premier soin du législateur devait être de déterminer à partir de quelle époque et jusqu'à quelle époque ce droit exceptionnel de réquisition qui aboutit à mettre tout un pays, hommes et choses, sous la main de l'autorité militaire, peut être exercé. L'art. 1er de la loi a répondu à cette question, il a été complété et même légèrement modifié par les articles 1 et 2 du décret [2]. D'après

---

des troupes en campagne (V. les art. 42 à 45 du Décret du 26 oct. 1883 sur le Service en campagne.)

[1] V. le commentaire et le complément de ces textes dans le volume de lois, décrets, instructions, etc., sur les réquisitions, publié par la Préfecture de l'Isère. Grenoble, Allier, 1892. Le tableau annexé à l'art. 40 de la loi (pp. 121 et ss. de ce volume) prête à une remarque intéressante au point de vue international. Parmi les exemptions, nous trouvons mentionnée (10°) celle des chevaux et voitures appartenant à des étrangers pour lesquels cette dispense a été stipulée dans les conventions diplomatiques. Ceci nous prouve qu'en dehors de cette exception, les étrangers résidant en France sont, au point de vue de la conscription des chevaux et voitures, placés sur le même pied que les Français : c'est conforme aux principes.

[2] La loi posait une règle unique applicable à tous les cas, la nécessité

leurs dispositions combinées, le droit aux réquisitions existe en cas de mobilisation totale du jour même où elle est ordonnée et sans qu'il soit besoin d'aucune autre formalité ; il dure jusqu'au moment où l'armée est remise sur le pied de paix. En cas de mobilisation partielle ou de rassemblement de troupes, un arrêté du ministre de la guerre décide le jour où commencera et le jour où se terminera l'exercice du droit de réquisition. Cet arrêté doit être publié dans les communes. Les réquisitions ne jouent pas, on le voit, un rôle aussi important dans l'un et l'autre cas ; en cas de mobilisation générale elles constituent un ressort nécessaire, en cas de mobilisation partielle leur utilité est plus contestable et en effet a été contestée au cours des travaux préparatoires de la loi ; aussi dépend-il du ministre d'employer ou de négliger cette ressource suivant les cas.

Qui peut exercer le droit de réquisition? Cette question est capitale en la matière. L'emploi des réquisitions militaires sera toujours, et par la force des choses, un procédé arbitraire, susceptible de fournir de grandes ressources, mais capable en même temps d'engendrer des maux redoutables. Les réquisitions seront-elles employées avec mesure, seront-elles rigoureusement limi-

---

d'une décision ministérielle. C'est le décret qui a introduit la distinction reproduite dans le texte.

tées aux besoins de l'armée et soigneusement proportionnées aux facultés de ceux qui devront les subir, seront-elles un bien ou seront-elles un mal, cela dépend au premier chef des autoritées appelées à les ordonner; elles ne sont rien autre qu'un usage de la force et ce ne peut être qu'à celui qui représente la force qu'il appartient de les réglementer. Il le fera sous sa propre responsabilité et avec la liberté la plus entière. Il est arrivé aux heures les plus troublées de notre histoire militaire que, pour répondre à des besoins pressants, on a délégué à de nombreuses personnes le droit d'opérer des réquisitions[1]. Ce système ne produisit jamais de bons résultats : aussi le législateur de 1877 s'est-il bien gardé de le consacrer. Il a conféré à l'autorité militaire et à elle seule le droit de réquisitionner (3, § 1). Ce principe était absolu dans la loi. Depuis il a reçu une exception. La loi du 5 mars 1890 sur l'approvisionnement des places de guerre permet au gouverneur de déléguer son droit de réquisition aux autorités civiles, et le règlement d'administration publique du 3 juin 1890 décide que ce pouvoir délégué pourra être transmis aux préfets, aux sous-préfets, aux

---

[1] C'est en 1870 surtout que s'est produite la dissémination la plus grande dans l'exercice du droit aux réquisitions et que l'on a pu mieux apprécier les inconvénients de ce système. M. Ferrand donne, à cet égard, d'intéressants renseignements dans la note 1 de la page 167 de son ouvrage sur les réquisitions.

maires, aux ingénieurs des mines et des ponts et chaussées.

A cette exception près, le droit de réquisition demeure exclusivement attribué à l'autorité militaire ; dans une campagne, c'est donc cette dernière qui seule s'en servira. Par une nouvelle précaution la loi détermine limitativement les officiers qui, dans l'armée, posséderont ce droit. Le nombre de ces officiers varie suivant que la mobilisation est générale ou seulement partielle (3, 4, Décret). Dans le premier cas en sont investis les généraux commandant des armées, des corps d'armées, des divisions ou des troupes ayant une mission spéciale, dans le second, les seuls généraux commandant les corps d'armée ou les rassemblements de troupes effectués[1]. Ces hautes autorités sont les seules qui aient de plein droit en vertu de leur qualité le pouvoir de requérir.

Naturellement ce ne sont pas elles qui s'en serviront, elles le délègueront à des autorités inférieures en contact plus direct avec la population, ou auxquelles leurs fonctions mêmes rendent l'exercice quotidien de ce droit nécessaire. Mais ces délégations ne sont données qu'à

---

[1] Ajoutons à cette énumération tout commandant de troupe ou chef de détachement opérant isolément qui peut (art. 8, décret), quel que soit son grade, et fût-il même un simple sous-officier, pourvoir, par des réquisitions, aux besoins journaliers de ses hommes. Mais cette faculté demeure exceptionnelle et existe en temps de guerre seulement.

bon escient par le général : les réquisitions s'exercent sous son contrôle, et il doit lui être rendu compte de tous les actes accomplis. Des délégations peuvent être données directement par le général en chef aux fonctionnaires de l'intendance et aux officiers commandant (4, décret) des détachements qui auront à les utiliser. Plus fréquemment, le décret lui-même le prévoit (art. 6), le général en chef remettra aux divers chefs de corps ou de service des carnets de réquisition qui seront par eux distribués à ceux des officiers placés sous leurs ordres qui peuvent être éventuellement appelés à opérer les réquisitions. Il y a là deux délégations successives ou, comme on le dit en termes techniques, une délégation et une subdélégation. Ainsi les intendants, le directeur du service de santé, le médecin-chef d'une formation sanitaire, le directeur du service des étapes, les officiers commandant des détachements reçoivent le droit de lever des réquisitions par voie de délégation[1]. Tous, à l'exception des derniers, donnent à leurs subordonnés des subdélégations et ceux-ci agissent ainsi sous l'autorité directe de leurs chefs hiérarchiques et sous le contrôle du général en chef. Ainsi chaque officier d'approvisionnement reçoit par subdélégation le droit d'opérer des

---

[1] V. Ferrand, *l. c.*, pp. 170 et ss.

réquisitions[1]. Cette savante graduation aboutit en fait à donner le droit de requérir à un nombre assez considérable de personnes, et il faut qu'il en soit ainsi pour pourvoir commodément aux besoins d'une grande armée[2]. On pouvait craindre que l'action concurrente de ces personnes sur un même territoire n'entraînât des inconvénients graves, un épuisement excessif du pays, de l'indiscipline. Le décret a prévu ce danger et pris des mesures propres à le prévenir. Il dispose que « lorsque des détachements de différents corps ou des troupes de différentes armes se trouveront à la fois dans une commune, les réquisitions ne peuvent être ordonnées que par l'officier auquel le commandement appartient en vertu des règlements militaires. Cependant cette règle n'arrête pas le cours des grandes réquisitions destinées aux besoins généraux de l'armée et faites par les officiers généraux et par les fonctionnaires de l'intendance » (art. 34)[3]. D'autre part, l'art. 10 du décret prévient l'abus

---

[1] V. *Aide-mémoire de l'officier d'état-major,* p. 343 ; de même, pour les officiers du service des étapes, V. le Règlement du 20 nov. 1889, art. 102.

[2] On doit admettre, bien que la question ne soit pas formellement résolue par nos textes, la possibilité d'opérer des réquisitions par messager. C'est une ressource souvent indispensable et qui ne présente pas d'inconvénient particulier, puisque le messager ne peut agir que muni d'un ordre de réquisition signé par un officier compétent.

[3] Cf. l'art. 70, §, 2 du décret, qui décide que lorsque des troupes de l'armée de mer concourent à des opérations entreprises par l'armée

du droit de réquisition et en favorise le contrôle, en prescrivant à chaque officier pourvu d'une délégation de remettre, immédiatement après s'être acquitté de sa mission, son carnet d'ordres à son chef de corps ou de service, chargé lui-même de le faire parvenir à la commission des indemnités.

A ces questions de droit vient se souder une question d'administration militaire aussi importante que délicate. Comment doit-on procéder pour exploiter utilement et sans gaspillage un pays occupé par une armée entière? Comment divisera t-on ses ressources entre les besoins des diverses unités établies sur son territoire? Il y a lieu à cet effet à toute une série d'ordres différents — l'ordre de l'armée indique la zone de réquisitions de chaque corps d'armée et celle du service des étapes — l'ordre de chaque corps d'armée indique la zone des réquisitions de chacune des divisions, de chaque élément non endivisionné et les points réservés à l'intendance — l'ordre de chaque division indique la répartition de sa zone à ses divers éléments et les points réservés aux agents administratifs de la division — l'ordre de chaque brigade et de l'artillerie de corps la zone de chacun de ses éléments et les points réservés à l'action du sous-intendant[1].

---

de terre, ce sont les officiers de cette dernière qui ont à pourvoir aux réquisitions nécessaires.

[1] Cap. Masselin, *Cours d'adm. mil.*, p. 148. La même procédure est

A l'arrière, les zones de réquisitions se confondent avec les zones d'étapes et sont déterminées par le général directeur des chemins de fer et des étapes [1].

Arrivons maintenant à la contre-partie des explications que nous venons de donner, et voyons à qui l'on adresse les réquisitions. Quelles seront les personnes par l'intermédiaire desquelles se produira le contact nécessaire de l'autorité militaire et de la population civile?

Si l'autorité militaire devait adresser directement les réquisitions aux habitants qui en supporteront la charge, elle risquerait de répartir inégalement cette charge et d'imposer aux habitants des prestations hors de proportion avec leurs ressources individuelles [2]. C'est pourquoi l'art. 35 du décret prescrit que les réquisitions soient toujours adressées au maire de la commune : c'est lui qui est chargé de la transmettre aux habitants, d'en hâter et d'en surveiller l'exécution. Par maire de la commune il faut entendre celui des membres du conseil municipal qui exerce les fonctions de maire ; il est possible que le véritable maire soit absent ; dans ce cas on s'adressera à l'adjoint, et, à défaut de l'adjoint, au premier conseiller municipal inscrit dans l'ordre du tableau [3]. S'il est

---

suivie en cas de répartition des cantonnements (art. 43, Décret 26 octobre 1883).

[1] Décret du 10 oct. 1889, art. 11.
[2] 1877, *Docum. parlem.*
[3] Exceptionnellement, si l'armée ne trouve pas de municipalité

besoin pour une réquisition importante du concours de plusieurs communes, la procédure ne change pas. La préfecture pourra donner les renseignements nécessaires, mais un ordre de réquisitions particulier devra être envoyé à chaque maire pour la part afférente à sa commune.

Les anciennes réquisitions générales se trouvent ainsi supprimées dans la législation nouvelle.

Les personnes étant ainsi connues, voyons en quelle forme s'exerce le droit aux réquisitions. La question de forme a ici une très grande importance. Le maintien de l'ordre dans la perception des objets requis serait impossible si les autorités qui président à cette perception ne prenaient soin de laisser une trace durable des actes qu'ils ont accomplis. De là l'obligation pour tout officier ordonnant une réquisition de formuler par écrit ses exigences, et, la prestation une fois effectuée, de laisser à la commune un témoignage durable de son accomplissement. Les divers écrits que comporte cette procédure auront un double avantage : ils permettront de connaître à un instant quelconque la somme des fournitures déjà faites par la commune, et d'en déduire le montant

---

constituée, ou si elle arrive dans un hameau éloigné du chef-lieu et que l'on n'ait pas le temps de prévenir le maire, la réquisition est adressée à un conseiller municipal ou même directement aux habitants (19, § 1er, Loi; 36, Décret).

des sacrifices qu'il est encore possible de lui demander. De plus, ils donneront aux intéressés le moyen de réclamer l'indemnité à laquelle ils peuvent avoir droit, et formeront autant de titres au profit de la commune, titres dont elle se servira pour se faire rembourser par l'État les valeurs qui lui auront été empruntées pour la satisfaction des besoins de l'armée. Telle étant l'importance des formes en cette matière, on comprend que leur observation ait été rigoureusement commandée par la loi. « Les réquisitions sont toujours formulées par écrit et signées », dit l'art. 3, § 2, de la loi, et un peu plus loin (art. 3, § 4) : « il est toujours délivré un reçu des prestations fournies ». Le décret est plus explicite sur l'organisation à laquelle la juste exigence de la loi a donné lieu. Chaque officier investi du droit d'ordonner des réquisitions, soit en son nom propre, soit par délégation ou subdélégation, doit être nanti d'un carnet à souches d'ordres de réquisitions (art. 5) ; il y a, en outre, un carnet de reçus (art. 7). Chacun de ces carnets porte des indications permettant de savoir à quel officier il appartient et en vertu de quelle qualité il le possède[1]. Ces mêmes indications, reproduites sur chacune de ses feuilles, permettent

---

[1] En outre, tout carnet de réquisition confié à un officier par voie de délégation porte sur chaque feuillet le timbre de l'officier général qui l'a délivré, et sur le premier feuillet la signature de cet officier. (*Aide-mémoire de l'officier d'état-major*, p. 121.)

de déterminer, à la seule inspection d'un ordre quelconque de réquisition, à quel carnet il a été emprunté et qui doit, le cas échéant, porter la responsabilité des irrégularités qu'il trahit. Les droits de la discipline se trouvent ainsi sauvegardés. L'ordre de réquisition doit porter, d'après une instruction ministérielle récente, les mentions suivantes[1] :

1° La désignation de l'armée, corps d'armée, division, brigade, état-major ou régiment, bataillon ou escadron, compagnie ou batterie ;

2° Le nom et le grade du signataire ;

3° Le nom de la commune ou maire de laquelle ou suivant les cas le nom de l'habitant auquel la réquisition est adressée ;

4° La date, l'heure et le lieu de la livraison ;

5° La nature et la quantité des denrées, voitures et autres prestations, et, s'il y a lieu, la durée probable du service ;

6° La date à laquelle et le lieu où l'ordre a été rédigé ;

7° Le grade et la signature du requérant, lorsque la réquisition est faite en vertu d'une délégation.

Enfin, pour qu'un contrôle de la rectitude des mentions portées sur l'ordre de réquisition puisse être

---

[1] L'Instruction du 12 avril 1889 sur les officiers d'approvisionnement.

effectué, les mêmes indications sont reportées sommairement sur le talon qui reste entre les mains de l'officier chargé de la réquisition.

Il faut tout prévoir à la guerre, et il arrivera certainement quelquefois qu'un officier à ce qualifié se trouvera dépourvu de carnet au moment d'opérer une réquisition urgente. Dans ce cas, l'art. 9 du décret l'autorise à rédiger son ordre sur une feuille volante, mais cet ordre sera rédigé en double expédition; l'une sera remise au maire, l'autre adressée par la voie hiérarchique au général commandant le corps d'armée.

C'est ainsi que l'on ordonne une réquisition. Reste la question d'exécution. Disons d'abord à ce sujet que l'exécution est préparée, toutes les fois que cela est possible, par un avis envoyé à l'avance. L'art. 11 de la loi pose cette règle relativement au logement et au cantonnement : le maire doit être informé par avance de l'arrivée des troupes, mais il sera d'une bonne administration de l'appliquer toutes les fois qu'il faudra imposer à une commune des réquisitions d'une certaine importance, quelle que puisse être du reste leur nature[1]. Les objets requis correspondent toujours à des besoins urgents, et il peut être très avantageux d'économiser le temps nécessaire à leur recherche et à leur réunion.

[1] *Aide-mémoire de l'officier d'état-major*, p. 345.

L'exécution des réquisitions appartient normalement au maire ou à son délégué, et ce n'est que faute par celui-ci de remplir son devoir à cet égard que l'autorité militaire peut intervenir. Le maire doit se faire assister dans cette partie de ses fonctions de deux membres du conseil municipal appelés dans l'ordre du tableau, et de deux des habitants les plus imposés de la commune (art. 20)[1]. C'est à la commission ainsi formée qu'il appartient de procéder à la répartition de la réquisition entre les habitants de la commune. Cette répartition est obligatoire pour tous les habitants de la commune, et il

---

[1] Cette disposition donne lieu à une question assez délicate, par suite de la survenance de la loi du 5 avril 1882, qui a supprimé l'adjonction des plus imposés aux membres des conseils municipaux. Cette loi du 5 avril 1882 peut-elle être considérée comme ayant abrogé notre article dans la partie de sa disposition qui est contraire à sa teneur ? M. Ferrand pense qu'il en est ainsi (*l. c.*, p. 233), et il cite en sa faveur l'opinion de M. l'intendant Crétin. D'autre part, M. Couchard se prononce pour le maintien intégral de la dispense de l'art. 20 (*l. c.*, p. 51), et le Commentaire publié par la Préfecture de l'Isère n'exprime pas non plus de doute sur ce point (p. 46). Nous croyons préférable de décider que la loi de 1882 n'a pas touché à l'art. 20. D'une part, il est infiniment probable, pour ne pas dire certain, que la loi de 1882 a visé simplement le rôle joué par les plus imposés dans les sessions du conseil, et il n'est pas ici question de session du conseil; d'autre part, la décision de la loi de 1877 a eu pour objet de faciliter au maire le choix de ses collaborateurs et de garantir à leur décision toute l'impartialité désirable, deux besoins impérieux et auxquels il ne peut être satisfait que par le système même de la loi. Ce maintien du rôle des plus imposés ne peut, du reste, sembler étrange dans une matière où le premier venu peut être, dans certains cas, appelé à remplir les fonctions de l'autorité municipale.

n'y a pas d'appel possible contre la décision du maire (art. 39, § 2, du décret). On voit combien le rôle joué par le maire est considérable dans de semblables circonstances. On sait cependant qu'il n'est pas toujours possible de s'adresser à la municipalité. Dans le cas où, par suite d'une circonstance quelconque, l'autorité militaire est obligée de saisir directement de sa demande un habitant, un notable comme le dit l'art. 105 du règlement sur le Service en campagne, c'est elle qui fait la répartition en s'aidant du concours du notable en question (36, D.). La répartition (art. 204, § 4) doit être faite sur tous les habitants de la commune, en y comprenant même les absents, qui sont, à la vérité, dispensés du logement des troupes en dehors du cas de mobilisation (art. 13, § 2, de la loi), mais qui doivent supporter leur quote-part dans toutes autres réquisitions. La loi dit à ce sujet que le maire prendra les mesures propres à rendre effective la participation des absents. Le décret spécifie que le maire opérera lui-même la délivrance à l'autorité militaire des objets réquisitionnés (art. 41, § 1er). S'il ne peut satisfaire à la demande tout entière qui lui a été faite (art. 37), il devra livrer les prestations disponibles et dénoncer l'insuffisance de ses ressources. L'autorité militaire a le droit de faire procéder à des vérifications, et si les allégations du maire sont reconnues fausses, à se mettre par la force en possession du supplément qui lui a été refusé. Le décret a précisé ce que l'on doit entendre en la matière par ressources disponibles. Il ne faut pas entendre par là l'ensemble tout entier des ressources existant dans la localité. Même dans la nécessité la plus urgente, il n'est pas loisible aux troupes de consommer l'intégralité de ces ressources : les réquisitions ne doivent pas affamer une population, et les chefs militaires doivent laisser à celle-ci les denrées nécessaires à sa consommation pendant le temps qui lui est nécessaire pour se créer de nouvelles provisions. Le décret détermine un minimum d'approvisionnement qui doit être toujours respecté et qu'il constitue sur les bases suivantes (art. 38) :

1° Les vivres nécessaires à l'alimentation d'une famille et ne dépassant pas sa consommation pendant trois jours ;

2° Les grains et autres denrées qui se trouvent dans un établissement agricole industriel ou autre, et ne dépassant pas la consommation de huit jours ;

3° Les fourrages qui se trouvent chez un cultivateur et ne dépassant pas la consommation de ses bestiaux pendant quinze jours.

Nous savons d'autre part que, en cas de logement de troupes, l'habitant doit garder la chambre et le lit dont il a coutume de se servir.

Ces limites sont absolues, et il n'y a pas de nécessité,

si pressante qu'elle puisse être, qui autorise à les franchir. La loi n'a point tracé de règles destinées à guider la commission de répartition dans son œuvre. Ce silence nous est un nouveau témoignage de l'importance du rôle du maire dans toute cette matière. Il équivaut à lui reconnaître une pleine liberté d'agir dans tous les cas comme il lui semblera bon. Les questions que rencontre la commission peuvent cependant être fort épineuses. Je n'en citerai qu'une ici. Le maire devra-t-il prendre comme base de ses évaluations la fortune présumée de ses administrés ou s'attacher au pur fait de la présence ou de l'absence chez eux des objets qui ont été réquisitionnés? Ce dernier système paraît le plus simple, puisqu'il s'agit de livrer des objets en nature, cependant il aboutira parfois à des résultats bien surprenants. Que le chef d'un convoi frappe une ville d'une forte réquisition de harnais, ce sont les seuls bourreliers de la localité qui la supporteront : à la campagne, une demande de denrées pèsera lourdement sur le cultivateur qui n'a pas encore vendu sa récolte, et qui, en tous cas, garde chez lui une quantité assez notable de denrées, et elle épargnera son voisin, le châtelain, qui ne possède que ce qui lui est nécessaire pour sa consommation de la journée. N'y a-t-il pas là un résultat contraire à l'équité? On peut objecter, il est vrai, que toutes les fournitures faites en territoire national étant destinées à être remboursées, ce n'est jamais qu'une avance qui est imposée au producteur, mais une avance devient promptement lourde pour les petites bourses, et qui sait, du reste, si les hasards de la guerre ne feront pas attendre longtemps au malheureux possesseur la somme qui lui est due. Il nous semble donc plus juste, en principe, de faire peser les réquisitions sur tous les habitants sans exception, chacun étant imposé proportionnellement à ses facultés. La réquisition s'opérera en nature chez le possesseur, mais celui-ci aura pour garants immédiats ses concitoyens, chacun pour la part qui lui est afférente dans la charge commune.[1]

Une fois la répartition faite, le maire notifiera à chacun de ses administrés l'obligation qui lui incombe, et, au fur et à mesure que ces obligations fractionnaires seront accomplies, il en tiendra registre et délivrera des reçus aux prestataires (art. 41, § 2, D.). Lui-même a le droit d'exiger de l'officier requérant un reçu en bloc de toutes les fournitures faites par son intermédiaire. Les énonciations de ce reçu concorderont avec celles qui figurent sur l'ordre écrit de réquisition.

Si les prestations ont été directement demandées à l'habitant, c'est à lui qu'est remis le reçu de l'autorité militaire, mais il doit le déposer à la mairie où sont cen-

---

[1] *Contrà*, Ferrand, *l. c.*, p. 238. Notre système nous paraît, en outre, le seul compatible avec la jurisprudence qui met les réquisitions à la charge des communes.

tralisées toutes les pièces de ce genre, et où il l'échangera contre un reçu du maire. Il existe encore un autre mode d'exécution des réquisitions, plus rapide, plus juste, préférable donc à tous égards, mais malheureusement d'une application assez rare. Il consiste, de la part de l'autorité municipale, à fournir directement la totalité de la réquisition au compte de la commune (art. 20, § 5, de la loi). Les dépenses ainsi faites sont imputées sur les ressources générales du budget municipal, sans qu'il y ait besoin, nous dit la loi, d'aucune autorisation [1].

Nous ne nous occuperons pas, pour le moment du moins, de la sanction du droit aux réquisitions.

Voici ce qui concerne notre droit national. Nous avons maintenant, suivant la méthode que nous nous sommes assignée, à examiner la même question au point de vue

---

[1] A cette matière se rattache une hypothèse des plus intéressantes. Il est possible qu'un habitant prenne sur lui de satisfaire, à ses propres frais, à la réquisition faite, pour éviter à ses concitoyens toute cause de troubles. Cet habitant aura-t-il un recours contre la commune ? Il a été pour elle un véritable gérant d'affaires, et comme la dépense à laquelle il a pourvu était de celles auxquelles la commune ne pouvait pas se soustraire, il semble juste de lui accorder une action. La jurisprudence est entrée dans cette voie et a accordé l'action sans déterminer, cependant, le titre auquel elle était accordée. V. Cass., 31 mars, 13, 14 mai 1873, D., 74 p. 269, Cass., 25 mars, 20 avril 1874, D. 74, p. 239. On peut hésiter, du reste, sur la qualification de cette action et y voir ou une gestion d'affaires, ou mieux une action *de in rem verso*. En ce dernier sens, V. Michoud, *De la gestion d'affaires appliquée aux services publics*, pp. 18 et ss.

du droit international. Ici la question se subdivise. Nous avons à nous demander comment procédera une armée française en territoire ennemi et inversement comment devront se conduire les autorités locales françaises en face des réquisitions d'une armée ennemie. Ces deux questions ont, au point de vue pratique, une égale importance : ce sont les deux côtés, actif et passif, d'une même théorie, la théorie internationale des réquisitions militaires. Mais ces deux questions ne présentent pas au point de vue spécial de notre étude un égal intérêt ; écrivant pour des officiers, c'est surtout la situation d'une armée française en pays ennemi que nous nous attacherons à déterminer.

Première hypothèse. — Armée française en pays ennemi. — Une armée française a envahi le territoire de l'ennemi. Nous savons déjà quels services et quelles choses elle peut exiger de son peuple à titre de réquisition. Demandons-nous maintenant comment elle exercera son droit.

Le principe de notre doctrine ne saurait être douteux sur ce point. Nous avons déjà exposé les raisons qui nous portent à penser que les réquisitions opérées par une armée nationale en territoire ennemi sont régies par la loi de 1877 et les textes qui la complètent, exactement comme celles qu'elle exercerait le cas échéant en territoire français. C'est ici le lieu de faire l'application de cette idée générale, et cette application consistera à dire qu'aux divers points de vue que nous venons de parcourir, les textes français détermineront, toutes les fois qu'il sera matériellement possible de les appliquer, la conduite à tenir à l'étranger[1]. Il y a même ici une raison particulière de le décider ainsi. Il n'existe en France qu'une seule loi des réquisitions, qu'un seul ordre établi par conséquent. Dans quelque situation que se trouve l'armée, et encore qu'elle soit certainement sortie du cadre que le législateur lui a tracé, ses chefs se trouvent dans l'alternative de suivre l'ordre établi par la loi française ou de renoncer à suivre un ordre quelconque. Or ceci est un parti auquel jamais un général conscient de ses devoirs ne consentira à se rallier. Renoncer à l'ordre, ce serait accorder à tout venant le droit de réquisition, permettre de dépouiller un pays sans nécessité, sans mesure, sans justice, puisque les personnes atteintes n'auraient aucun titre qui leur permît de prétendre à une compensation, ce serait saccager le pays sans utilité, dissiper des ressources précieuses pour l'avenir, ce serait ruiner l'armée elle-même, car une armée livrée au désordre tombe dans l'indiscipline et se réduit en peu de temps à un troupeau d'hommes sans cohésion et sans valeur.

[1] Cf. cap. Masselin, *Cours d'Adm. militaire*, p. 105.

La loi de 1877 représente le seul ordre possible, et il est incontestable que ses dispositions sont applicables à l'hypothèse de réquisitions exercées par une armée française en pays ennemi. Aussi bien, personne n'a élevé de doute sur ce point.

Il est inutile, en présence d'un tel principe, de reprendre par le menu la série des questions que nous avons parcourues précédemment. Insistons seulement sur les points principaux et indiquons en passant les modifications que la force même des choses obligera à faire subir à la loi dans son application au pays ennemi.

1° Les officiers et fonctionnaires investis du droit d'exercer des réquisitions seront en pays ennemi exactement les mêmes qu'en territoire national, et nous n'avons sur ce qu'à nous référer purement et simplement à ce que nous avons dit précédemment.

2° Au contraire, il n'est plus possible de suivre la lettre de la loi de 1877 en ce qui concerne les personnes auxquelles les réquisitions sont adressées, parce que l'on ne trouvera pas en pays ennemi les autorités municipale que l'on rencontre en France. Mais si la lettre de la loi nous fait défaut, il nous est possible de suivre son esprit. Cet esprit consiste à adresser en un bloc la demande tout entière à la personne qui paraît la mieux placée pour l'accueillir et la faire exécuter. Si l'on ne rencontre pas partout des maires, des adjoints, on rencontrera partout une commune et une administration communale, et le chef de cette administration sera en tout lieu également qualifié à servir d'intermédiaire entre la population et l'armée. C'est donc à cette personne que l'on notifiera la réquisition [1], et c'est à elle que l'on confiera le soin d'en opérer la répartition. A la vérité, on ne pourra pas l'y obliger, une armée n'a pas d'autorité sur un fonctionnaire étranger, mais on l'y invitera, et le plus souvent il sera de l'intérêt de ses administrés qu'il accepte cette charge. En cas de refus du maire, l'armée procédera elle-même à la répartition en proportionnant, autant que possible, la charge de chacun à ses ressources apparentes et en ayant soin de ne jamais perdre de vue ce principe, que ménager un pays c'est se ménager à soi-même des ressources pour l'avenir.

3° Il peut sembler oiseux de suivre en pays ennemi les formalités assez minutieuses qui doivent être accomplies lorsque l'on procède à une réquisition en territoire national. Mais ce n'est là qu'une apparence. Les ordres écrits de réquisition, les reçus des prestations fournies, n'ont pas moins d'utilité pour l'armée qui les délivre que pour la population qui les réclame. Grâce aux reçus qu'il se fera représenter, un général pourra connaître à

---

[1] Cette règle se trouve, du reste, formellement posée dans le décret du 26 oct. 1883, art. 105, § 3. Cf. *Décl. de Bruxelles*, art. 41, § 2.

un moment quelconque la situation véritable de la localité qu'il occupe. C'est déjà pour lui une indication précieuse et qui ne peut être suppléée. Mais surtout l'examen de cette comptabilité lui permettra de constater si ses subordonnés obéissent aux ordres qu'il leur a donnés, et de les rappeler à leurs devoirs s'ils étaient tentés de s'en écarter. Il y a donc de bons motifs pour maintenir la formalité des bons de réquisition et des reçus. Nous rappellerons que l'observation de ces formes a en outre sa cause dans une raison plus haute. C'est par nécessité qu'une armée impose à des citoyens paisibles le partage de leurs biens. Si elle ne peut les indemniser de ce sacrifice, elle doit au moins ne pas les priver des moyens de réclamer plus tard une indemnité ; or, sans écrit formant des preuves, toute réclamation à venir serait dès à présent rendue impossible. Il y a donc une question de justice engagée dans le débat qui ne souffre pas que l'on hésite sur la solution à lui donner[1].

4° Il faut aller encore plus loin et poser en principe que les détails matériels de l'exécution doivent être calqués d'aussi près que possible sur les prescriptions de la loi. Il me paraît certain, par exemple, que la quo-

---

[1] Manuel français, p. 126. Renault, *Conférences*, p. 136. Cap. Masselin, p. 103. Intendant Crétin, p. 68. Déclaration de Bruxelles, art. 41, § 5. Tous les auteurs sont, du reste, unanimes à proclamer cette obligation de donner un reçu pour toute réquisition faite en pays ennemi.

tité de provisions de bouche ou de denrées réputée par la loi indisponible en France doit être également réputée indisponible à l'étranger. Il n'est permis, dans aucun cas, d'affamer une localité, de tarir son industrie, d'exiler peut-être sa population. De pareils actes sont toujours des crimes contre l'humanité. Rien n'autorise, au surplus, une armée à demander à l'asservissement passager d'un peuple des sacrifices qu'elle n'aurait pas le droit de réclamer du patriotisme de ses concitoyens.

5° Il convient de traiter en dernier lieu de la forme dans laquelle seront pratiquées les contributions en argent. Nous savons déjà que ces contributions (quelques objections que l'on puisse élever contre elles au point de vue de la doctrine) sont admises par la pratique et entourées en même temps de restrictions de toute sorte. Ce sont les seules réquisitions dont la procédure soit réglée par les textes.

L'art. 104, § 3, du règlement sur le Service en campagne, décide que le général en chef a seul le droit d'ordonner, en pays ennemi, des contributions en argent. La précaution prise par le règlement français montre bien que les inconvénients de ce mode de procéder n'a point échappé à ses rédacteurs. Il est de principe que le recouvrement d'une contribution aura lieu autant que possible en se conformant à l'assiette de l'impôt dans le pays où elle est levée. On présume avec raison que la répartition établie par le gouvernement local est la meilleure qui puisse exister et l'on suit les termes de cette répartition. Cette pratique est recommandée par notre Manuel français.

Un auteur estimé[1] enseigne qu'il faut profiter des premiers succès pour frapper de fortes contributions sur le pays ennemi, sauf à donner à ce pays les délais de paiement qui lui sont nécessaires. Je n'hésiterai pas à m'élever contre cette doctrine. Elle est contraire à la justice, car elle peut avoir pour conséquence de ruiner irrémédiablement un pays qu'un traitement plus modéré eût préservé; elle est contraire à l'intérêt de l'armée, car elle aura pour conséquence d'engendrer une hostilité déclarée dans le sein de la population qui se hâtera de dissimuler les ressources qui peuvent lui rester; elle est enfin contraire aux intentions de notre autorité militaire supérieure. J'en ai pour garant notre Manuel français de droit international pour les officiers de l'armée de terre[2]. Ce petit livre, auquel l'approbation ministérielle, dont il a été l'objet, donne une sorte de consécration officielle, décide expressément que « Des contributions en argent ne peuvent être levées légitimement que pour les besoins

---

[1] M. l'intendant Crétin, *Cours d'Administration à l'École de guerre*, 1885-86, p. 74.
[2] P. 129.

des troupes ou pour les besoins du pays envahi ». C'est donc que la modération doit être la règle et que l'on ne peut pas lever en argent une valeur supérieure à la valeur des denrées que l'on consomme. Les Allemands, il est vrai, ont montré moins de délicatesse, et leur système paraît avoir été de demander partout tout ce que le pays pouvait donner. A aucun point de vue il ne nous paraît que leur exemple mérite d'être suivi.

Deuxième hypothèse. — Armée étrangère sur le sol français. — Il rentre dans la mission du droit international d'examiner sous toutes ses faces chacune des questions comprises dans son domaine. C'est pourquoi ayant à traiter des droits de l'armée qui exerce les réquisitions au sujet de l'hypothèse d'une armée française en territoire ennemi, nous avons à parler maintenant des droits de la population contre l'armée, ce que nous allons faire en supposant qu'une armée ennemie a envahi le territoire national et y exerce des réquisitions. A la différence de la précédente, cette question ne paraît pas avoir préoccupé les auteurs. Elle mérite pourtant d'être considérée avec soin. Cette question est exactement la contre-partie de la précédente: tout droit reconnu à l'armée d'invasion constitue pour la population un devoir, et inversement toute obligation mise à la charge de l'armée doit pouvoir être invoquée par la population comme un droit. En nous faisant connaître les droits et les devoirs des armées françaises à l'étranger, nos études antérieures nous ont par le fait même appris quels sont les droits de la population à l'encontre de l'armée française d'invasion, mais nous ne connaissons pas encore les droits d'une population française par rapport à une armée étrangère dont elle subit les réquisitions. Que ce dernier point de vue ait été omis par le législateur de 1877, cela ne doit point nous étonner. Il n'a entendu légiférer que pour les seuls Français et ne s'est occupé par suite que des réquisitions exercées en France par une armée française. Mais qu'il soit négligé par la doctrine, cela est moins intelligible, car si les préceptes du droit international doivent exercer une influence quelconque sur la matière des réquisitions militaires, cette influence est pour la population aussi bien que pour l'armée une source de droits et de devoirs.

Lorsque nous parlons des droits et des devoirs de la population, c'est en réalité des droits et des devoirs de ses représentants, et en particulier de ses officiers municipaux, que nous entendons parler. Par la force des choses, les maires et adjoints serviront dans chaque commune d'intermédiaires entre la population et les chefs de l'armée d'invasion. D'une part, ils devront user de leur autorité pour faire cesser toute résistance vaine et obtenir de leurs concitoyens les sacrifices qui leur sont justement demandés ; d'autre part, ils seront fondés à résister à toute prétention du vainqueur qui excéderait sensiblement la limite de ce que permet le droit de la guerre. Aussi est-ce un principe reconnu et appliqué partout que les réquisitions doivent être adressées aux officiers municipaux.

Nous tirerons de là une première conséquence. Il est du droit et du devoir de pareils officiers de demeurer en fonctions en face de l'ennemi. D'une part, il est de principe qu'une occupation, et à plus forte raison une simple invasion, ne porte aucune atteinte à leur caractère officiel. Leur mandat émane directement du suffrage de la petite communauté dont ils gèrent les intérêts ; tant que cette communauté subsiste, et continue à vivre au même lieu, leurs pouvoirs conservent et leur raison d'être et leur fondement légal. D'autre part, c'est présisément aux heures douloureuses où un pays subit les malheurs d'une invasion qu'un officier municipal intelligent et courageux peut le mieux justifier la confiance que ses concitoyens ont placée en lui en défendant leurs intérêts même contre leurs ennemis communs, et en faisant tout pour que le malheur du temps présent ne se transforme pas pour eux en un irrémédiable désastre.

C'est folie, dira-t-on peut-être, que de vouloir parler de droits et de résistance pour un maire abandonné sans défense à la force momentanément supérieure des ennemis de sa patrie, et il n'est pas impossible que cette considération soit précisément la cause de l'abandon dans lequel on a laissé cette matière. Nous ne le pensons pas. En raison, le droit n'est point inséparable de l'idée de force (nous avons pris soin de le noter dès le début de ces études); en fait, un maire soucieux de ses devoirs saura trouver le moyen d'obliger un ennemi vainqueur à respecter les droits de ses administrés. Il n'a aucune force à sa disposition sans doute, mais il est une personne nécessaire, et peut subordonner ses services à des conditions qui seront généralement acceptées, parce que l'on sait ses services fort utiles, presque indispensables. Le maire connaît les ressources de sa commune infiniment mieux que le général pourvu des statistiques les plus complètes, il possède une autorité morale qui, renforcée par le sentiment du péril commun, lui permettra d'obtenir promptement de la population les prestations et les services sur lesquels compte justement l'armée ennemie, et qu'elle ne pourrait cependant se procurer que lentement et après des difficultés de tout genre : il peut être très utile, il est par là même puissant et doit user de sa puissance dans l'intérêt de son pays. Nous pensons donc que le devoir du maire (quelque douloureuse que puisse être son exécution) est de consentir à servir d'intermédiaire entre l'armée ennemie et la commune, à la condition que les prétentions de la première contre la seconde ne dépassent pas la mesure autorisée par le droit des gens.

Les officiers municipaux doivent rester en fonctions en présence d'une armée ennemie, se prêter à l'exercice de ses droits et s'élever énergiquement contre tous les abus qu'elle tenterait de commettre. Il leur est donc nécessaire de connaître les grandes règles admises par tous les peuples en cette matière et nous allons essayer d'en résumer ici les principes les plus certains :

1° Un maire devra rappeler à ses concitoyens l'illégitimité des actes de résistance individuelle, leur en montrer l'inutilité, faire apparaître en même temps les dangers qu'ils feraient courir à la communauté. Mais, en aucun cas, si de pareils actes se produisent, ses devoirs ne vont jusqu'à l'obliger à en signaler les auteurs à l'armée ennemie, ni à aider en quoi que ce soit à leur répression. Même dans l'accomplissement de ses devoirs, en temps d'invasion, le maire demeure un fonctionnaire exclusivement Français, et si son patriotisme lui commande de prêter dans la mesure du droit à la satisfaction des besoins de cette armée, il ne saurait jamais, du moins, lui permettre de se faire le pourvoyeur de leurs juridictions criminelles ;

2° Le maire doit donner à l'armée ennemie un aperçu exact des ressources de sa commune. Il se gardera avec soin de toute dissimulation, car il perdrait par là même tout crédit et serait ensuite impuissant à rendre le moindre service ;

3° Il opérera lui-même (avec l'assistance de la commission de répartition) ou fera opérer sous son contrôle la répartition des charges imposées à la commune, de telle façon que chacun se voie attribuer une part proportionnée à ses facultés. Il veillera à ce que la saisie des biens appartenant à des absents s'effectue sans désordre ni dilapidation. Il fera réunir en un lieu déterminé la totalité des choses requises afin d'en opérer lui-même la délivrance à l'armée ennemie ;

4° Le cas échéant, il décidera, toujours assisté de la commission organisée par la loi de 1877, les mesures exceptionnelles qu'il peut être convenable de prendre, ainsi la mise à la charge de la commune de la totalité de certaines réquisitions, ou la saisie totale des biens des absents, si les circonstances l'exigent, ou encore l'imposition d'une contribution extraordinaire à certains habitants à qui leur fortune permet de la supporter. Il est inutile d'ajouter que ces dernières mesures, contraires au principe de l'égalité proportionnelle des charges, ne devront être prises qu'en cas de pressante nécessité.

Telle est la première face des devoirs du maire. Ils en ont une seconde plus importante. Le maire doit se considérer comme le représentant du droit et s'opposer aussi énergiquement que possible à toute demande excèssive. Mais, que faut-il entendre ici par une demande excessive? Évidemment, on ne peut exiger d'un ennemi qu'il connaisse ni qu'il suive la législation française, mais il doit observer sa propre loi, il doit respecter les principes du droit des gens, et, c'est en se plaçant sur ce terrain, qu'un officier municipal pourra élever contre lui et auprès de lui-même des réclamations fondées. A la vérité, il lui sera le plus souvent bien malaisé de connaître la loi propre de l'armée occupante, et pratiquement le droit des gens sera son meilleur et le plus souvent son seul terrain de défense. Voici, dans cet ordre d'idées, quels seront les devoirs du maire :

1° Il devra se tenir en communications constantes avec le chef de l'armée ennemie (nous voulons dire de la part de cette armée résidant sur sa commune), parce que c'est de ce chef seul qu'il peut attendre la justice à laquelle il a droit;

2° Il doit, avant de déférer à une réquisition, en demander un ordre écrit et, toutes les fois qu'il le peut, s'assurer que cet ordre émane d'un officier qualifié à le donner;

3° Il ne livrera pas la moindre chose sans s'en faire délivrer un reçu qui puisse ultérieurement servir, s'il y a lieu, de base légale à une demande d'indemnité ;

4° Il tiendra très exactement le registre des prestations déjà supportées par sa commune, afin d'établir péremptoirement, le cas échéant, l'impossibilité où se trouvent les habitants d'en fournir de nouvelles ;

5° Il se refusera absolument à ordonner de nouvelles réquisitions, lorsqu'il ne restera plus à ses administrés que le strict nécessaire ;

6° Il ne se prêtera aux contributions en argent que tout autant qu'elles seront l'équivalent de prestations en nature que la commune pourrait et devrait fournir ;

7° Il se fera en toute occasion l'interprète des justes réclamations des individus contre les sévices dont ils auraient été victimes de la part des soldats ennemis. Un maire est le conservateur des légitimes intérêts de ses concitoyens. Tant que ces intérêts ne sont point systématiquement froissés par la brutalité du vainqueur, tant que les grandes règles du droit des gens, telles qu'elles résultent, par exemple, des délibérations du Congrès de Bruxelles, ne sont point méconnues de parti pris, il agira en sage et en patriote intelligent en facilitant à l'armée l'exercice de ses droits, et à la population l'acquittement de ses obligations. S'il en est autrement, son devoir est tout tracé. Il faut qu'à ses risques et périls il refuse à l'ennemi son concours, et qu'il aide ses compatriotes à soustraire leurs biens à la cupidité du soldat. Mais, dira-t-on peut-être, c'est demander trop à de simples citoyens, le plus souvent à des paysans peu éclairés de leurs devoirs, et étrangers par leur profession aux choses militaires. Nous répondrons à cela que s'il est vrai que les maires ne connaissent pas l'étendue de leurs devoirs, il est très facile de les en instruire, et que l'honneur de leurs charges les contraint à en accomplir toutes les obligations. On a vu, dans notre dernière guerre, des maires pour leurs administrés, des prêtres pour leurs paroissiens, ne pas craindre de fatiguer de leurs réclamations un vainqueur irrité. Plusieurs ont payé chèrement leur zèle ou leur patriotique obstination, sans que leur exemple ait jamais découragé personne de faire son devoir. Aussi, peut-on compter qu'en France, à l'avenir, les administrateurs, même les plus modestes, se montreront à la hauteur des importantes fonctions qu'ils auront à remplir.

QUATORZIÈME CONFÉRENCE.

Des réquisitions militaires (*Suite et fin*). — Sanction du droit aux réquisitions. — Nécessité d'une sanction énergique — Législation française. — Peines prononcées contre les militaires qui abusent de leurs pouvoirs. — Peines prononcées contre les officiers municipaux ou les particuliers qui refusent de se soumettre aux ordres réguliers de réquisition. — Sanction des réquisitions en droit international. — Question des indemnités. — Loi du 9 juillet 1877. — Commissions d'évaluation. — Procédure. — Fixation de l'indemnité. — Recours à l'autorité judiciaire. — Droit international. — Les réquisitions exercées par l'ennemi donnent-elles lieu à indemnité ? — Discussion de la question. Système de la loi et de la jurisprudence françaises.

Nous avons suivi pas à pas le développement de la théorie des réquisitions militaires, nous savons en quoi elles consistent et comment elles se font, il nous reste maintenant à nous demander par quels moyens on assurera la marche régulière de cette procédure, comment on garantira l'exercice de tout cet ensemble de droits. Les réquisitions forment, nous l'avons vu, tout un organisme aussi étendu que compliqué : pour que les dispositions de la loi ne demeurent pas une lettre morte, il faut que chacune des personnes qui y figurent à un titre quelconque sente constamment au-dessus d'elle la force supérieure de la loi ; il le faut pour que les négligences soient punies, il le faut pour que les mauvaises volontés soient immédiatement brisées, il le faut enfin pour que dans cette participation constante de la population inoffensive aux services et aux dépenses qu'entraînent les hostilités, les principes de la justice et de l'humanité ne soient jamais enfreints. Sans une sanction modérée mais énergique, le droit de réquisition ne constituerait qu'un vain apparat destitué de toute utilité réelle.

Les réquisitions intéressent deux catégories de personnes : l'une au point de vue actif, c'est l'armée qui les ordonne, et puise dans cette ressource le moyen de mener à bien ses opérations, l'autre au point de vue passif, c'est la population tout entière, amie ou ennemie, qui est contrainte de partager avec les troupes présentes sur son territoire les ressources de toute espèce qu'elle peut posséder. La sanction des réquisitions n'a pas vis-à-vis de chacune de ces deux classes de personnes le même caractère. A l'égard de l'armée elle consistera simplement dans un système de règles prohibitives destinées à prévenir les abus qui seraient à redouter ; à l'égard de la population la question est plus complexe. Pour assurer aux réquisitions leur effet, il ne suffit pas d'exercer sur la population requise une contrainte, il faut encore se préoccuper d'assurer à ceux qui ont supporté d'abord la charge, à ceux qui ont dû livrer sur réquisition les biens qu'ils possédaient, une indemnité, qui aura pour utilité de répartir cette charge entre tous ceux qui doivent la supporter définitivement. De là cette question des indemnités dues aux réquisitionnaires qui est peut-être le point le plus important et le plus délicat de toute cette matière.

Examinons tour à tour ces deux points de vue.

A.—En étudiant les précautions prises par le législateur pour empêcher que l'exercice du droit aux réquisitions ne dépasse les limites dans lesquelles il a cru nécessaire de l'enfermer, et ne dégénère en abus criants, on sera frappé surtout de leur sévérité. Des peines fort rigoureuses attendent en effet l'officier ou le soldat qui outrepasse ses droits. Mais cette rigueur même s'explique si l'on réfléchit aux inconvénients qui ne manqueraient pas de résulter de toute licence laissée aux troupes. Lorsqu'une armée a envahi un pays, la seule garantie que possède la population contre les excès qu'elle peut avoir à craindre réside dans la discipline même de cette armée. Aucune autorité n'est là qui puisse contrebalancer l'influence de la force, aucun frein n'est possible en dehors de celui qui consiste dans l'application stricte des règlements militaires. Et les occasions de mal faire sont nombreuses, et les tentations incessantes pour ces hommes qui souffrent toutes les fatigues, qui endurent toutes les privations, qui doivent être chaque jour prêts, suivant l'énergique expression allemande, à porter leur peau au marché. On l'a vu du reste en 1870. L'armée allemande, ce modèle de discipline, cette armée sur laquelle semble planer encore l'ombre du grand Frédéric, et qui sur les champs de manœuvre est pareille à une machine bien ordonnée, l'armée allemande n'eut pas en 1870 une force morale à la hauteur des fatigues qu'elle dut endurer. Les soldats allemands obéissants, réservés au début de la campagne, ne tardèrent pas à se laisser aller aux pires excès. Les environs de Paris furent dévastés par fureur pure, et un moment vint où sur les prisonniers on trouvait des bijoux, des effets précieux volés aux habitants qui avaient été contraints de les héberger[1].

[1] Nous évitons avec soin, dans un ouvrage auquel nous essayons de donner un caractère scientifique, tout ce qui pourrait passer pour de la polémique, d'autant plus que les récriminations n'ont jamais servi à rien, et que la France ne doit pas se ravaler à être un pays à haines héréditaires. Il faut convenir, cependant, que parmi les reproches formulés contre les armées allemandes, il en est qui émanent de sources non douteuses. Tels sont, par exemple, les faits rapportés par M. Délerot, d'après les documents à lui communiqués par le maire de Versailles, M. Rameau ; il en est d'autres qui empruntent au caractère de l'homme qui les a révélés un caractère de sincérité indiscutable. Il est certain que, en bien des circonstances et sur bien des points, les Allemands ont volontairement et sciemment abusé de leurs victoires, et nous souhaitons ardemment que jamais armée française ne donne prise aux mêmes reproches. A la clameur qui s'éleva après la guerre de 1870, à l'étranger aussi bien qu'en France, à l'égard de semblables excès, un Suisse, M. Bluntschli, a trouvé une réponse d'un sel un peu grossier, mais qui a eu une fortune inespérée en Allemagne. On reprochait aux soldats allemands de voler de préférence les pendules ; il y répond qu'il n'est pas facile à un soldat d'emporter

Il n'est personne qui ne réprouve des excès semblables, mais il ne suffit pas de les déplorer, il faut savoir les empêcher et cela ne se peut que par l'effet d'une discipline sévère. Cette discipline a encore un autre intérêt, plus grand s'il est possible. La force d'une armée réside moins dans le nombre et l'excellence des éléments qui la composent que dans l'ordre dans lequel ces éléments sont combinés sous la direction du chef suprême chargé de la conduire. L'ordre est le conducteur magique qui fait passer la pensée du général en chef dans la personne du dernier soldat chargé de l'exécuter, comme le fil télégraphique transmet en un instant la pensée en cent lieux différents, c'est le secret qui permet à un seul homme de mouvoir sur un continent tout entier des masses énormes d'individus avec toute la sûreté qu'il aurait s'il marchait partout à leur tête. Que serait l'ordre sans l'observation exacte de la discipline? Il ne faudrait songer ni à l'établir ni à le maintenir. L'armée ne serait plus une armée, le soldat ne serait plus un soldat.

une pendule sur son sac (Bluntschli, § 652, note). Il est douteux que cette germanique plaisanterie arrive à consoler les trop nombreux propriétaires qui ont retrouvé leurs maisons vides de tous les objets précieux qu'elles renfermaient, et arrive à leur persuader que les meubles dont ils ont constaté le défaut aient disparu d'eux-mêmes sans laisser de traces. Il est parfaitement exact, du reste, que les collections de Sèvres, de Saint-Germain, de Versailles, ont été parfaitement protégées, et il est regrettable seulement que ce respect n'ait pas été étendu aux biens des simples particuliers.

Il est impossible de ne pas sentir le poids de ces considérations et par elles on s'explique que des faits sans gravité apparente, de simples peccadilles, soient cependant réprimés par des peines de la dernière rigueur.

Voici au reste quelles sont les dispositions de nos lois sur ce point. Elles se trouvent dans l'art. 22 de la loi qui est ainsi conçu :

« Tout militaire qui, en matière de réquisition, abuse des pouvoirs qui lui sont conférés ou qui refuse de donner reçu des quantités fournies est puni de la peine de l'emprisonnement dans les termes de l'art. 194 du Code de justice militaire ; tout militaire qui exerce des réquisitions sans avoir qualité pour le faire est puni, si ces réquisitions sont faites sans violence conformément au cinquième paragraphe de l'art. 248 du Code de justice militaire. Si ces réquisitions sont exercées avec violence, il est puni conformément à l'art. 250 du même Code. Le tout sans préjudice des restitutions auxquelles il peut être condamné. »

On voit, par cet article, que le législateur a distingué deux cas. La première disposition est très générale et vise tous les abus qui peuvent se commettre en matière de réquisitions à l'exception de ceux que vise la seconde. Elle se réfère à l'hypothèse où un militaire, ayant du reste qualité pour exercer des réquisitions, a excédé en le faisant les bornes de son mandat. C'est par exemple un officier qui a adressé ses réquisitions à de simples particuliers alors qu'il devait les adresser au maire, ou qui, chargé de requérir une certaine quantité de denrées, en a exigé une quantité supérieure, qui en temps de paix a requis des fournitures qui ne peuvent être demandées qu'en cas de guerre, ou encore qui s'est permis de lever des contributions pécuniaires en territoire national. Ces infractions sont réprimées par la peine de l'emprisonnement pour une durée de six jours à cinq ans (194 C. justice militaire). On remarquera l'extrême flexibilité de cette peine. C'est que la première partie de l'art. 22 comprend des actes d'une criminalité toute différente: les uns sont à peu près insignifiants comme le serait le fait de l'officier qui néglige de bonne foi d'accomplir l'une des formalités prescrites par la loi; d'autres peuvent être très graves: tel serait par exemple le fait de lever des contributions en territoire français. Il faut remarquer en outre que le militaire coupable d'un abus peut être soumis à une peine plus grave que celle qui est prévue par l'art. 194, si l'acte qu'il a commis tombe à un autre titre et sous un autre nom sous le coup de la loi. L'officier qui, pour punir un maire de sa résistance aux ordres de réquisitions, livrerait le village au pillage, tomberait sous le coup de l'art 250 du Cod. de Just. Mil. et devrait être puni de mort avec dégradation militaire.

La loi a mis à part le cas où une réquisition est exercée

par un militaire dépourvu de qualité et a puni plus rigoureusement le coupable. C'était là en effet que se présentait le plus grave danger. Si le premier venu se permettait de faire une réquisition, toute garantie cesserait, et autant vaudrait dire que la population civile demeure sans droit vis-à-vis de l'occupant. L'art. 22 fait ici une distinction : si la réquisition indûment exercée a lieu sans violence, elle est de son vrai nom un vol, et sera punie d'un an à cinq ans de prison, conformément à l'art. 248, § 5, du C. de J. M. Si au fait du vol vient se joindre la circonstance aggravante de la violence, la peine est celle de la mort avec dégradation militaire (250). Toutefois lorsque parmi les auteurs de la violence se trouvent des militaires pourvus de grades, la peine de mort n'est appliquée qu'à eux et aux instigateurs du méfait accompli. Les simples comparses encourent une condamnation aux travaux forcés à temps. De plus la loi prévoit l'admission possible des circonstances atténuantes, qui aura pour résultat d'abaisser dans une mesure assez sensible les condamnations encourues.

Les poursuites seront intentées devant les juridictions militaires constituées soit en temps de paix soit en temps de guerre.

---

[1] V. sur l'organisation des conseils de guerre aux armées, le Code

Telles sont les pénalités fulminées par la loi, et l'on voit qu'elles méritent bien le jugement que nous portions sur elles : elles sont très rigoureuses, mais leur sévérité est nécessaire.

Ces pénalités sont établies par la loi de 1877, et nous savons que la loi de 1877 n'a visé que les réquisitions opérées en territoire national. Que dire des abus qui pourront se commettre dans les réquisitions faites en territoire ennemi? Ces abus seront-ils réprimés, et s'ils le sont, quelles peines leur seront appliquées? Après ce que nous savons sur la nécessité d'une sanction et sur le rôle qui lui appartient, il n'est pas possible d'hésiter sur cette question. Les règles que nous venons de tracer font partie intégrante de la discipline de l'armée ; elles doivent être appliquées partout où l'armée se transporte, aussi bien en territoire ennemi qu'en territoire national. Il ne peut être question de supprimer chez l'ennemi l'ordre qui doit présider à l'exercice des réquisitions. Non seulement la population paisible en souffrirait gravement, étant laissée sans défense à la merci de son vainqueur, mais l'armée à laquelle une pareille licence serait laissée serait la première à en ressentir tous les inconvénients. D'autre part, laisser au général le soin

---

de Justice Militaire, art. 33, 38, 71, 156, et Décret du 26 oct 1883, articles 222, 229, 230. Cf. *Aide-mémoire de l'officier d'état-major*, 4ᵉ partie, chap. XVI, pp. 366 et ss.

d'édicter des mesures disciplinaires convenables serait augmenter encore sa charge sans nécessité, sans utilité même, car il ne pourrait mieux faire que de reproduire dans ses ordres du jour la réglementation contenue dans la loi de 1877. Il est plus simple et plus rationnel d'admettre que cette réglementation, ayant la même raison d'être en pays ami et ennemi, possédera partout aussi la même valeur. Nous connaissons ainsi la sanction du droit de réquisition à l'égard des militaires qui l'exercent : passons à sa sanction par rapport à la population qui les subit.

B. — L'autorité militaire, lorsqu'elle se heurte, dans l'exercice des réquisitions, au mauvais vouloir ou à l'indifférence des habitants, possède un double droit. Elle peut prendre par force ce qu'on refuse de lui donner de bon gré, et elle peut punir les habitants de leur résistance en leur faisant infliger certaines peines.

Le plus pressant en pareille occurrence est de passer outre, et d'assurer à l'armée les ressources qu'elle se voit obligée de demander aux habitants. Le maire se refuse-t-il à faire la répartition, l'autorité militaire y procédera elle-même en se faisant aider, comme le décret (art. 36) le lui recommande, par un conseiller municipal ou par un notable. Une pareille répartition ne peut manquer d'être imparfaite, mais si quelque dommage en résulte pour les habitants, il sera juste que le maire en supporte la responsabilité. La résistance du maire aura aussi pour conséquence de rendre impossible l'emploi d'un seul bon de réquisition global envoyé à la mairie, il faudra nécessairement rédiger des ordres individuels pour chacun des habitants frappés au prorata de la charge que le travail de répartition lui aura imposée.

Plus fréquemment, les habitants se refuseront à fournir les prestations mises à leur charge. Si ce fait se produit, il ne reste plus à l'autorité militaire que le procédé toujours pénible d'un recours à la force (19, L.). Au cas où le maire voudra s'y prêter, il sera utile d'accepter son concours et de mettre à sa disposition la force nécessaire à l'exécution. Mais ce magistrat ne consentira pas facilement à se charger de cette besogne que l'autorité militaire devra alors accomplir à elle seule. Dans ce cas, le règlement sur le service en campagne prescrit que des perquisitions soient faites par des hommes choisis, sous la conduite d'officiers ou de sous-officiers (art. 105, § 4). Des gardes armées doivent être placées pour contenir les soldats et la population. C'est en effet dans des occasions semblables que l'on peut craindre qu'une troupe irritée ne se laisse entraîner à des excès.

L'exécution des réquisitions est en outre assurée par des pénalités édictées contre ceux qui tenteraient de se soustraire à l'accomplissement de leur devoir. L'art. 21 de la loi est relatif à cet objet. Il distingue plusieurs hypothèses. Si c'est le maire qui se rend coupable d'un refus non justifié, il encourt une amende de 25 à 500 fr. Cette peine est applicable d'après les termes mêmes du § 1er, soit au maire, soit à celui qui en remplit les fonctions, mais elle ne le serait pas au notable auquel on aurait adressé la réquisition en l'absence de tout membre de la municipalité (art. 105, décr., 26 oct. 1883). Celui-là est un simple particulier, il n'exerce pas de fonctions publiques et ne doit pas être sujet à la responsabilité plus étroite que comportent de semblables fonctions[1].

A l'égard des particuliers, la loi distingue. Si la réquisition à laquelle ils se refusent porte sur des objets ou des denrées, ils seront soumis à une amende égale au double de la valeur de la prestation requise[2]. S'il s'agit

---

[1] Ferrand, *l. c.*, p. 252.

[2] Dans le cas visé au texte, le montant de l'amende à infliger à l'habitant coupable de refus dépendant de la valeur de la fourniture requise, est essentiellement variable. De là une question embarrassante. Quelle sera la juridiction compétente pour prononcer cette amende ? M. Couchard enseigne (p. 104) que, selon que le montant de l'amende excédera ou n'excédera pas 16 fr., la cause devra être déférée au tribunal correctionnel ou au tribunal de simple police. M. Ferrand (*l. c.*, p. 253) se prononce, dans tous les cas, pour la compétence du tribunal correctionnel. Il est vraiment regrettable que la loi ne se soit pas prononcée sur ce point, car si la thèse de M. Couchard est plus conforme aux principes, elle paraît, d'autre part, d'une application bien difficile, car il sera souvent malaisé de savoir à l'avance si l'amende sera supérieure ou inférieure à 16 fr. La doctrine de M. Ferrand est infiniment plus simple, mais cela au prix d'une petite incorrection juridique.

de services personnels (§ 3), ils tombent sous l'application de l'art. 62 Cod. Just. Mil., et peuvent être punis d'un emprisonnement de six jours à cinq ans, par application de l'art. 194 du même code. On s'étonnera peut-être de la disproportion des peines appliquées à ces deux délits jumeaux, mais l'on réfléchira à la possibilité qui existe dans le premier cas de se procurer par la force les objets que l'on se voit refusés, et à l'impossibilité dans laquelle on se trouve à contraindre directement un habitant rebelle à un service qu'il ne veut pas rendre. L'élévation de la peine réalise la contrainte indirecte qui est nécessaire pour assurer l'exécution de la réquisition imposée.

Ces pénalités sont applicables en temps de paix comme en temps de guerre, mais, par suite de la nécessité des choses, elles ne peuvent être employées avec succès que sur le sol français. Où trouverait-on, en pays ennemi, un tribunal qui consentît à les appliquer, et alors même que l'on en chargerait les juridictions militaires, ne serait-il pas le plus souvent impossible de les faire exécuter ? Il faut donc, en pays ennemi et vis-à-vis de la population de ce pays, un système de sanction différent, et comme la loi n'en dit rien, c'est aux chefs militaires qu'il appartient d'organiser cette sanction et de la faire appliquer.

La chose paraît facile au premier abord. Comme on n'a pas à ménager des ennemis les mêmes raisons que l'on a à ménager ses compatriotes, comme d'autre part une armée ne craint généralement pas de résistance sérieuse de la part des habitants du pays qu'elle a envahi, il peut sembler que les moyens les plus violents sont les meilleurs, et que l'on ne devra éprouver aucune hésitation à s'en servir. Les cas n'ont pas manqué en effet, même dans nos dernières guerres, où des généraux se sont présentés aux villes qu'ils avaient conquises, un ordre de réquisition dans une main et une torche dans l'autre. Ces exemples sont-ils à imiter ? Je ne le crois pas, et je suis heureux d'appuyer mon dire sur l'autorité d'un homme d'une compétence reconnue en la matière, le professeur Lentner[1]. Lentner fait remarquer que les abus dans l'exercice des réquisitions sont à tous les points de vue très dangereux. Si l'on dévaste un pays par le fer ou par le feu, si l'on chasse la population de ses asiles, cette population réduite au désespoir ne reculera devant aucun crime pour se venger de ses agresseurs. De là l'augmentation du nombre des maraudeurs, la fréquence des vols, des assassinats, des crimes de tout genre, la formation de bandes indisciplinées dont les incursions répétées feront le plus grand tort au vainqueur. La guerre, pour être régulièrement pratiquée, a besoin de confiance et d'honnêteté ; il ne faut pas détruire ces facteurs dont la présence seule empêche l'humanité civilisée de retourner

[1] Lentner, *l. c.*, p. 131.

à la barbarie primitive. Ajoutons qu'une misère trop grande engendre les épidémies et qu'une épidémie ne fait nulle part tant de ravages que dans un camp où s'entassent des légions d'êtres humains, le plus souvent exténués de fatigues. La guerre de Trente Ans[1] a fourni à cet égard des exemples qui mériteraient de n'être point oubliés.

Ce sont là des raisons toutes matérielles, des raisons qui n'ont rien à faire avec le sentiment, mais nous avons à peine besoin d'ajouter qu'une question d'honneur militaire est aussi engagée dans le débat, et qu'un chef se refusera toujours à des mesures extrêmes, lorsqu'il ne sera pas absolument contraint de les prendre.

Je pense donc que, s'il est juste que la résistance des habitants ennemis à des réquisitions régulièrement faites soit châtiée, le châtiment, du moins, devra toujours rester juste et modéré. Il sera juste, et pour cela il devra frapper d'abord et surtout les personnes auxquelles remonte la principale responsabilité de cette désobéissance. Les premiers à atteindre sont les individus investis des magistratures locales, car il est plus que probable que c'est sur leur initiative que s'est produite la résistance des habitants. On les frappera dans leurs biens par une

---

[1] V. E. Charvériat. *La peste en Allemagne pendant la première moitié du XVIIe siècle.* — Mémoires de l'Académie de Lyon, 1893, pp. 82 et ss.

augmentation de leurs charges personnelles, dans leur personne en les privant de leur liberté pendant un temps plus ou moins long ; on ne les menacera pas dans leur vie, parce que ce serait les mettre dans la dure alternative de se sacrifier eux-mêmes ou de sacrifier ce qu'ils peuvent considérer comme le droit de leurs concitoyens. Les situations de cette espèce ne tournent jamais à l'honneur ni au profit de ceux qui les créent.

J'ajoute qu'un bon chef sera toujours modéré, cela par humanité et par intérêt à la fois. Rien n'empêche une colonne de cavalerie de lever sur un village une contribution hors de proportion avec ses ressources, et de la faire payer sur-le-champ, si cela est matériellement possible, en menaçant ce village d'incendie ou de pillage[1] ; mais quelle sera la conséquence de ce procédé ? Il est facile de la prévoir. Les habitants, justement intimidés, se hâteront de dissimuler ou de faire disparaître tout ce

---

[1] Nous signalons ici encore un point sur lequel la pratique dément ses propres principes. Il est très bien de dire, comme on le répète partout, que l'incendie, le pillage ne sont plus de notre temps (Bluntschli, *l. c.*, §§ 657, 663 ; Lueder, *l. c.*, p. 493 et n. 24) ; mais alors il faudrait ne pas en user non plus comme mode d'intimidation, et cependant il ne paraît pas qu'on y ait renoncé. Car si l'on menace d'incendie ou de pillage (fût-ce sans intention d'en rien faire), on sera forcément conduit à incendier et à piller quelquefois, ne serait-ce que pour prouver que l'on a pas menacé en vain. L'interdiction de semblables excès ne deviendra une réalité que le jour où l'on enseignera aux officiers qu'ils n'ont pas d'autre droit que celui de faire des perquisitions en cas de refus, et de saisir ce qu'ils trouveront.

qui leur restera de denrées ou de numéraire. Sur ces entrefaites, l'armée arrivera et, au lieu d'une localité bien pourvue, où elle comptait se procurer de nouvelles ressources, elle trouvera un village à peu près désert, dépourvu de tout, et dont les rares habitants se retrancheront dans un mutisme complet vis-à-vis de leurs vainqueurs. Espère-t-on que des perquisitions conduites à la hâte par des officiers étrangers au pays feront découvrir les cachettes choisies par ses habitants, ou faudra-t-il mettre ceux-ci à la torture pour leur faire déclarer la vérité? On voit où on en arrive avec de pareils procédés, et comment sur ce terrain encore le respect de la justice est infiniment plus avantageux que l'usage imprudent de la force. Un bon chef sera donc modéré : ses décisions seront fermes, parfois rigoureuses, jamais cruelles. Marbot nous raconte quelque part qu'il obtint d'un magistrat allemand de la volaille et du gibier que celui-ci déclarait impossibles à se procurer, simplement en lui envoyant une garnison d'une vingtaine de cavaliers. Très souvent, il faut le reconnaître, frapper modérément et au bon endroit vaudra mieux que frapper avec la dernière rigueur.

Ces considérations générales étaient utiles, mais on comprendra que nous ne puissions préciser davantage, les mesures à prendre étant dans chaque cas subordonnées aux circonstances.

Nous avons ainsi étudié la théorie des réquisitions militaires, et il ne nous reste plus qu'à nous préoccuper d'une question fort importante qui ne s'élève que lorsque les réquisitions ont été ordonnées et exécutées, la question des indemnités auxquelles donnent lieu les réquisitions. Les réquisitionnaires doivent-ils être indemnisés, et par qui? Cette question doit être, comme les précédentes, successivement examinée pour les réquisitions pratiquées en territoire national, et pour les réquisitions pratiquées en territoire ennemi.

En territoire national, c'est un principe que toute dépense occasionnée par une réquisition d'objets ou de services doit être remboursée à celui qui l'a faite. L'entretien de l'armée est, en effet, l'affaire de la nation tout entière, et il est juste que le trésor public supporte, en définitive, la charge des sommes consacrées à cet entretien. Cette œuvre de réparation donne lieu à toute une procédure longue et compliquée: nous en retracerons simplement les traits généraux que nous grouperons sous les trois chefs suivants : réunion des pièces nécessaires à l'établissement du droit des indemnitaires ; rôle de la commission administrative ; rôle de l'autorité judiciaire.

α) La première chose à faire est de réunir dans chaque commune les titres des habitants qui peuvent prétendre à un dédommagement. Ces titres (art. 49, § 2, D.) sont les reçus de l'autorité militaire (art. 2, § 4, L.), les certificats d'accomplissement des services requis (art. 41, § 4, D.), les procès-verbaux de dégâts ou d'estimation (art. 28, D.). D'après les indications du registre qu'il a tenu à la mairie, le maire dresse en double original l'état nominatif de tous les habitants ayant fourni des prestations (art. 25, § 1er, L.; art. 49, § 1er, D.)[1]. Il y joint la copie des ordres de réquisitions et les diverses pièces énumérées plus haut, il établit en double un bordereau de ces pièces et envoie le tout à la commission d'évaluation qui lui renvoie un exemplaire du bordereau signé à titre de récépissé (art. 49, § 3, D.).

β) Ici commence le rôle de la commission d'évaluation. Une commission est constituée pour chaque département où des réquisitions peuvent être exercées (art. 24, L.; art. 44-47, D.). Elle comprend des membres militaires nommés par le ministre de la guerre ou son délégué, et des membres civils nommés par le préfet, en proportion telle que l'élément civil y soit toujours en majorité. En outre, le Ministre de la guerre nomme une commission centrale chargée du contrôle des commissions départementales au point de vue de l'uniformité et de la régula-

---

[1] Le maire se trouve en situation d'envoyer un relevé complet des prestations fournies, parce qu'aux termes de l'art. 41, §§ 3 et 4, du Décret, les habitants doivent remettre à la mairie, contre un reçu de l'autorité municipale, les reçus et certificats qui leur ont été donnés par l'autorité militaire requérante.

rité de leur service, chargée également de donner son avis sur les difficultés qui s'élèveront.

Le rôle de la commission départementale est complexe et important. La commission commencera par élaborer des tarifs, lesquels seront ensuite arrêtés par le ministre de la guerre (art. 48, D.). Ces tarifs auront l'utilité de faciliter les évaluations, de soustraire les prix à payer aux fluctuations quotidiennes que les cours éprouvent sur le théâtre des hostilités, enfin de faciliter les achats au comptant, sans mettre l'autorité militaire complètement à la merci de la cupidité de l'habitant.

La commission d'évaluation compare les pièces qui lui sont remises par l'autorité municipale à celles qui lui sont communiquées par l'autorité militaire (art. 50, D.), émet son avis sur les différences que peuvent présenter les unes et les autres, peut s'entourer en cas de besoin d'experts et, ce travail terminé, propose un chiffre d'indemnité à accorder.

C'est au fonctionnaire de l'intendance (art. 25, § 1er, L.; art. 50, D.) qu'il appartient de fixer l'indemnité; il l'arrête par rapport à chacun des intéressés. L'intendant notifie sa décision au maire de la commune dans les trois jours de la communication qui lui est faite de l'avis de la commission, et, dans les vingt-quatre heures de la réception, le maire est tenu de faire connaître à chacun des intéressés le montant de la somme qui lui a été allouée. Il leur fait connaître en même temps qu'ils ont un délai de quinzaine pour notifier leur acceptation ou leur refus. A l'expiration de ce délai, le maire rédige en triple original un état des habitants qui ont accepté ou qui ont laissé passer le délai à eux imparti sans se prononcer, ce qui est considéré comme équivalant à leur acceptation (art. 52, D.), et l'envoie à l'intendant. Ce dernier doit, dans la huitaine, délivrer les mandats de paiement sur la caisse du receveur municipal (art. 53, D.). Toutefois, la loi a prévu qu'en temps de guerre les fonds viendraient peut-être à manquer, et elle a permis (art. 27, § 4) de remplacer le paiement au comptant par la délivrance de bons du Trésor portant intérêt au 5 %, à dater du jour de la livraison[1].

γ) Il est possible aussi que certains des habitants n'acceptent pas l'allocation qui leur a été destinée. Il y a lieu alors de recourir à l'autorité judiciaire qui aura le dernier mot dans ce débat. Après une vive discussion, la

---

[1] Le mode de paiement adopté par la loi permet de trancher avec certitude une question qui, sans cela, serait fort délicate : la question de savoir si l'exécution des réquisitions fait naître une créance de la commune ou des particuliers contre l'État. Du système choisi pour le règlement, il résulte que la créance naît directement des habitants à l'État (cf. Ferrand, pp. 124 et ss., l'administration communale ne jouant que le rôle d'un simple intermédiaire. Il en est autrement lorsque la Commission municipale a satisfait, comme elle y est autorisée par l'art. 20, § 5, de la Loi, à la réquisition aux frais de la commune.

Chambre a décidé de donner en cette matière la préférence aux juridictions ordinaires sur les juridictions administratives. C'est le juge de paix ou le tribunal de première instance qui statue (art. 26, L.), chacun pour les réquisitions exercées dans son ressort, le juge de paix définitivement jusqu'à 200 fr. et, en premier ressort, jusqu'à 1,500 fr. Au delà, la compétence appartient au tribunal de première instance. L'État est représenté dans le litige par le fonctionnaire de l'intendance qui a fixé les offres refusées. La compétence du juge de paix a été, on le voit, notablement étendue dans la matière des réquisitions, cela dans le but louable de rapprocher la justice du justiciable. L'instance s'engage par la transmission par le maire au juge de paix des déclarations de non acceptation qu'il a reçues. Il y a lieu à conciliation (art. 56, D.) entre le fonctionnaire de l'intendance et l'habitant intéressé. Faute de conciliation, l'affaire s'instruit et se juge suivant la procédure simplifiée des affaires sommaires. Le jugement, une fois rendu, est sujet aux voies de recours du droit commun.

Tel est le système organisé par la loi de 1877 pour assurer aux habitants touchés par les réquisitions une juste indemnité. Ce système est irréprochable théoriquement. Est-il bien imaginé pratiquement, c'est une autre question. On peut en douter, et se demander comment tous ces rouages si nombreux et si compliqués pourront fonctionner au milieu du désordre qu'entraînent fatalement les opérations militaires[1].

Peut-être aurait-on été plus sage en faisant quelque chose de moins parfait, mais de plus pratique.

En cette matière encore, il est bien évident que l'on ne peut transporter purement et simplement aux opérations pratiquées en territoire ennemi ce que la loi décide au sujet des opérations réalisées en territoire national. Nous l'avons remarqué dès le début, la raison d'être des unes et des autres est différente. L'obligation aux réquisitions pour un national a sa source dans ses devoirs envers sa patrie; cette obligation étant générale et uniforme, il est juste que la charge qui en dérive soit répartie entre tous les habitants du pays. Vis-à-vis d'une armée étrangère, cette même obligation n'a plus le même fondement : elle résulte du pur fait des nécessités de la guerre ; de là suit que la solution de la question pour les unes ne forme même pas argument s'il s'agit des autres.

Les habitants d'un pays qui ont supporté la charge des

---

[1] A la rigueur, le système de la loi pourra fonctionner régulièrement dans les départements simplement traversés par les troupes françaises, mais est-il permis d'espérer que les divers rouages qu'il comporte puissent se mouvoir aux lieux où les réquisitions seront précisément plus nombreuses, aux lieux où se déploieront les hostilités ? Et cependant, n'est-il pas désirable que les populations en proie aux réquisitions des deux armées en présence puisssent au moins être indemnisées des sacrifices que leur imposent leurs armées nationales ?

réquisitions exercées par une armée ennemie ont-ils de ce chef droit à une indemnité? On a coutume de poser cette question sous une forme que nous considérons comme vicieuse en recherchant successivement si ces habitants peuvent demander une indemnité à la puissance au nom de laquelle les réquisitions ont été faites, et s'ils peuvent s'adresser pour cet objet à leur propre gouvernement. Ces deux questions sont toutes différentes l'une de l'autre. La première seule appartient au droit des gens ; quant à la seconde, c'est une pure affaire de législation intérieure. Il n'appartient pas au droit international de décider si un gouvernement doit ou ne doit pas de réparation à ceux de ses sujets qui ont souffert des réquisitions de l'ennemi; en émettant des prescriptions quelconques sur ce point, le droit des gens sortirait de son domaine et empièterait sur le domaine réservé à la législation et à l'administration intérieure.

Une seule question rentre donc bien nettement dans notre ressort : l'envahisseur doit-il des indemnités pour les réquisitions qu'il exerce? Nous avons dit précédemment qu'il sera généralement d'une bonne politique pour l'armée de payer les fournitures et les services qu'elle exige[1].

---

[1] A ce point de vue, il serait certainement préférable de s'abstenir complètement de réquisitions en nature et de se borner à des contributions en argent permettant de rémunérer convenablement les

Maintenant il ne s'agit plus de politique, mais de droit et d'obligation. Les principes de justice qui doivent régler les rapports des nations entre elles demandent-ils que l'envahisseur paye une indemnité ? On compte plusieurs opinions sur ce point.

En général, les publicistes les plus récents s'accordent à reconnaître, au moins en principe, l'existence d'une obligation à indemnité pour l'État qui a profité des réquisitions. On peut dire en ce sens que cette solution est une conséquence du principe que la guerre est faite à l'État et non pas aux particuliers sujets de cet État. L'envahisseur pourra, si sa supériorité se confirme, faire payer à son adversaire la somme qu'il aura déboursée sous forme de contribution de guerre, mais il devra en attendant verser cette somme aux réquisitionnaires qui, simples particuliers pris au hasard, n'ont aucun titre à supporter seuls la dette de leur patrie. On ajoute que cette solution apparaît comme le complément du grand principe du respect de la propriété privée, ce dernier progrès

services que l'on demande ensuite. Mais cela n'est pas possible. Et puis, à supposer qu'il fût pratique, ce système aurait toujours l'inconvénient de ne pas permettre de conserver au droit de réquisition sa nature de droit de partage, avec la population, du superflu de ses ressources. (V. la proclamation du prince royal aux habitants de la Lorraine en date du 18 août 1870.) Lorsqu'on exige de l'argent, on est forcément conduit à dépasser la limite des revenus des contribuables et à entamer leurs capitaux. Que devient alors le principe du respect de la propriété privée ? Une lettre morte, rien de plus.

des idées modernes dans notre domaine. On pourra dire encore que toute réquisition renferme une expropriation et que toute expropriation comporte une indemnité[1].

[1] Il est évident que la question de l'indemnité à accorder aux particuliers frappés de réquisition ne devait pas préoccuper les publicistes anciens. Ce n'est que du jour où l'on a admis le principe du respect de la propriété privée que l'on a été amené à rechercher comment l'on pourrait parvenir à indemniser les réquisitionnaires des pertes qu'ils ont subies. Klüber n'en dit encore rien. (Cf. Travers Twiss, p. 114.) Heffter (trad. Bergson, p. 301) réserve la question de l'indemnité à fixer au moment de la conclusion de la paix, par voie de compensation ou autrement. Son annotateur Geffcken interprète ce passage comme une allusion au droit du réquisitionnaire d'obtenir une indemnité de son gouvernement (n[te] de la même page), mais cette interprétation est plus que douteuse. Bluntschli (*l. c.*, § 655, note) place au premier rang l'obligation à une indemnité de l'État qui a saisi les biens requis et les a appliqués à ses besoins. Cf. Massé, *Droit commercial*, t. I, p. 151 ; Calvo, *l. c.*, § 2238, p. 158 ; Morin, *l. c.*, I, pp. 192 et ss., veut faire découler l'indemnité de ce prétendu principe que l'ennemi ne saurait avoir dans un pays plus de droit que n'en aurait le souverain, or, ce dernier serait obligé de payer aux habitants les fournitures qu'il s'approprie pour les besoins de l'armée ; mais son raisonnement pèche par la base ; il n'y a pas d'analogie entre la situation d'une armée en territoire ennemi et celle d'un souverain dans ses domaines. Vidari (*l. c.*, pp. 149 et ss.), s'attache également à ce point de vue de substitution d'un État à un autre, combiné avec l'idée du droit du vainqueur à une indemnité ; appliqués aux réquisitions, ces principes n'emportent point avec eux d'obligation de paiement ; Vidari dit, au contraire, qu'il n'y aurait lieu à indemnité qu'autant que la saisie aurait dépassé ce qui était nécessaire au ravitaillement (risarcimento) de l'armée (p. 152).

La doctrine de Funck Brentano et Sorel exigerait le paiement de tout ce qui est pris (*l. c.*, p. 280 ; dans le même sens, Acollas, *l. c.*, p. 86). Les Instructions américaines portent, de même, que l'obligation de dédommagement pèse, en premier lieu, sur l'État qui bénéficie de

Les auteurs qui raisonnent ainsi me paraissent se rendre imparfaitement compte des nécessités de la guerre. Admettront-ils que l'envahisseur doit tout payer argent comptant, pensent-ils qu'il s'abstiendra de réquisitions nécessaires lorsqu'il n'aura pas sous sa main les sommes nécessaires pour les payer, ou bien si l'on enseigne (et on l'enseigne généralement dans ce système) que le preneur pourra reculer le paiement jusqu'à la fin de la guerre, ne voit-on pas que cette doctrine est inutile, et qu'elle ne

---

la réquisition (art. 38). Cf. Neumann, *l. c.*, pp. 185 et ss.; Déclaration de Bruxelles, art. 42, § 2, et Proc.-verb., pp. 181 et ss.; *Manuel de l'Institut*, art. 60; il est à remarquer aussi que le célèbre traité de 1785, entre la Prusse et les États-Unis d'Amérique, portait qu'en cas de guerre les réquisitions ne seraient faites que moyennant payement. Guelle (*l. c.*, II, pp. 177 et ss., pp. 231 et ss.) admet, au contraire, que pratiquement, dans tous les cas, si une indemnité est payée, elle le sera par le gouvernement national du réquisitionnaire. Lueder (*l. c.*, § 117, p. 502) se prononce contre toute obligation immédiate et certaine à un remboursement; il ne pense même pas que la délivrance d'un reçu puisse être, dans tous les cas, exigée. Cf., Fiore, *l. c.*, art. 1068; Dahn, *l. c.*, p. 21; Lœning, R. D. I., 72, p. 645. V. également, sur ce point, les très intéressantes remarques de Hall, *l. c.*, pp. 365 et ss. M. Rouard de Card insiste sur l'obligation du requérant à fournir une indemnité immédiate ou ultérieure, suivant les circonstances (*l. c.*, pp. 163 et ss.), sauf pour le réquisitionnaire à attendre une occasion favorable de faire valoir son droit. M. Féraud-Giraud, qui a fait de ces questions l'objet d'une étude attentive, admet très sagement (*l. c.*, II, p. 293) que si l'on ne veut pas poser une règle vaine, il faut admettre au profit de l'ennemi le droit aux réquisitions contre un simple reçu, que l'on fera valoir ensuite contre qui de droit. M. Ferrand (*l. c.*, pp. 106 et ss.) admet qu'en théorie l'indemnité est due par le requérant, mais qu'il n'existe pas, en fait, de moyen d'en assurer le payement.

donnera aux habitants aucune garantie de plus que l'opinion contraire?

Nous n'hésitons pas à nous rallier sur ce point à la doctrine la plus rigoureuse. L'envahisseur ne doit point d'indemnité pour les réquisitions qu'il exerce. On a essayé de la justifier en disant que toute armée a le droit de vivre sur le pays qu'elle occupe. Telle n'est pas notre pensée. Ce principe appartient au droit ancien, mais il ne mérite pas de conserver chez nous droit de cité. Il est plus juste en effet qu'une armée vive aux frais de la nation qu'elle représente et pour la défense de laquelle elle poursuit ses opérations [1]. Cela est plus juste et plus digne à la fois, mais cela n'est pas toujours possible. Les exigences de la guerre passent avant les suggestions de l'équité, et la guerre veut que l'armée puisse aller partout où elle trouve les ressources qui lui sont nécessaires. Les réquisitions sont une nécessité, le non paiement en est une autre. C'est la seule raison de notre solution, mais elle est suffisante, et il n'est nulle besoin de cette idée étrange et digne des subtilités de Grotius, que pour une armée le peuple ennemi est dans son tort et doit payer les frais des opérations que l'injustice de sa conduite a rendues indispensables [2].

[1] F. de Martens affirme que pendant la dernière guerre russo-turque, aucune réquisition ne fut faite que contre un paiement en espèces (*l. c.*, p. 264).

[2] Cf. Lœning, *l. c.*, pp. 72, 645. Il est très exact, comme le remarque

Plus tard, à la fin de la guerre, on verra s'il est possible d'accorder aux habitants une réparation. Si l'envahisseur finit par être vaincu, on lui imposera la charge de ce dédommagement ; s'il est vainqueur, il va de soi que l'on ne peut songer à l'obliger à prendre à sa charge les indemnités qu'il serait juste de payer aux particuliers qui ont souffert de l'exercice des réquisitions. Jusqu'ici le vainqueur n'a jamais éprouvé le moindre scrupule à laisser au vaincu le soin de faire honneur à sa signature, la question cesse donc d'être internationale pour devenir purement intérieure, et se poser entre l'État vaincu et ses propres sujets. Il n'y a pas de principe à proclamer sur ce point : rappelons simplement ce qui s'est passé en France à la suite des événements de 1870. L'Assemblée nationale fut saisie dans le courant de l'année 1871 d'une proposition de loi tendant à accorder aux victimes de la guerre une indemnité pour les dom-

---

notamment M. Ferrand (*l. c.*, p. 107), d'après Moynier, qu'il y a une contradiction entre l'idée du respect de la propriété privée et la pratique des réquisitions sans indemnité certaine. Mais cela ne démontre qu'une chose, c'est qu'on s'est trop pressé en proclamant le principe avant de s'assurer que son application serait toujours possible. Tous les sophismes du monde ne changeront rien à la situation, et la contradiction existera tant que le requérant ne se décidera pas à payer lui-même, avant la fin de son occupation, les particuliers qui ont subi ses exigences, sauf à se faire rembourser par son adversaire, à la fin de la guerre, les sommes qu'il aura ainsi déboursées, s'il arrive à lui dicter les conditions de la paix.

mages directs qu'elles avaient subis ; parmi ces dommages se plaçaient au premier rang les pertes résultant de l'exercice des réquisitions par les Allemands. Ces pertes se chiffraient d'après les évaluations très modérées des commissions départementales de révision à la somme de 236 millions de francs. A cette occasion se posa à la tribune de l'Assemblée nationale la question de savoir si l'État *devait* indemniser ceux qui avaient souffert de l'invasion prussienne. Beaucoup de choses furent dites à ce sujet en faveur des victimes. On parla de solidarité et de fraternité, mais comme il arrive trop souvent dans les assemblées délibérantes, le débat manqua un peu de rigueur. Finalement, la Chambre consacra, sur l'avis de M. Thiers, une opinion déjà enseignée au siècle dernier par Vattel, et que la pratique française avait fait sienne au cours des guerres de la Révolution et du premier Empire[1]. Une loi du 6 septembre 1871 affecta une

---

[1] Grotius, sur ce point (l. III, ch. xx, § 8), admettait en principe une obligation mutuelle des citoyens à répartir entre eux les dommages causés par la guerre, tout en reconnaissant que la loi positive pouvait interdire tout recours contre l'État « afin que chacun défende plus vigoureusement ce qui lui appartient. » C'est Vattel (l. III, ch. xv, § 232) qui proposa de distinguer les actes entrepris par l'État de propos délibéré et qui doivent donner lieu à une indemnité, de ceux qui résultent soit du fait de l'ennemi, soit d'accidents survenus au cours des hostilités, pour lesquels n'existe aucun devoir de réparation. Tout ce que l'on peut désirer à l'égard de ces derniers, c'est que l'État soulage les plus malheureux parmi ceux qui en ont souffert. Telles sont bien les idées dont s'inspirent la législation et la

somme de 100 millions au soûlagement des infortunes les plus grandes que la guerre avait causées. Cette somme n'était point accordée à titre de réparation due par l'État, car l'État français n'a jamais admis qu'il pût devoir une semblable réparation, mais à titre de secours équitablement et volontairement fourni en vue de venir en aide aux cas les plus pressants. L'adoption de ce point de vue résulte suffisamment du seul contexte de la loi[1].

jurisprudence contemporaines. Tandis que la loi de 1877 organise un système complet de dédommagement pour les individus atteints en France par les réquisitions des troupes françaises, la loi n'a jamais dit et la jurisprudence n'a jamais admis que le fait d'avoir souffert les réquisitions d'une armée ennemie puisse donner à personne un titre légal à une indemnité. A la vérité, la Convention par une loi du 17 fév. 1793 promettait des secours ou des indemnités aux citoyens à raison des pertes occasionnées par l'état de guerre, mais elle se réservait de fixer elle-même le montant des allocations promises, et le Conseil d'État a toujours jugé qu'il n'existait pas en matière de faits de guerre un véritable droit à indemnité. C'est aussi la solution qu'adopta en fin de compte la loi mentionnée au texte. (V. sur ces divers points, Morin, *l. c.*, II, pp. 46 et ss.; de plus, sur la réparation des dommages causés par les invasions de 1814 et 1815, un article de M. Paul Collet, *Revue critique*, 1871, p. 447, et Roze, *Rev. crit.*, 1877, pp. 513 à 533.)

[1] A défaut d'un recours contre l'État, les réquisitionnaires peuvent obtenir, en s'adressant à la commune, que la charge qu'ils ont supportée seuls ou dont ils ont supporté plus que leur part, soit répartie entre tous les habitants de cette commune. Il s'est formé à cet égard, en France, une jurisprudence considérable, spécialement étudiée dans l'intéressant article de M. Féraud-Giraud (II, pp. 291 et ss.). Le principe de cette jurisprudence est qu'une réquisition imposée par l'ennemi est une charge communale et doit être supportée par tous les habitants, lorsqu'elle n'a été fournie que par quelques-uns d'entre

Cette solution nous paraît être la meilleure. Que l'on parle de solidarité des habitants et de communauté de charges lorsqu'il s'agit d'actes accomplis par l'État sous sa propre responsabilité, rien n'est plus juste. Mais lorsqu'il s'agit d'actes de l'ennemi la situation change. L'État a rempli tout son devoir en faisant tout son possible pour les empêcher. Si cependant ces actes dommageables se produisent, ils doivent être considérés comme de purs cas fortuits, un incendie ou une grêle par exemple, et s'il est humain de venir au secours des victimes, il est faux d'autre part de prétendre que l'on soit

eux. (Cass., 31 mars, 12, 13, 14 mai 1873. S. 73, 1. 311 et ss.; cf., Cass. civ., 12 nov. 1879. S. 80, 1. 157.) Il en est ainsi non seulement lorsque le maire ou un autre officier municipal a ordonné l'exécution, car alors on peut dire que la commune s'est directement obligée par le fait de son chef, mais également lorsque l'autorité militaire ennemie a seule présidé à cette exécution, ou encore dans le cas où des habitants, pour échapper aux mesures de rigueur dont on les menaçait, ont saisi chez l'un d'entre eux les denrées ou objets requis. La jurisprudence admet que le fait de la réquisition donne droit au recours, et, faisant à la matière une judicieuse application de l'art. 1348 C. civ., autorise l'intéressé à prouver par tous moyens la réquisition et son exécution. Le seul cas où aucun recours ne devrait être admis, serait celui d'un marché passé entre l'ennemi et l'habitant, et dont ce dernier espérerait tirer un bénéfice. Le point le plus délicat est de distinguer l'exercice du droit de réquisition des simples faits de pillage ou de destruction, qui n'engendrent pas de droit à une indemnité.

Il a été jugé que le fait d'avoir participé au secours accordé par l'État n'empêche pas l'habitant de se retourner, s'il le peut, contre sa commune, sauf son obligation de précompter sur la somme qu'il réclame le montant de l'indemnité qu'il a reçue. (Cass., 11 déc. 1878, S., 79, 1, 156).

tenu de les indemniser complètement[1]. Ce principe a toujours été reconnu, et ne pourrait être abandonné sans de graves inconvénients.

APPENDICE. — *Des réquisitions en temps de paix.* — L'idée d'étendre même en temps de paix les règles posées par la loi sur les réquisitions n'a pas été admise sans opposition par la Chambre des députés; elle prévalut cependant, par cette considération très juste que la paix doit être pour l'armée l'école de la guerre, et qu'il importe de familiariser avec la pratique des réquisitions, soit les fonctionnaires militaires appelés à les exercer, soit les officiers municipaux destinés à y répondre. La loi et le décret de 1877 ont donc leur application en temps de paix comme en temps de guerre. Ce n'est pas à dire cependant que le droit établi par cette législation puisse être exercé aussi largement dans un cas que dans l'autre. Rien ne justifierait une pareille assimilation. Un rassemblement de troupes prévu et combiné de longue main ne fait point naître les nécessités pressantes que suscitent les vicissitudes journalières d'une campagne. Le rôle de l'administration est infiniment plus facile, son action incomparablement plus efficace en temps de paix qu'en temps de guerre. Il faut donc épargner à la population des charges que les circonstances n'exigent pas, et limiter

---

[1] En ce sens, Féraud-Giraud, II, p. 282.

les réquisitions à la mesure dans laquelle elles paraissent nécessaires ou au moins directement utiles.

Nous remarquerons d'abord que les exercices faits en temps de paix n'exigeant jamais qu'un rassemblement de troupes, ou au plus une mobilisation partielle, un arrêté du ministre de la guerre est nécessaire (Décret, art 2) pour fixer soit le temps pendant lequel le droit aux réquisitions pourra être exercé, soit les portions de territoire dans lesquelles il le sera. Cet arrêté, aux termes du même article, devra être publié dans les communes intéressées. En outre, l'autorité militaire (l'intendance dans l'hypothèse) est chargée d'avertir les municipalités du jour de l'arrivée des troupes dans leurs communes afin de les mettre à même de préparer en temps utile les billets de logement (Loi, art 11).

Les réquisitions permises en temps de paix n'ont point le même caractère juridique que celles qui sont autorisées en temps de guerre. Pour celles-ci la loi a procédé par voie d'énonciation générale, pour celles-là elle s'est bornée à une énumération limitative. En dehors du cas de mobilisation (et les manœuvres faites en temps de paix rentrent le plus souvent dans cette hypothèse) il n'est permis (Loi, art. 5, dern. al.) de requérir que les objets énumérés dans les cinq premiers alinéas de l'art. 5 de la loi de 1877, c'est-à-dire le logement ou le cantonnement, la nourriture journalière chez l'habitant, les vivres et fourrages pour l'armée, les moyens d'attelage et de transport, les bateaux et embarcations sur les eaux intérieures. Encore devons-nous observer que: 1° les attelages, voitures et embarcations ne peuvent être requis que pour une durée de vingt-quatre heures au plus chaque fois ; 2° que le maire ne peut pas (Loi, art. 13, § 3) envahir le domicile des absents et doit loger ailleurs, à leurs frais, les hommes qui leur ont été attribués par la répartition.

On remarquera que la réquisition des guides n'est pas comprise au nombre de celles que la loi autorise en cas de non mobilisation : l'omission est regrettable, cette réquisition étant des moins lourdes et parfois des plus utiles. Aussi les instructions annuelles sur les manœuvres dans les Alpes autorisent-elles les commandants de détachements à requérir des guides s'ils ne peuvent se les procurer autrement. Il y a là, à n'en pas douter, une petite illégalité [1].

Il convient d'ajouter que l'autorité militaire est loin de faire usage de tout ses droits surtout dans les contrées montagneuses où, la belle saison ramenant chaque année

---

[1] Dispositions relatives aux cantonnements et aux marches dans les Alpes (édition de 1889), n° 16, § 3 : « Pour certains trajets particulièrement difficiles, ou encore lorsqu'on ne trouve pas de préposés ou de gardes ayant une connaissance suffisante des passages, on peut *exceptionnellement* avoir recours à des guides pris dans la population ; ces guides sont payés *à prix débattu* ou requis, s'il y a lieu ».

les mêmes troupes sur les mêmes points pendant une période assez longue, on craindrait avec raison de transformer la charge des réquisitions qui, dans l'esprit du législateur, a un caractère exceptionnel en un nouvel impôt dont le poids serait vivement senti par les populations intéressées.

Voici les précautions prises à cet effet. Il est enjoint aux chefs de corps de n'user du droit de réquisition relativement aux prestations prévues par les §§ 3, 4, 5, de l'art. 5 de la loi, qu'autant que les autres moyens dont dispose l'Administration seront insuffisants. Pratiquement, donc il n'y aura de réquisitions ni pour les fournitures de vivres, chauffage, fourrage, ni pour le transport des troupes par terre ou par eau. Le cantonnement ou le logement et la nourriture chez l'habitant seront seuls demandés par cette voie. Même dans cette étroite limite, la charge de la population se trouve encore diminuée au moyen des règles suivantes :

1° En cas de cantonnement, les troupes ne peuvent pas exiger la fourniture gratuite du bois de chauffage. Cette fourniture leur sera assurée par les soins de l'autorité militaire ;

2° Pendant les manœuvres alpines, les officiers et sous-officiers sont logés, et le reste de la troupe cantonné chez l'habitant. Ce logement et ce cantonnement donnent lieu à une indemnité fixée par convention, sur des bases arrêtées par l'Administration. Les sommes dues de ce chef sont versées aux communes, au moment du départ, par la caisse du corps, qui réclame ensuite de l'intendance le remboursement de ses avances ;

3° La nourriture chez l'habitant ne peut être requise que jusqu'à concurrence de six hommes par feu, et seulement lorsqu'il est impossible de pourvoir à l'alimentation des troupes de quelque autre manière.

Les réquisitions faites au cours de manœuvre donnent naturellement droit à des indemnités, lesquelles sont liquidées conformément aux principes généraux que nous avons exposés ci-dessus.

De plus, les dégâts qui peuvent avoir été commis par les troupes sont constatés et réparés, suivant une procédure fixée par l'Instruction ministérielle du 23 février 1889 (cette instruction a des dispositions particulières relatives aux manœuvres en pays de montagne). L'esprit de cette réglementation consiste à mettre à la charge du Trésor les dégâts qui sont la conséquence des manœuvres ou exercices des troupes, et à faire supporter aux divers corps les dépenses résultant des dégradations commises volontairement ou involontairement par leurs hommes[1].

---

[1] V. sur ces divers points : L'Instruction relative à l'exécution des manœuvres d'automne (1892), pp. 445, 446, et les Dispositions relatives aux cantonnements et aux marches dans les Alpes (1889), p. 20.

QUINZIÈME CONFÉRENCE.

Caractère vrai du principe de l'inviolabilité de la propriété privée. — Prohibition des destructions inutiles. — Défense du pillage. — Cas dans lesquels il demeure licite de détruire la propriété de l'ennemi. — De la dévastation comme moyen de guerre. Distinction. — Du butin. — Immunité des biens immobiliers. — Biens mobiliers. — Meubles de l'État. Objets d'art, collections, archives publiques. — Meubles appartenant à des particuliers. Derniers vestiges de la pratique du butin. — Principes suivis dans la guerre maritime. Esquisse des progrès accomplis sur ce terrain.

L'examen de la théorie des réquisitions militaires, auquel nous venons de nous livrer, nous a déjà révélé le véritable caractère du principe trop vanté de l'inviolabilité de la propriété privée en temps de guerre. En fait, il n'est pas et il ne sera jamais un principe absolu, d'un effet rigoureux et continu, qui puisse être assimilé, par exemple, au principe du respect de l'ennemi blessé ou à la sainteté de la parole que l'on s'est donnée entre adversaire. Cette règle, qui emprunte à la célèbre parole de Rousseau, dont elle est la traduction immédiate, son caractère à la fois emphatique et incertain, ne peut être sainement regardée que comme une formule générale se référant à ce qui est souhaitable plus qu'à ce qui existe réellement, utile cependant en ce qu'elle indique le but à atteindre, en ce qu'elle marque bien la voie que devra suivre l'humanité dans sa marche vers le progrès. En vérité, on ne peut s'empêcher de se demander ce qui reste de ce prétendu rempart des intérêts individuels, lorsque l'on vient de visiter la brèche énorme que lui fait la pratique des réquisitions telle qu'elle est entendue de nos jours : il en reste cependant quelque chose, certaines règles que nous allons maintenant examiner et qui, si elles n'ont pas pour effet de sauvegarder complètement la propriété (ce qui est un idéal impossible à atteindre) n'en sont pas moins précieuses, en ce qu'elles tendent puissamment à moraliser la guerre, en rendant de plus en plus improbable pour l'avenir le retour d'excès honteux et que la rudesse des mœurs anciennes ne parvient pas complètement à expliquer[1].

L'armée doit respecter la propriété de l'ennemi : dans cette formule se trouvent contenues deux grandes prohibitions, la défense de détruire et la défense de s'approprier les biens de l'ennemi[2].

---

[1] Cf. Vidari, *l. c.*, pp. 120 et ss.

[2] Nous avons vu précédemment que le principe de l'inviolabilité de la propriété ennemie dans la mesure où elle est compatible avec l'action hostile était inconnu aux civilisations anciennes. Pour arriver à sa proclamation, il a fallu non seulement un progrès fort sensible des mœurs, mais encore un changement complet dans les idées sur la nature de la guerre. Au temps où la guerre était considérée comme

QUINZIÈME CONFÉRENCE

Il ne faut pas détruire. Il ne faut pas, par haine de l'ennemi, saccager tout ce que l'on rencontre sur son territoire, car la guerre doit être non une œuvre de haine mais une œuvre de justice, et la justice répugne à toute dévastation inutile. Il ne faut pas davantage détruire par calcul. A la vérité, il peut venir à l'esprit que plus la guerre sera lourde pour les populations qui supportent le poids de l'invasion ennemie, plus vite elle se terminera par le triomphe de l'armée qui s'est assurée les premiers succès. Ce calcul est peut-être fondé en raison, mais il est universellement rejeté comme contraire à ces sentiments élémentaires de loyauté que les nations ne doivent jamais perdre de vue, fût-ce au plus fort des hostilités.

un état caractérisé par l'absence de tout lien de droit entre les belligérants, il n'a été que logique de se faire d'ennemi à ennemi tout le mal possible. Du moment que l'on est arrivé à ces vues plus profondes et plus justes d'après lesquelles la guerre n'entraîne plus qu'une suspension de l'autorité du droit, partielle et limitée au champ d'action qu'il faut laisser à la force pour briser la résistance injuste d'un État ennemi, on devait arriver nécessairement à la notion du respect de la propriété privée dans la mesure compatible avec les nécessités de la guerre. Par là s'explique l'unanimité des auteurs modernes relativement à ce principe. V. p. ex. Klüber, *l. c.*, § 250 ; Wheaton, *l. c.*, t. II, p. 6 ; Travers Twiss, *l. c.*, t. II, p. 112 ; Lentner, *l. c.*, p. 120 ; Heffter, *l. c.*, § 132 ; Bluntschli, *l. c.*, § 652 ; Guelle, *l. c.*, II, p. 142; Neumann, *l. c.*, p. 186 ; Rouard de Card, *l. c.*, pp. 105 et ss.; Vidari, *l. c.*, p. 123. Rüstow résume originalement les progrès accomplis en disant: « La loi dominante est aujourd'hui celle-ci : On ne coupe plus les oreilles des habitants d'un territoire occupé que de temps en temps, en entourant l'opération de certains adoucissements, par exemple de l'emploi du chloroforme. » (*L. c.*, p. 213.)

S'il en était autrement dans l'antiquité (et l'ouvrage de Grotius, ce miroir fidèle des opinions anciennes, nous en a donné une preuve certaine), cela s'explique : autre chose était la guerre des Grecs et des Romains, autre chose est la guerre telle qu'on la conçoit et qu'on la pratique actuellement. Tant que les guerres ont eu pour but l'extermination de l'ennemi, tant qu'elles ont été dirigées ouvertement contre une population tout entière, on a pu réputer engagées dans les chances de la lutte les richesses de tout ordre rencontrées en territoire ennemi : les détruire était alors un acte de bonne guerre, un acte logique s'il n'était humain. Cependant, les anciens n'ont jamais poussé à bout cette impitoyable logique. Le Deutéronome, par une précaution singulière, ordonnait de n'employer que des arbres sauvages, et non des arbres fruitiers, à la construction des retranchements et des machines de guerre, et c'était une opinion très répandue que le vainqueur devait épargner les animaux employés à la culture ; opinion bien remarquable, puisqu'elle remonte à une époque où l'on n'avait nul souci de la vie des femmes et des enfants[1].

[1] Grotius, éd. Barbeyrac, t. II, pp. 355 et ss. Le sentiment de Grotius, emprunté par lui à l'historien Josèphe, est combattu par Müller-Jochmus (Geschischte des Völkerrechts in Alterthum, p. 72). De la traduction donnée par Müller de la loi de Moïse, il semble bien résulter, en effet, que c'était simplement en contemplation des besoins de l'armée que cette défense avait été portée. Au reste, il est certain que le

Ces mœurs ne sont plus les nôtres. La guerre incline toujours davantage à devenir une procédure régulière, limitée dans ses effets aux seules armées employées de part et d'autre. Nous avons noté précédemment qu'il y a quelque chose de déloyal à poursuivre la victoire, non par la supériorité des armes, mais par l'énormité des souffrances imposées à la population désarmée du pays adverse. Nous croyons donc qu'il n'est pas légitime de la terroriser par le spectacle d'immenses dévastations, et nous rejetons l'emploi de ce procédé, contraire à la notion moderne de la guerre.

Il ne faut pas davantage s'approprier les biens que l'on trouve en territoire ennemi. De là l'interdiction du pillage, qui est une loi universellement reçue à notre époque. De là aussi la suppression de ce droit au butin qui fut pendant très longtemps un des grands ressorts de la guerre. Ce sera un titre de gloire pour notre civilisation d'avoir déraciné ces deux abus invétérés dans la pratique des nations, non pas sans doute qu'elle soit parvenue à rendre impossible le retour d'excès de cette sorte, des exemples trop récents démentiraient une semblable appréciation, mais parce qu'elle a établi la nature criminelle et illicite

---

droit mosaïque de la guerre était extrêmement rigoureux dans certains cas au moins. Les lois de Manou ordonnent également au vainqueur de dévaster complètement le territoire de l'ennemi. (Müller-Jochmus, *l. c.*, p. 87.)

de ces actes, et qu'elle a réussi à les faire mettre au ban des nations. Le pillage est la dissolution de tous les liens de la discipline, le prétexte et même l'invitation à tous les crimes ; le droit au butin, moins brutal et moins scandaleux, n'est peut-être pas moins dangereux. Il risque fort d'éteindre dans le soldat la notion du devoir, pour ne laisser subsister dans son âme que de viles préoccupations d'intérêt, préoccupations d'autant plus menaçantes pour la sécurité publique, que le soldat vainqueur représente la force, la toute-puissance, et qu'il n'est pas permis d'attendre de lui qu'il contienne ses passions dans des limites raisonnables.

Tout pillage est un acte de brigandage, toute appropriation d'un bien trouvé chez l'ennemi est un vol à main armée, sauf les cas très rares où les acquisitions de cette sorte sont encore permises.

Les idées étaient, nous le savons déjà, bien différentes autrefois. Aussi longtemps que la guerre a été faite à l'aide de mercenaires, la perspective d'un butin abondant faisait plus pour les engager à s'enrôler que la promesse d'une solde le plus souvent fort irrégulièrement payée : interdire le butin eût été alors se priver du seul moyen efficace que l'on possédait d'attirer et de retenir les soldats. Quant au pillage, il présentait une autre ressource. On l'employait pour punir l'ennemi des fautes qu'on lui imputait, et souvent cette prétendue faute n'était rien autre qu'une défense trop obstinée des positions qu'il occupait; on l'employait surtout lorsqu'il s'agissait d'obtenir du soldat un suprême effort, et le sac d'une ville était regardé comme la conséquence naturelle, presque nécessaire, de l'assaut qui en avait donné la possession à l'assiégeant[1]. C'était l'époque où la guerre faisait l'objet d'une industrie véritable, où, pour un général, la campagne la plus glorieuse était celle dont il avait rapporté le plus de richesse, où les pays les plus menacés, les plus souvent envahis, étaient ceux qui, par l'industrie de leurs populations, pouvaient promettre à leur vainqueur le plus riche butin, où les mêmes soldats s'attachaient successivement à toutes les causes, contents d'accourir à la voix de quiconque leur promettait une ample moisson de cités à dépouiller et de campagnes à ravager. Le secret des guerres incessantes du xvie et du xviie siècle n'est peut-être pas ailleurs que dans les détestables habitudes

---

[1] Bluntschli, R. D. I., 1877, p. 121. Il faut observer avec Bluntschli (*l. c.*, pp. 525 et ss.) que bien que le droit au butin se soit maintenu sans discontinuité jusqu'à l'époque moderne, il a subi au cours de son existence d'assez importantes modifications. D'une part, la servitude ancienne du captif a disparu pour faire place à une simple privation de liberté, à titre de prisonnier de guerre; d'autre part, l'ancienne appropriation des immeubles devenue lors des invasions germaniques un simple droit de partage du vainqueur avec le vaincu, a disparu complètement pendant le moyen âge. Enfin, le butin mobilier considéré comme institution militaire régulière tombe sous le coup de règlements qui en adoucissent la pratique. (V. dans Bluntschli la loi impériale allemande de 1442 et les articles de guerre de 1570.)

qui s'étaient introduites après la disparition de la Chevalerie[1].

Ces habitudes ne sont plus, et l'on peut, sans trop s'avancer, dire qu'elles ne reparaîtront jamais. Avec la constitution des armées nationales, un nouvel esprit s'est fait jour, absolument contraire à l'esprit ancien. L'état militaire peut être tantôt l'accomplissement d'un devoir, tantôt une carrière ; il n'est plus jamais et en aucun cas une industrie, et la considération qui s'attache justement à la profession des armes tient précisément à ce que ses deux grandes lois sont l'honneur et le désintéressement. Tels sont les principes qui dominent le droit des gens actuel[2]. Suivons-les dans la pratique : ils nous aideront à résoudre les diverses questions que renferme cette matière.

La destruction inutile et arbitraire des richesses de l'ennemi est interdite, mais il peut se présenter telle hypothèse dans laquelle cette même destruction peut apparaître comme commandée par les exigences des opérations militaires, et devenir légitime. Dans ce domaine

---

[1] L'usage des rançons ne contribue pas peu à donner à la guerre ce caractère. V. Farrer, *l. c.*, pp. 57 et s.

[2] Ces principes ne sont pas restés exclusivement propres au droit des gens : ils ont passé de là dans la législation pénale militaire des grandes puissances et acquis ainsi une garantie d'application que le droit des gens seul ne pouvait pas leur donner. (V. les textes cités par Bluntschli, *l. c.*, pp. 541 et ss.)

comme dans tous les autres, il faut faire la part des opérations militaires ; c'est ce que nous allons entreprendre.

Il est évident que toutes les mesures prises par un général dans l'intérêt de ses opérations doivent être accomplies sans considération des dommages qui peuvent en résulter pour la propriété de l'ami ou de l'ennemi. Une troupe se déploie dans un champ, elle ne regarde pas s'il est ensemencé ; un faubourg gêne le tir d'une batterie, l'autorité militaire n'hésitera pas à le faire incendier. Tout cela va de soi-même, et la seule loi restrictive qu'il soit permis de poser ici est celle-ci. Lorsqu'un même but peut être atteint dans les mêmes conditions par deux voies différentes, il est du devoir du général de choisir celle de ces deux voies qui ne cause aucun dommage ou qui cause le moindre dommage. Il ne faut pas faire fouler aux pieds des troupes des terres cultivées, lorsqu'elles ont pour effectuer leur passage des routes ou des terres incultes ; il ne faut pas faire couper des moissons pour se procurer de la paille alors que l'on peut en obtenir d'une autre façon.

Ce sont là des réflexions fort simples, et il faudrait un mépris bien complet des suggestions de l'humanité pour s'en affranchir.

Mais, quelquefois, les exigences de la guerre peuvent conduire à des sacrifices plus importants de beaucoup. Nous en avons vu un exemple en traitant du bombardement. Bien d'autres circonstances peuvent conduire à des dévastations systématiques et, chaque fois, ces circonstances font naître un problème redoutable. Dans quelles limites de pareilles dévastations peuvent-elles être considérées comme conformes au droit des gens ?

Peut-on ruiner une ville, saccager un pays pour venger les injures que l'on y a reçues de la part des habitants? J'ai traité la question en parlant de représailles. Mon opinion est que l'on ne doit recourir à ce moyen extrême que dans des cas extrêmes. Il faut qu'une éclatante réparation soit nécessaire, qu'aucun autre mode de châtiment ne puisse être employé utilement, il faut enfin que la faute grave dont on se plaint soit imputable aux habitants eux-mêmes et non pas à des étrangers, à des francs-tireurs par exemple, sur lesquels la population désarmée ne peut exercer aucune autorité, et dont elle ne saurait à aucun titre partager la responsabilité[1]. Cette opinion paraîtra peut-être par trop douce à des hommes de guerre, et pour l'appuyer il n'est pas inutile de montrer les tristes résultats qu'entraîne la pratique de procédés plus radicaux.

En 1814, l'amiral anglais Cochrane détruisit de fond en comble la ville de Washington. L'amiral avait pour excuse la nécessité de venger certaines dévastations

---

[1] V. notre 1er volume, 10e conférence, pp. 288 et ss.

accomplies par l'armée de l'Union sur le territoire du Canada. Mais la punition était en telle disproportion avec le crime, il parut si inhumain de faire supporter à une capitale les conséquences d'un fait accompli à plusieurs centaines de lieues de son territoire, qu'un cri universel de réprobation s'éleva, et que l'écho en retentit jusqu'à la tribune de la Chambre des Communes. Sir James Mackintosh ne craignit pas de flétrir la conduite de la flotte anglaise, comme atteignant l'honneur même de la nation britannique.[1]

Mais il n'est malheureusement pas besoin d'aller chercher au delà des mers des leçons. Les armées allemandes ont marqué chez nous leur passage par un sillon de cendres et de ruines. Leurs défenseurs soutiennent cependant qu'elles ne sont jamais sorties de la ligne du droit des gens[2]. A Bazeilles, à Châteaudun, partout ou des

---

[1] Calvo, *l. c.*, pp. 245 et ss., donne un compte rendu intéressant des communications qui eurent lieu à cette occasion entre l'Angleterre et les États-Unis. L'amiral anglais paraît avoir été d'autant moins autorisé à agir comme il l'a fait, que les divers actes de destruction accomplis dans le Canada avaient été désavoués par le gouvernement américain et leurs auteurs déférés aux tribunaux. Cf. *id.*, p. 172.

[2] Lueder, par exemple (*l. c.*, § 116, n. 1, p. 486), déclare que les armées allemandes ont montré un respect pour la propriété qui n'avait pas encore été égalé. Cf. Bluntschli, § 652, n. 2. On sait que cette opinion des publicistes allemands n'a généralement pas été partagée par les autres nations. Il est vrai que les diverses proclamations des souverains alliés étaient conçues en termes irréprochables que sur certains points la propriété privée a été parfaitement protégée, mais il est

villes entières ont été changées en des monceaux de décombres, les incendiaires se sont défendus en alléguant les injures qu'ils avaient reçues et la nécessité de les punir. Notre conscience proteste contre de semblables excuses, c'est que nous voyons clairement que, sans un esprit de justice et de modération, même dans le châtiment, il n'est pas de guerre qui ne dégénère fatalement en une lutte barbare, honteuse pour l'humanité.

Plus récemment encore, les Anglais ont bombardé Alexandrie pour punir des crimes contre le droit des gens, et la suite des événements a montré clairement qu'une répression de ce genre est complètement inutile.

Peut-on user de la dévastation comme moyen de réduire son ennemi ? Cette question est plus délicate encore que la précédente. On n'a pas oublié en Europe les incendies du Palatinat accomplis par les armes françaises à l'instigation de Louvois. On nous reproche encore à tout propos ces ravages, on oublie même régulièrement l'époque à laquelle ces faits ont eu lieu, et l'on

---

étrange de parler de respect alors que, partout sur le passage des armées allemandes, les autorités et les notables ne savaient où prendre l'argent nécessaire au paiement des énormes contributions qui leur étaient imposées sous cent prétextes différents. Le respect de la propriété privée n'embrasserait-il pas par hasard le respect de l'argent, ou plutôt n'est-ce pas le cas de dire avec Rüstow (*l. c.*, p. 206) que des garanties de ce genre ne valent pas le prix du papier sur lequel elles sont inscrites ?

néglige le compte qu'il y aurait lieu de tenir des idées qui régnaient alors; d'autre part, personne ne songe à blâmer Pierre le Grand d'avoir dévasté quatre-vingts lieues carrées de son territoire pour aboutir ensuite à écraser Charles XII à Pultawa, personne ne blâme non plus Alexandre d'avoir usé du même procédé contre Napoléon, ou Wellington d'avoir ruiné toute une province pour couvrir ses lignes de Torrès Vedras. C'est donc qu'il n'y a pas là de principe absolu à poser. Pour moi je me rallierais volontiers à la doctrine suivante. Je distinguerais volontiers entre les ravages qu'un souverain ordonne sur son propre territoire et ceux qu'un général opère sur le territoire d'autrui. Dans son pays un souverain est maître d'agir comme il l'entend. De même qu'il ne dépend que de lui d'appeler, s'il le juge nécessaire, tous les citoyens à la défense de leur patrie, de même il peut sacrifier à cet intérêt suprême telle part des richesses nationales qu'il juge à propos de dévouer au salut commun.

A l'extérieur, la situation n'est plus la même et si en règle générale on peut tout faire ce qu'exige la conduite des opérations, il faut cependant considérer aussi cette idée qu'une armée doit vaincre par la supériorité de sa valeur de ses armes, et non par l'intimidation que peuvent produire les terribles moyens qu'elle emploie. Ces raisons me conduisent à distinguer encore. Si pour la réussite d'une opération déterminée il est absolument nécessaire de faire le vide derrière soi, je pense que la dévastation peut légitimement être employée. C'est par exemple une retraite compromise, il faut parvenir à tout prix à arrêter un ennemi puissant. Les forces militaires n'y suffisent plus. On y arrivera très règulièrement, à mon avis, en ne laissant après le passage des troupes qu'un pays totalement dénué de ressources. Au contraire, je n'admets pas que l'on emploie ce moyen pour réduire l'ennemi par le moyen de la pression qu'exerceront sur lui ses habitants. Le moyen est d'une efficacité douteuse, il a surtout ce grave défaut de changer une lutte loyale entre combattants armés en une série peu honorable de violences exercées sur une population inoffensive[1] à qui son caractère paisible devrait servir de sauvegarde. On parlera il est vrai de réserver cette ressource pour les cas extrêmes et alors on prononcera les mots magiques de raison de guerre. Ce sont là des mots et des formules, rien de plus ; les auteurs Allemands les ont inventés :

---

[1] *Contrà,* Lueder, *l. c.,* p. 484. Cet auteur admet la légitimité de dévastations, même étendues (ganzen Gegenden und Länderstrecken) soit pour empêcher la marche en avant de l'ennemi, soit pour lui faire sentir le poids d'une guerre poursuivie pour des motifs frivoles et le forcer à la paix. Il fait appel, pour justifier cette opinion, à la fameuse raison de guerre, cet ingénieux prétexte propre à tout justifier, qui forme une partie intégrante de la doctrine allemande et de cette doctrine seule.

peut-être arrivent-ils par là à se faire illusion sur la nature véritable de ce procédé. C'est une illusion en tout cas que rien ne nous oblige à partager. Pour la même raison nous condamnerons le moyen plus doux en la forme, mais tout aussi vicieux au fond, qui consiste à frapper une population d'une contribution arbitraire pour l'amener plus facilement à composition. Les Allemands ont aussi frappé vers la fin de la campagne la population des départements occupés d'un impôt de 25 fr. par tête, en sus de toutes les charges qu'elle supportait déjà, pour la punir d'une résistance trop prolongée à leur gré et amener la France à se rendre à discrétion. On chercherait en vain une bonne raison à donner en faveur de cette manière d'agir [1].

La dévastation qui n'est pas permise comme moyen de guerre n'est pas permise davantage lorsqu'elle s'inspire de la pensée de diminuer les chances de guerres futures. On ne peut pas exproprier un peuple et ruiner son pays simplement dans un intérêt d'équilibre européen.

---

[1] Lœning (*l. c.*, 73, p. 107) approuve sans réserve cette mesure, Lueder (*l. c.*, § 117, n. 26, p. 510) la considère comme d'une légitimité discutable. On essaie de la justifier en la présentant comme une sorte de peine pour une résistance sans utilité, mais peut-on imputer à crime à une nation de se défendre jusqu'à l'extrémité ? On dit qu'elle eut pour objet de peser sur les élections dans le sens de la paix, mais cette immixtion du vainqueur dans les affaires politiques du vaincu est tout ce que l'on peut imaginer de plus contraire aux idées reçues. Cf. Dahn, *l. c.*, p. 19.

Il paraît que l'on a formé autrefois des projets semblables et à diverses reprises. Il a été tour à tour question de submerger la Basse-Égypte, de changer en un désert les vallées des Alpes [1], d'inonder la Hollande en rompant ses digues. Aucun de ces projets n'a abouti, aucun autre semblable n'a à l'avenir la chance d'aboutir. De même et à plus forte raison n'est-il pas permis, après une guerre heureusement terminée, de venger sur les propriétés et les monuments du vaincu les déceptions et les souffrances qu'elle a causées [2].

Telles sont les limites dans lesquelles la dévastation quoique prohibée en principe par les lois de la guerre demeure encore possible parce qu'elle apparaît comme nécessaire [3].

Du sac et du pillage nous n'avons heureusement rien à dire. Il peut se produire il est vrai et il se produit des excès individuels de ce genre, mais je ne pense pas qu'aucun général consente à l'avenir à ternir sa réputation en autorisant des actes semblables. Le dernier

---

[1] Mis Costa de Beauregard, *Mélanges tirés d'un portefeuille militaire*, II, p. 33.

[2] Wheaton, *l. c.*, p. 6; Klüber, *l. c.*, p. 378; Bluntschli, *l. c.*, § 663; Lentner, *l. c.*, p. 134; Funck Brentano et Sorel, *l. c.*, p. 275.

[3] On sait qu'en 1815 nous dûmes à la sagesse des souverains alliés de conserver le pont d'Iéna et la colonne Vendôme que Blücher voulait détruire, et que, à la même époque, l'empereur d'Autriche eut la magnanimité de conserver, à Milan, l'arc du Simplon, souvenir des victoires de Napoléon. (Calvo, *l. c.*, p. 243.)

exemple qui en ait existé est le pillage du palais d'Été. Les chefs n'ont pu s'y opposer efficacement mais au moins paraît-il certain qu'ils ne l'ont pas autorisé[1].

Le butin est loin de posséder aujourd'hui l'importance qui lui appartenait autrefois. Comme nous allons le voir, il en reste si peu de chose que c'est à peine s'il mérite encore une mention dans l'exposé des coutumes actuelles de la guerre[2].

Dans le droit actuel, il faut tout d'abord envisager séparément à ce point de vue la condition des biens immobiliers et la condition des biens mobiliers. Les immeubles ne peuvent plus d'aucune façon et en aucunes circonstances devenir la proie du vainqueur. Biens de l'État ou biens des particuliers, la prise de possession d'une armée ennemie ne les fait pas changer de maître. Ils peuvent être occupés, ils peuvent être employés aux besoins des troupes, ils ne peuvent être ni détruits, ni

---

[1] Déclar. de Bruxelles, art. 39. — Fiore, *l. c.*, art. 1058, 1059 ; Bluntschli, *l. c.*, § 661 ; Halleck, *l. c.*, p. 209.

[2] De toutes les infractions au respect de la propriété privée, l'usage du butin est celle qui s'est maintenue le plus longtemps. Klüber (*l. c.*, § 253) admet encore cet usage comme existant. Lentner le permet (*l. c.*, p. 125) en cas de représailles ou de nécessité (on ne voit pas bien quand peut exister une semblable nécessité). Dahn (*l. c.*, p. 19) l'autorise lorsqu'il s'agit de briser la résistance de l'ennemi. Cf. Travers Twiss (*l. c.*, p. 115). Tous les auteurs plus récents condamnent la pratique du butin. V. not. Lueder, *l. c.*, p. 490 ; Calvo, *l. c.*, p. 251 ; Rüstow, *l. c.*, p. 205 ; Acollas, *l. c.*, p. 83 ; Lœning, R. D. I., 73, p. 91.

vendus, car ils restent pour l'armée qui les possède la chose d'autrui [1]. La condition des immeubles fera l'objet d'explications lorsque nous parlerons de l'occupation militaire.

Le seul butin possible de nos jours est le butin mobilier. Encore faut-il se garder de dire indistinctement que les meubles deviennent le butin du vainqueur, car cela n'est plus vrai que de certains meubles très limités comme on va le voir. Il faut séparer ici les meubles qui appartiennent à l'État de ceux qui appartiennent aux particuliers.

Les meubles qui appartiennent à l'État peuvent être de nos jours encore sujets dans une certaine mesure au droit de butin, et par là nous entendons les biens mobiliers qui appartiennent au domaine public, à la nation elle-même, et non pas ceux qui rentrent dans le domaine privé du souverain, car ces derniers ne sont pas traités autrement que les fortunes particulières. Les meubles

---

[1] Bluntschli, *l. c.*, § 646. Notons cependant que Halleck (*Elements of international law and laws of war*, p. 205) professe sur ce point une opinion particulière. Suivant lui, le seul obstacle qui s'oppose à l'appropriation en ce qui concerne les immeubles est le défaut de garantie, le précédent propriétaire devant reprendre l'immeuble contre le capteur ou son ayant cause à la fin de la guerre par l'effet du postliminium. De là il résulte notamment que si la guerre se termine par une conquête, les aliénations immobilières faites par l'occupant des biens de l'État auront toujours été valables. Telle est aussi l'opinion de Hall, *l. c.*, p. 357.

du domaine public donc peuvent encore être régulièrement saisis et confisqués par l'ennemi toutes les fois que cette saisie aura pour conséquence soit de priver l'État au préjudice duquel elle est faite de quelques-uns de ses moyens de défense, soit de fortifier d'une façon appréciable l'armée qui la pratique[1]. On saisira les armes à feu de l'ennemi, même si elles ne correspondent à aucun type usité chez le capteur, et ne peuvent être utilisées par lui faute de munitions préparées à cet effet. Cette saisie ne fortifie pas sensiblement la puissance qui l'effectue, mais elle affaiblit incontestablement la puissance qui en souffre. A plus forte raison, ce même droit existerait-il par rapport à des armes, des munitions, des chevaux, des pigeons voyageurs, des choses de tout genre que l'on pourrait utiliser au profit de l'armée nationale, à plus forte raison encore existerait-il pour l'argent comptant, ce nerf de la guerre, cette arme la plus nécessaire de toutes dont l'acquisition par un parti crée immédiatement en sa faveur une supériorité marquée sur le parti adverse.

Dans ces limites et dans ces limites seules, l'ancien droit au butin demeure encore en vigueur de nos jours. Il existe non plus comme cause légitime d'enrichissement

---

[1] Bluntschli, R. D. I., 1877, pp. 545 et ss. ; Rouard de Card, *l. c.*, pp. 54 et ss. ; Déclar. de Bruxelles, art. 6, § 1.

mais comme moyen de guerre susceptible de concourir d'une façon sensible au triomphe définitif de l'armée qui trouve occasion de l'employer. Le point de vue, on le voit, a bien changé, et même la considération de ce changement a induit certains auteurs à aller plus loin et à déclarer que le véritable droit au butin n'existe plus du tout[1], que dans ses restes, on ne trouve plus de nos jours que le droit incontestable de toute armée d'augmenter ses forces et de diminuer les forces de l'ennemi par tous les moyens qui ne blessent pas directement les sentiments de l'humanité. Cette appréciation est par trop favorable : elle ne tient pas compte d'un élément cependant essentiel en la matière, le fait de l'appropriation. Si les saisies dont il s'agit n'étaient rien autre que des moyens de guerre, elles devraient participer au caractère temporaire des hostilités, elles ne seraient tout au plus que des séquestres : il faudrait à la paix restituer au moins tout ce qui n'a pas été consommé. Or jamais jusqu'ici pareille pratique n'a été suivie. Admettons donc que le droit au butin subsiste encore, mais réduit à de strictes proportions qui permettent de lui donner une pleine et entière justification. Tout butin autre que celui-là est illégitime[2].

---

[1] Bluntschli, R. D. I., p. 548, et Völkerrecht, § 657 ; Lueder, *l. c.*, § 115, p. 492.
[2] Cf. Hall, *l. c.*, pp. 366, 367.

QUINZIÈME CONFÉRENCE 173

Il est donc défendu de s'approprier les biens du peuple ennemi par pur esprit de cupidité, soit directement en saisissant ce que l'on rencontre, soit indirectement en levant des contributions arbitraires sur la population. Ce dernier procédé est d'autant plus condamnable qu'il est facile de le colorer par des prétextes spécieux, et que les biens qu'il procure ne sont pas des biens existants mais dss sommes tirées de la substance peut-être nécessaire aux besoins des particuliers [1].

Il est illicite également de profiter de l'heureuse fortune de ses armes pour enlever à l'ennemi cette portion de ses richesses qui forme le patrimoine moral et intellectuel de la nation, ses archives, les livres et les manuscrits de ses bibliothèques, les collections scientifiques et artistiques de ses musées. Sous ce rapport, hâtons-nous de le dire, la conduite des armées allemandes a été en 1870 absolument irréprochable. Il est remarquable par exemple que pendant la longue occupation des environs de Paris l'inestimable collection que contient la manufacture de Sèvres soit restée parfaitement intacte.

---

[1] Il faut bien remarquer en effet qu'il sert peu à la population de voir sa propriété respectée *in specie,* si les contributions qu'elle supporte en absorbent la valeur. L'appropriation en valeur est tout aussi injuste que l'appropriation en nature et elle est plus dangereuse parce qu'elle est plus facile à pratiquer et qu'elle tente davantage la cupidité. C'est pour cela que l'usage des contributions militaires est une véritable menace pour le progrès.

Nous n'avons pas montré, avouons-le, au début de ce siècle, la même discrétion, il faut ajouter aussi que les idées n'étaient point à cette époque aussi arrêtées sur ce sujet qu'elles le sont maintenant. Napoléon I*er* profita de la série presque ininterrompues de ses glorieuses campagnes pour enrichir sa capitale des dépouilles opimes arrachées au pays vaincu. Le musée du Louvre reçut les statues et les tableaux tirés des Pays-Bas et de l'Italie. Nos collections de documents s'enrichirent des archives de l'Espagne, de l'Italie, de l'Empire, on les transporta à Paris par monceaux, car on nous rapporte que le seul transport des archives du Vatican comprit plus de cent mille liasses de papiers et coûta plus de 600,000 francs. Puis vint le moment de la défaite, et alors fut agitée la question de la restitution qui finit par être accordée dans une très large mesure. La chose paraît assez équitable, cependant une discussion très vive s'engagea sur ce point, et à la Chambre des Communes, sir Samuel Romilly se fit le champion des adversaires de cette politique[1]. Pourquoi, disait-il, exiger comme une restitution la remise de ses trésors aux alliés alors que leur enlèvement avait été sanctionné par des traités passés en due forme. N'étaient-ils pas la légitime propriété la France ? Espérait-on vainement par là effacer toutes les traces des guerres passées:

---

[1] Calvo, *l. c.*, p. 241.

il aurait alors fallu rendre à toutes les puissances leur situation antérieure. Quelle raison avait-on de restituer à Venise ses chevaux de Corinthe alors qu'on ne lui restituait pas son territoire et sa liberté?

L'objection est embarrassante et la question difficile comme le sont tous les problèmes qui mettent en conflit le droit pur et l'équité[1]. Félicitons-nous de ce que la pratique actuelle a tranché le nœud gordien en prévenant le retour de difficultés semblables.

Moins encore que la propriété de l'État, la propriété des simples particuliers doit être sujette au droit de butin, car elle bénéficie de la grande règle de l'inviolabilité,

---

[1] La question est difficile à résoudre parce qu'elle présente un double aspect. La saisie des œuvres d'art considérée comme appropriation nous semble relever des principes touchant le droit de conquête. Sans doute le respect que l'on témoigne pour cette part intellectuelle du patrimoine des nations est en lui-même fort louable, mais l'on peut se demander s'il est bien raisonnable de l'épargner alors que l'on admet un vainqueur à disposer à son gré du sort du pays vaincu et de ses populations. On respecte le patrimoine et l'on ne respecte pas le propriétaire. En outre, ces chefs-d'œuvre ont le caractère de trophées et l'on ne voit pas pourquoi après une guerre heureuse on interdirait à une armée de rapporter à sa patrie ces témoignages éclatants de sa valeur. N'est-il pas plus noble et plus humain de prendre des tableaux que de prendre des milliards?

Il est un point cependant sur lequel la doctrine commune nous paraît au-dessus de la contestation, c'est au sujet des archives. La perte de ses archives est très sensible pour la nation qui la subit et généralement elle n'enrichit pas au même degré celle qui en profite. Les archives sont les titres de famille d'une nation. Il est d'une convenance élémentaire de les respecter.

laquelle n'existe pas à l'égard de la première. Sans doute, si les particuliers possèdent, soit des établissements, soit des approvisionnements qui puissent être d'un usage immédiat dans les opérations militaires, l'armée ennemie a le droit de les saisir, mais ce n'est point comme faisant partie du butin, c'est comme susceptible de réquisition que cette propriété fait l'objet d'une main mise. Il y a un grand intérêt à s'exprimer ainsi. Cette prise de possession entraînera ou un dédommagement, ou au moins la délivrance d'un certificat qui puisse ultérieurement servir de base à une action en indemnité [1]. En outre, elle sera simplement temporaire et il y aura lieu à restitution au moment de la paix de tous les objets saisis qui n'auront pas été consommés. Les réquisitions de ce genre s'exérceront contre les grandes usines, surtout les usines métallurgiques. De leur côté, les simples particuliers sont fréquemment avertis d'avoir à déposer toutes leurs armes entre les mains de l'autorité militaire ennemie, cela dans l'intérêt de l'ordre, comme il est facile de le comprendre. Ici encore il n'y a rien autre qu'un dépôt, et les objets saisis ne cessent pas d'appartenir à leur véritable propriétaire. A la vérité il ne paraît pas que les armes de prix confiées de la sorte en 1870 aux armées allemandes aient jamais été remises à leurs anciens pro-

---

[1] Lueder, *l. c.*, p. 492.

priétaires : il y a eu là un défaut de soin plus qu'une malversation prouvée, car on comprend à la rigueur qu'il soit difficile dans de pareilles circonstances de sauvegarder le droit de chacun.

Le dernier vestige du droit au butin qui ait subsisté pour restitution à la propriété privée consiste dans l'ancien usage qui accordait à l'armée restée maîtresse du champ de bataille tous les objets qui y avaient été abandonnés par l'armée vaincue. Ce butin était en quelque sorte l'enjeu de la lutte. Il n'existe même plus aujourd'hui. D'abord les armes des combattants ne sont plus leur propriété personnelle, mais celle de l'État et c'est à ce titre qu'elles sont gardées par le vainqueur. Ensuite les généraux plus humains ont pris l'habitude de défendre aux soldats de s'approprier les objets trouvés sur les morts, les blessés ou les prisonniers. Ils doivent les remettre à leurs supérieurs hiérarchiques qui les font parvenir, toutes les fois que cela est possible, à leurs propriétaires ou à la famille de ceux-ci [1].

Telles sont les règles actuelles relatives au butin [2]. Non

---

[1] *Manuel français*, pp. 120 et ss.

[2] La propriété publique se trouvant ainsi dans une condition différente de celle de la propriété privée et inférieure à cette dernière, il est intéressant de se demander dans laquelle des deux catégories en présence il faut ranger les biens appartenant au domaine privé du souverain. Bluntschli, dans ses *Études sur le droit de butin* (R. D. I., 1877, p. 545), atteste que la coutume incline à ranger ces biens dans la

seulement elles sont infiniment supérieures aux pratiques anciennes, mais on peut dire qu'elles présentent tout le degré de perfection dont cette matière est susceptible. Les seules difficultés qui demeurent encore sont des difficultés d'exécution, et c'est sur ce point spécial que devra dorénavant se concentrer le soin des belligérants[1]. La théorie du butin a encore des applica-

---

classe des biens particuliers soustraits à toute appropriation de la part de l'ennemi. Il observe même que cette exception est fort ancienne et était déjà pratiquée par courtoisie à l'époque où les guerriers pillaient, sans le moindre scrupule, les propriétés particulières. Hall (*l. c.*, p. 358) nous apprend, en outre, que l'origine première du respect généralement observé pour les œuvres d'art réside dans cette circonstance, que jusqu'à la fin du XVIIIe siècle les trésors artistiques qui appartiennent aujourd'hui aux nations étaient la propriété particulière du souverain, et bénéficiaient de la courtoisie dont les rois usaient dans leurs rapports réciproques. La règle a fort heureusement survécu à la disparition de sa cause première.

[1] C'est ici le lieu de faire mention d'une question jadis célèbre et qui a perdu de nos jours (dans les guerres terrestres au moins) à peu près tout son intérêt. Quel est le moment de l'acquisition du butin ? La règle romaine était que le butin ne devenait la propriété du capteur qu'autant qu'il avait été mis en sûreté (*intra praesidia*. Pomponius, 5, § 1, *de captivis et postliminio*). C'est encore la disposition du Landrecht prussien, I, 9, §§ 201 et 202 (Heffter, *l. c.*, p. 312, n. 4). Les difficultés pratiques soulevées par cette règle ont fait admettre à sa place la règle des 24 heures d'après laquelle le butin est censé la propriété de l'ennemi lorsqu'il l'a gardé 24 heures en sa possession (Calvo, *l. c.*, p. 240). Telle paraît être la règle. On admet cependant que dans les pays régis par le Code Napoléon la simple prise de possession vaut acquisition du butin mobilier, par application de la règle : en fait de meubles, possession vaut titre (Calvo, *l. c.* Lueder, *l. c.*, p. 500, n. 12, § 116. *Contrà*, Neumann, p. 193, n. 1). Il va sans dire

tions intéressantes et délicates en matière de biens incorporels. Nous les traiterons en parlant de l'occupation.

Passons à l'examen de la condition de la propriété privée dans les guerres maritimes. Il ne nous est pas possible de donner ici même une esquisse satisfaisante des pratiques et des lois de la guerre maritime, et si nous abordons cependant ce sujet, c'est seulement pour montrer la distance fort grande qui sépare à notre point de vue les guerres terrestres des guerres navales.

Pendant que, au cours des premières, l'inviolabilité de la propriété privée est la règle, au cours des secondes la règle générale est tout opposée. Il est permis de saisir et de confisquer la propriété privée dans les guerres maritimes. Il y a donc antinomie complète entre ces deux espèces de guerre. Est-ce par l'effet d'un pur hasard, par une inégalité inexplicable, irrationnelle, ou par une tradition arriérée et indigne de notre époque, est-ce par l'effet de la nécessité que cette opposition s'est produite? la question est grave et chaudement disputée. Si d'une part les tendances de la doctrine la plus récente et la plus nombreuse (sur le continent au moins) sont pour

que de nos jours le butin appartient à l'État et non point à l'individu capteur (Bluntschli, § 660), à moins que les lois même du capteur n'en aient disposé autrement. On fait exception pour les objets propres à la consommation (Lueder, § 116, n. 5, p. 499), lorsqu'ils sont saisis en petites quantités correspondant aux besoins actuels du capteur; mais n'est-ce pas le cas de dire : *De minimis non curat prætor.*

l'abolition du droit de capture dans les guerres maritimes, il ne semble pas d'autre part que le mouvement d'opinion créé par les remarquables travaux de cette école soit destiné à produire dans la pratique des nations des changements bien considérables. Sans doute, certains progrès ont été accomplis, certains abus réformés, mais le principe demeure toujours debout, et ce principe est que la propriété de l'ennemi peut faire l'objet d'une prise valable et être ainsi confisquée au profit du capteur. Que doit-on penser de cette loi? Ses adversaires la représentent comme contraire aux premiers principes de la guerre moderne, au principe que la guerre a lieu d'État à État et non de particulier à particulier, à cet autre principe qu'en temps de guerre la propriété privée est inviolable. Que les contradictions qu'ils relèvent ainsi existent en réalité, on ne peut en douter, mais aussi peut-on leur répondre que les idées qu'ils présentent comme les assises du droit des gens sur ce point appartiennent à un état de droit idéal, souhaitable sans doute, mais point à l'état de droit existant. Est-il possible dans la guerre de séparer complètement la cause des particuliers de celle de l'État? cette idée ne supporte même pas l'examen. Et le principe plus certain et plus fécond du respect de la propriété privée ne représente-t-il pas, dans la réalité des choses, une idée d'une justesse conditionnelle et limitée, dont l'éclat est plus qu'à moitié éteint par l'ombre des restrictions qui l'entourent? Peut-on en douter, lorsque l'on a étudié les réquisitions et les contributions, lorsque l'on a constaté l'existence de vestiges du vieux droit de butin, lorsque l'on sait que l'occupation confère à l'ennemi tous les droits utiles d'un véritable souverain. Il ne faut donc pas voir dans la loi de la capture un dernier reste de barbarie. Ce droit est peut-être contraire à la lettre de nos principes, il n'est pas contraire à leur nature véritable, et lorsque l'on parle de barbarie, on ne peut s'empêcher de penser que l'exercice du droit de capture, qui n'emporte pas avec lui une seule goutte de sang versé, est infiniment moins barbare, que tel procédé de la guerre terrestre, le bombardement par exemple, qui vise directement la personne même des citoyens inoffensifs. D'un autre côté, il importe de tenir compte ici des conditions particulières dans lesquelles se déroule une guerre maritime. Une nation commerçante et qui peut se trouver par sa position géographique hors des atteintes de son ennemi, ne peut être frappée que dans son commerce. Ce commerce est la source de ses richesses, l'origine de ses forces vives, et ce peut être une nécessité véritable de l'atteindre dans cette branche de ses intérêts pour la soumettre. Le génie de Napoléon ne s'y était pas trompé, et ce n'est pas contre la puissance militaire de l'Angleterre, mais contre son commerce qu'il dirigea ses coups. La capture est un moyen de guerre toujours efficace, parfois nécessaire, et dont il semble difficile à ce titre de contester la légitimité. Nous n'ajouterons rien touchant l'opportunité que pourrait avoir une réforme sur ce point : c'est là une question de politique et non une question de droit.

De tout temps, il a été admis qu'il était légitime de saisir et de s'approprier soit les vaisseaux de son ennemi, soit les marchandises qu'ils transportent. Mais ce principe même a une longue histoire, des variations nombreuses qu'il est intéressant de suivre sommairement au moins.

La pratique la plus ancienne des nations maritimes paraît avoir été une interprétation littérale de la maxime que nous avons citée. On s'emparait de la chose de l'ennemi et seulement de cette chose-là. La marchandise neutre demeurait libre sous pavillon ennemi et inversement le vaisseau neutre n'était pas confisqué, parce qu'il transportait des marchandises ennemies. Mais il est souvent difficile de distinguer le neutre de l'ennemi, et pour prévenir des fraudes qui se faisaient très fréquentes, on adopta, au milieu du XVIe siècle, un principe beaucoup plus rigoureux, qui s'exprime par l'ancien adage : « Robe d'ennemi confisque celle d'ami ». Cet adage signifiait que toutes les fois qu'un même navire concentrait à son bord des intérêts amis et des intérêts ennemis, la confiscation des uns et des autres était prononcée. Ainsi, la marchandise neutre ne demeura plus sauve lorsqu'elle naviguait sous pavillon ennemi, et inversement un navire neutre chargé de richesses ennemies n'échappait pas lui-même au sort de sa cargaison.

Cette pratique très rigoureuse demeura en vigueur jusqu'à la fin du siècle dernier chez les grandes nations maritimes, notamment en France et en Angleterre où la sévérité dura plus longtemps que partout ailleurs. Cependant, une réaction s'était faite dans les idées. Elle avait un double objet. Il paraissait injuste de faire partager à la propriété neutre le sort de la propriété ennemie, il paraissait en outre dangereux d'autoriser les expéditions des corsaires. Malgré toutes les précautions prises, les corsaires se conduisaient trop souvent en véritables écumeurs des mers, capturant tout ce qui était de bonne prise, sans distinction d'ami ou d'ennemi, et ne reculant pas devant de véritables crimes pour anéantir à jamais la trace de leurs forfaits. C'est sur ces deux points que s'est porté d'abord l'effort des publicistes, c'est aussi sur ces deux points qu'il a été couronné de succès.

Les premiers signes matériels de la réaction s'accusent dans le règlement français du 26 juillet 1778 qui interdisait aux corsaires d'inquiéter les navires neutres, à moins de tentative de violation de blocus, et limitait la confiscation des navires neutres par les bâtiments de l'État au seul cas où leur cargaison se composait, pour les trois quarts au moins, de marchandises ennemies. Bientôt après vient le traité de 1785 entre les États-Unis et la Prusse, dans lequel les H. P. C. s'interdisent la délivrance de lettres de marque l'une contre l'autre, et promettent de respecter, même en cas de guerre, le libre trafic des denrées alimentaires. Ces stipulations n'eurent pas d'occasion de s'appliquer, et elles ne furent pas reproduites dans les traités ultérieurement passés entre les mêmes puissances. Elles n'en présentent pas moins une importance historique et doctrinale considérable.

L'Assemblée nationale vota le 30 mai 1792 un décret invitant le pouvoir exécutif à nouer avec l'étranger des négociations tendant à l'abolition de la course et à la reconnaissance de l'inviolabilité de la propriété privée dans les guerres maritimes. Ces négociations furent en effet entamées et reçurent un accueil favorable dans les villes hanséatiques, mais elles n'aboutirent point.

On put croire ces projets abandonnés pendant les guerres de la Révolution et du premier Empire ; ils ne tardèrent pas cependant à se produire à nouveau pendant la période de paix qui suivit ces grands événements. En 1823, à l'occasion de la guerre d'Espagne, le gouvernement français notifia aux puissances étrangères son intention de ne point délivrer de lettres de marque et l'ordre donné aux officiers de sa marine militaire de respecter les vaisseaux marchands de l'ennemi.

Pendant la guerre de Crimée, aucun des belligérants ne délivra de lettres de marque. Au moment de la paix de Paris qui suivit, il parut aux plénipotentiaires que l'opinion publique réclamait une modification dans les usages de la guerre maritime : aussi, sur la proposition du comte Walewski rédigèrent-ils la déclaration du 15 avril 1856, qui consacre les derniers progrès accomplis par le droit des gens sur ce point.

Cette déclaration proclame l'abolition de la course, la franchise de la marchandise neutre sous pavillon ennemi et de la marchandise ennemie sous pavillon neutre. Elle a été ratifiée par toutes les grandes puissances, à l'exception des États-Unis.

La déclaration de Paris a été observée depuis par toutes les puissances qui y ont adhéré. De plus, l'Autriche (ord., 13 mai 1866), la Prusse (ord., 19 mai 1866), l'Italie (code mar., 25 juin 1865, titre I, ch. II, art. 211-213) ont déclaré renoncer au droit de capture des navires de commerce, toutes les fois qu'elles trouveraient chez leurs ennemis la condition de réciprocité. En 1870, le roi de Prusse nous fit offrir de renoncer, de part et d'autre, au droit de capture. Nous dûmes décliner cette offre.

La question en est là. Les résolutions de 1856 sont considérées par le plus grand nombre des publicistes simplement comme un grand pas fait dans une voie jusqu'au bout de laquelle il importe d'aller. L'inviolabilité complète de la propriété privée dans les guerres maritimes apparaît aussi comme le dernier terme de cette évolution, et la doctrine paraît à peu près entière empressée de réaliser la réalisation de cette réforme. N'est-ce point de sa part un peu de précipitation? Ce qui est vrai, c'est que la confiscation de la propriété privée n'est pas plus justifiable sur mer que sur terre ; mais ce qui est vrai aussi, c'est que les opérations maritimes n'offrent pas les mêmes ressources que celles qui se pratiquent sur la terre ferme et qu'il faut par suite leur laisser une plus grande liberté. Comment atteindre un pays qui possède une grande étendue de côtes, si l'on doit respecter son commerce? Eût-on, par impossible, réduit sa marine militaire à l'impuissance, que ce pays, alimenté par son commerce, vivant en dépit de l'état de guerre de sa vie normale, pourrait faire une résistance indéfinie. Faudra-t-il tenter un débarquement ? mais cela est bien peu pratique. Et à un autre point de vue, une marine sera réduite à une impuissance absolue en présence de flottes adverses plus fortes, si on ne lui permet de courir sus aux navires de commerce de l'ennemi. A la guerre, tous les moyens sont bons qui ne sont point inhumains, et il nous semble qu'il y a là une ressource nécessaire.

Nous ne voulons pas dire par là que la limite des concessions possibles doive être considérée comme atteinte.

Peut-être un jour se résoudra-t-on à séparer l'arrêt et la saisie, choses nécessaires, de l'appropriation, chose moins indispensable, peut-être arrivera-t-on à considérer une prise non pas comme un riche butin, mais comme une sorte de dépôt que l'on conserve pendant les hostilités pour affaiblir l'ennemi, mais qu'on lui restitue à la paix, parce que l'on n'a plus alors aucune bonne raison d'en garder la possession.

Si jamais ce nouveau tempérament pouvait être admis, nous croyons que l'on aurait fait à la justice et à l'humanité toute la part qu'elles peuvent réclamer.

SEIZIÈME CONFÉRENCE.

De l'occupation militaire. — Dans quels cas y a-t-il occupation. — Nécessité d'un pouvoir réel et présent. — L'occupation ne transfère pas la souveraineté. — Changement dans la condition d'un pays occupé. — Impuissance du souverain. — Droits de l'occupant. — Caractères généraux de ces droits. — Conservation de l'organisme politique. Suspension des lois sur le recrutement. — Droits de l'occupant vis-à-vis des fonctionnaires. — Maintien de l'ordre public. — Administration de la justice. — Droits de l'occupant sur les biens du domaine public. — Appropriation des revenus. — Domaine forestier. — Capitaux et créances appartenant à l'ennemi. — Impôts. Perception. Modifications permises. — Des changements apportés à la législation du pays occupé. — Situation du Gouvernement légal. Devoir d'abstention.

Nous arrivons maintenant au second des trois termes que nous avons distingués dès le début de ces études, à la période de l'occupation militaire. Au cours d'une campagne, la ligne sur laquelle se produisent les hostilités va se déplaçant constamment, et dès que le tumulte des premiers combats s'est dissipé, l'armée vaincue se hâte d'évacuer les positions qu'elle avait d'abord choisies, se retire, et va se reformer un peu plus loin à une place où elle pense pouvoir résister avec plus de succès à son adversaire. Ce dernier, poursuivant sa marche, laisse derrière ses armées, et soumise en fait à leur pouvoir, une certaine part des domaines de l'ennemi : c'est ce que l'on appelle le pays occupé. On voit ainsi que les faits de guerre entraînent, à titre de corollaire nécessaire, l'occupation par un peuple de partie des terres d'un autre peuple ; on pressent que, si la campagne est longue et ses vicissitudes nombreuses, elle pourra entraîner plusieurs cas d'occupation différents, peut-être même opposés les uns aux autres, en ce sens qu'ils se produiront tantôt au profit d'une armée et tantôt au profit de l'autre. L'occupation créera fatalement au pays qui la subit une situation toute particulière et que l'état de guerre seul peut faire naître. Ce pays, tant qu'elle durera, vivra séparé de la patrie par la double ligne de belligérants, il sera privé de toute communication avec elle et, réciproquement, celle-ci se trouvera impuissante à lui fournir le moindre secours. La nécessité des choses indique qu'il s'établira des relations entre le gouvernement occupant et les habitants du pays occupé : c'est le droit correspondant à ces relations que nous allons exposer.

Mais une remarque préalable est nécessaire à l'intelligence de ce sujet. Les droits résultant de l'occupation sont, à la vérité, distincts de ceux qui naissent du simple fait de l'invasion et que nous venons d'étudier, mais ils ne sont pas complètement différents de ces derniers. L'occupant conserve jusqu'au rétablissement de la paix tous les droits d'un envahisseur, il a de plus une certaine quantité de droits nouveaux que le simple fait d'une invasion ne justifierait pas suffisamment, et qui naissent de la survenance de l'état d'occupation. Ce sont ces droits, dont on n'oubliera pas le caractère supplémentaire, qu'il faut maintenant étudier.

La première question que nous ayons à nous poser dans ce domaine est celle de savoir dans quels cas il y a véritablement occupation militaire. La question n'est pas sans difficultés, et les plénipotentiaires réunis à Bruxelles n'ont pas dédaigné de s'en occuper à deux reprises.

Le principe des difficultés remonte précisément aux avantages fort sensibles que l'occupation procure à l'envahisseur, avantages qui le poussent naturellement à reculer outre mesure les limites du domaine sur lequel il prétend exercer les droits qui en découlent. Il arrive ainsi souvent qu'un général prétende occuper une localité où ses troupes n'ont point encore paru, simplement parce qu'elle dépend d'une autre ville plus considérable et dont il s'est effectivement emparé[1]. Une prétention

---

[1] La matière des occupations fictives ramène forcément la pensée aux blocus fictifs. Ces deux abus ont une même origine, le désir d'étendre à sa dernière limite la possession des avantages que l'état de guerre assure aux belligérants, ils ont aussi le même inconvénient qui est de faire peser, dans un cas, sur des non combattants, dans

semblable est-elle justifiée? Je suppose qu'une armée ennemie s'empare de Grenoble. Son chef pourrait-il prétendre que parce qu'il possède le chef-lieu du département de l'Isère, il possède aussi virtuellement le département tout entier, et aller réclamer jusqu'aux portes de Lyon les droits auxquels il peut prétendre en qualité d'occupant?

Le projet russe, modifié par la Commission, exigeait, relativement à l'occupation, que le territoire en question fût soumis à l'autorité de l'armée ennemie, et spécifiait en outre que l'état d'occupation ne durerait qu'autant que l'armée ennemie resterait en mesure d'exercer cette autorité[1]. Ce dernier alinéa fut vivement combattu par le délégué d'Allemagne, général de Voigts-Rhetz[2]. Il faudrait se garder, d'après lui, d'assimiler l'occupation au blocus, qui ne dure qu'autant qu'il est effectif, mais cette remarque souleva les protestations de la plupart des

---

l'autre, sur des neutres, les conséquences d'un état de fait qui n'existe point en réalité et que l'on ne suppose que dans le but d'aggraver injustement leurs situations respectives. Ces deux abus méritent d'être poursuivis avec une égale rigueur.

[1] *Actes de la Conférence.* Annexe n° VIII, p. 277.

[2] La question des conditions de l'occupation a été fort sérieusement discutée à la Conférence, surtout parce que dans l'esprit de ses membres elle se reliait au point de savoir dans quels cas il est permis à la population d'un territoire envahi de prendre les armes contre l'envahisseur. V. *Actes*, pp. 104 et ss. Nous avons antérieurement repoussé ce point de vue. (V. notre 1er vol., 4e conf., p. 130, n. 2.)

membres de la Commission, et avec raison. Il est fort important pour la population de savoir si le territoire qu'elle habite est ou n'est pas occupé par l'ennemi : comment se renseignera-t-elle si l'on admet des occupations virtuelles, si un général peut se dire occupant dans un canton où ses troupes n'ont pas encore pénétré, ou bien s'il peut, lorsqu'il se voit contraint d'abandonner ses positions, conserver la qualité d'occupant par le seul fait de l'intention où il se trouve de les posséder à nouveau? L'occupation est une situation qui naît du pouvoir de fait de l'ennemi, il est donc légitime qu'elle ne soit reconnue que là où ce pouvoir de fait peut réellement s'exercer. Les difficultés ne cessent pas complètement cependant grâce à l'admission de cette idée. Il serait absurde d'exiger que l'occupant eût des forces constamment présentes sur tous les points du territoire occupé. A quel signe reconnaîtra-t-on qu'il le possède réellement?

On a proposé à Bruxelles (général de Leer) de considérer un territoire comme occupé, lorsque l'armée occupante a assuré ses positions et ses lignes de communication avec les autres corps, ou bien (général de Voigts-Rhetz) lorsque la population est désarmée. A mon avis, le point principal à considérer en cette matière est la cessation des hostilités régulières sur le territoire occupé. Si l'armée envahissante a remporté un succès assez complet pour obliger les troupes adverses à se retirer,

SEIZIÈME CONFÉRENCE

tout le territoire qu'elles laissent libre est susceptible d'être occupé, et il le sera dès que l'envahisseur, par des actes positifs, aura manifesté l'intention d'y exercer son autorité[1]. Il suffira alors d'un seul représentant de l'armée pour réaliser le fait de l'occupation, parce qu'il sera vrai que ce représentant a derrière lui la puissance entière de l'armée ennemie et que l'abandon du territoire prouve bien que cette puissance doit être considérée comme prépondérante[2]. En vertu des mêmes idées, le seul fait d'un retour offensif du vaincu fait cesser l'état d'occupation aussi longtemps que son armée parvient à

---

[1] Cf. Lentner, *l. c.*, p. 61; Fiore, *l. c.*, art. 1077, 1078; Lueder, *l. c.*, p. 518; Hall, *l. c.*, p. 411; Bluntschli, § 544. Calvo admet encore (*l. c.*, p. 231) la possibilité d'une occupation virtuelle entraînant pour celui qui l'exerce des droits plus vagues et moins étendus que ceux qui résultent d'une occupation fixe et nettement caractérisée. C. Rouard de Card, p. 26. Sumner Maine. *Le droit international. La guerre*, pp. 233 et ss.

[1] Il semble que l'on peut trouver, au moins en ce qui concerne l'armée française, un procédé assez simple de délimitation du territoire occupé dans la distinction fondamentale des services de l'avant et des services de l'arrière. La zone occupée aurait ainsi comme frontière une ligne reliant les diverses stations de transition entre ces deux services (stations têtes d'étapes de route); et dans la zone ainsi délimitée l'autorité de l'occupant se manifesterait d'une façon indubitable par la présence des officiers préposés au service des étapes. Ce criterium pourrait être adopté au moins toutes les fois que l'armée française se trouverait en présence d'une armée ennemie; dans le cas contraire, il serait juste de faire avancer la frontière du pays occupé jusqu'à la ligne des avant-postes de l'armée. (Cf. *Manuel de l'officier d'état-major*, pp. 146 et ss. et 292.)

se maintenir sur le territoire contesté. Ces idées sont celles qui ont prévalu à la conférence de Bruxelles, ainsi que cela résulte de l'art. 1ᵉʳ du projet définitif issu de ses délibérations. Elles ont été également consacrées par l'art. 41 du Manuel publié par l'Institut de droit international[1].

On a prétendu quelquefois qu'une notification formelle de la part de l'envahisseur était nécessaire[2]. Il nous semble que c'est aller trop loin. L'état d'occupation doit être connu de la population, mais, pour cela, une notification n'est pas de rigueur, et tout acte d'autorité fait publiquement suffira à prévenir la population.

Demandons-nous maintenant en quoi consiste le droit de l'occupant. Bien que l'occupation donne à l'armée des droits nouveaux, droits plus amples que ceux que justifierait la pure nécessité de la guerre, il est certain aujourd'hui qu'elle ne transfère pas à l'occupant la souveraineté même qui appartient au gouvernement légal du territoire occupé.

L'occupation a, pendant toute la durée de la guerre, un caractère provisoire ; le simple fait de l'établissement d'une armée dans une province ne l'annexe pas de plein droit à l'État que représente cette armée. La conquête

---

[1] Déclaration de Bruxelles, art. 1.
[2] V. sur ce point l'opinion de M. Den Boer Portugael dans la R. D. I., 1875, p. 475, et les observations de M. Rolin Jaequemyns.

n'est pas encore réalisée ; pour qu'elle le soit, le droit des gens moderne exige un traité de paix ou la dissolution définitive de la puissance vaincue [1]. On n'a pas toujours été aussi difficile, et l'histoire nous rapporte qu'en 1715 le roi Georges Ier d'Angleterre ne se fit pas scrupule de recevoir les duchés de Brême, de Verden et de Stade des mains du Danemark, qui les avait enlevés en pleine paix à la Suède, sans même daigner lui notifier sa déclaration de guerre [2].

---

[1] Klüber, § 256, p. 367 ; Travers Twiss, II, p. 119 ; Heffter, *l. c.*, p. 303 ; Calvo, p. 238 ; Bluntschli, §§ 539, 540 ; Hall, p. 399 ; Rouard de Card, p. 22 ; Lentner, p. 62 ; Morin, II, pp. 375 et ss. ; Lueder, *l. c.*, p. 512 ; Neumann, p. 185 ; Vidari, pp. 123 et ss. ; Acollas, pp. 61 et ss. ; Guelle, II, p. 11 ; Halleck, p. 330 ; Fiore, art. 1097 ; Lœning, R. D. I., 1872, p. 631. Pour marquer plus énergiquement cette idée que la simple occupation n'entraîne pas déplacement de la souveraineté, on dit fréquemment qu'elle ne donne à l'occupant qu'un simple pouvoir de fait. Cette expression est inexacte et dangereuse : inexacte, parce qu'un pouvoir comme le sien nécessité par l'état dans lequel se trouve le pays occupé, légitimé par l'intérêt des habitants du pays aussi bien que par celui de l'armée d'occupation a tous les caractères d'un droit aussi certain que possible ; dangereux, parce qu'elle porterait à croire que le Gouvernement légal, une fois rentré dans la possession de ce pays, pourrait, sans injustice, méconnaître la validité des actes accomplis par l'occupant.

[2] Grotius (l. III, ch. VI, §§ 5 et 6) disait déjà qu'une terre n'est pas censée prise par ce seul fait qu'on l'occupe et il cite, d'après Tite-Live, l'exemple du champ sur lequel campait Annibal aux portes de Rome, qui fut vendu sur le forum à un prix aussi élevé que celui qu'il aurait jamais pu atteindre. Le jurisconsulte exige, pour qu'une terre puisse être réputée conquise, qu'on l'ait mise, au moyen de fortifications, en état de défense.

Par contre, ce serait également une erreur d'affirmer que l'événement de l'occupation ne change absolument rien à la condition politique du territoire qui en subit les effets. En principe, le gouvernement légal conserve tous ses droits sur celles de ses provinces dont ses troupes ont été chassées par un ennemi supérieur, et si plus tard la face des choses vient à changer, il rentrera de plein droit dans l'exercice de sa souveraineté en reprenant possession de ses domaines. Mais jusque-là ce pouvoir qu'en droit il possède, en fait il ne peut pas l'exercer[1]. Toutes les lois demeurent intactes, mais la force publique n'est plus là qui veillait à leur exécution. Il faut cependant que ce territoire soit gouverné, qu'il soit administré : pour que l'ordre, cette condition essentielle de toute vie sociale, subsiste, il est nécessaire qu'il y ait constamment une personne capable d'assurer par la force son maintien. En cas d'occupation, cette personne ne peut pas être autre que l'occupant. L'occupant acquiert par le fait la situation d'un gouvernement intérimaire qui commande, non pas au nom et pour le compte du gouvernement légal, mais en son propre nom et dans l'intérêt de la population même, pour la garantir des dangers que présente pour elle une situation issue de la nécessité des choses[2].

---

[1] Fiore, art. 1079 ; Lueder, § 112, n. 11, p. 473 ; Bluntschli, § 540 ; Lœning, R. D. I., 1871, p. 630.

[2] Morin, I, p. 390 ; Bluntschli, 544, § 2 ; Guelle, II, p. 9.

Cette sorte de domination est en vérité bien particulière, et on a tort de vouloir la comparer, soit au pouvoir du gouvernement légal sur les terres demeurées en sa possession, soit au pouvoir du gouvernement ennemi sur ses propres États[1]. Elle est, par essence, purement temporaire, et si l'on met de côté les nécessités de la guerre (dont la satisfaction n'est, du reste, nullement liée au fait de l'occupation) l'occupant ne l'exerce pas dans son propre intérêt, comme il l'exercerait sur une chose sienne, mais dans l'intérêt du pays occupé.

Aussi cette domination sera-t-elle forcément limitée et conservatrice. Elle sera limitée à ce que la nécessité exige, parce qu'au delà de cette borne, toute raison d'agir cesse pour l'ennemi; elle sera conservatrice, parce qu'il ne lui appartient pas de réaliser ses propres desseins sur une terre qui n'est pas à lui, et dont il n'a la garde qu'à titre de dépôt; elle sera enfin désintéressée, parce que toute appropriation que ne justifierait pas le besoin pressant des armées, constituerait une violation injustifiée du droit de propriété de la personne qui fût restée en possession sans la circonstance de l'occupation[2].

L'occupation engendre, pour l'occupant, une double série de droits : les uns concernent l'administration du

---

[1] V. Hall, pp. 395 et ss.
[2] Fiore, 1082 note; Lueder, § 118, p. 512.

pays occupé, les autres la situation particulière des personnes qui l'habitent. Nous allons nous occuper successivement des uns et des autres.

Sous le nom d'administration, et en entendant ce mot dans son sens le plus général, on entend la gestion de tous les services publics qui, dans un pays, sont confiés à l'État, soit par nécessité, et parce qu'il est seul capable de les diriger, soit parce que tel est l'usage suivi dans le pays. Il me semble que ces services peuvent être ramenés à trois branches principales: l'organisation politique, le service de la justice et l'administration proprement dite, c'est-à-dire la gestion du domaine public.

Faisons à ces trois branches l'application des principes généraux que nous avons posés.

L'occupation militaire ne déplaçant pas la souveraineté n'apporte aucun changement à l'organisation politique du pays sur lequel elle s'étend[1]. Les institutions demeurent les mêmes et continuent à fonctionner aussi bien

---

[1] Lentner, p. 118 ; Lueder, § 118, p. 514. Il importe de remarquer à ce sujet que l'étendue des droits de l'occupant n'est nullement subordonnée à la destination des territoires occupés. Alors même que l'occupant a la ferme intention de garder définitivement les territoires qu'il possède, et qu'il sait que rien ne s'opposera à l'accomplissement de son projet, ses droits n'en sont point augmentés ; jusqu'au traité de paix, il n'a que les droits d'un détenteur provisoire. La proclamation du gouverneur général allemand de l'Alsace, comte de Bismarck-Bohlen, à la ville de Strasbourg, célébrant le 8 oct. 1870 sa réunion à l'Allemagne, n'était pas moins incorrecte au point de vue du droit des gens que contraire aux convenances. (Lœning, *l. c.*, 72, p. 636.)

que le fait de l'état de guerre le permet[1]. Il est certain que toute une catégorie de lois de cet ordre sera immédiatement paralysée, celle qui concerne le recrutement militaire : il va de soi qu'une armée ne peut pas permettre qu'une population soumise à son autorité aille grossir les rangs de l'armée qu'elle combat. Et, en effet, le premier soin d'un conquérant, lorsqu'il prend possession d'une province ennemie, est toujours de déclarer suspendues les lois sur le recrutement. C'est ainsi que, par un arrêté du 13 août 1870[2], le roi de Prusse déclara la conscription abolie en territoire français, au fur et à mesure que ce territoire serait occupé par les armées allemandes. Par une disposition évidemment excessive, cet arrêté devait être obligatoire pour chaque département, aussitôt qu'il aurait été affiché dans l'une quelconque des localités qui en font partie. Une autre conséquence de la même idée autorise l'occupant à frapper de certaines peines les habitants du district occupé qui tenteraient de rejoindre leur armée nationale. Nous retrouverons ultérieurement ces prescriptions.

[1] Il est certain qu'à ce point de vue le décret de la Convention du 17 déc. 1792 invitant les peuples étrangers à secouer le joug des tyrans et ordonnant aux généraux français d'appliquer les idées nouvelles dans les pays qu'ils conquerraient n'était point correct. On sait que ce décret fut la cause première de l'hostilité que l'Angleterre nous témoigna. (*Hume's History of England continued by T. S. Hughes,* vol. III, ch. XXXVI.)

[2] Rolin Jaequemyns, R. D. I., 1870, p. 692.

Quoique, pour tout ce qui concerne l'ordre politique du pays, le principe de respect et d'abstention soit pour l'occupant d'une application facile, il peut se présenter, au cours d'une guerre, des événements exceptionnels et de nature à donner lieu à des difficultés imprévues. Il en a été ainsi chez nous en 1870. Au plus fort de la guerre, alors que Metz tenait encore et que Sedan venait de tomber, une révolution éclata à Paris, qui substitua le gouvernement de la Défense nationale à celui de l'Empire. Quelle devait être la conduite de l'occupant en présence de ce fait accompli, tant qu'il n'était pas encore confirmé par un suffrage national régulièrement exprimé ?

Un gouvernement ordinaire eût pu se sentir embarrassé, quoiqu'il fût difficile cependant de ne pas reconnaître en fait la qualité du Gouvernement de la Défense nationale, alors que l'empereur était prisonnier et que la régence qu'il avait pris la précaution d'instituer avait renoncé à fonctionner. M. Jules Favre reconnaissait, du reste, en demandant un armistice, qu'il y aurait lieu préalablement, à la conclusion de la paix, de procéder à l'élection d'une Assemblée nationale. Le prince de Bismark profita des circonstances, avec son habileté ordinaire, pour faire traîner en longueur, et finalement pour faire échouer les négociations relatives à un armistice[1]. Il s'en

---

[1] Valfrey, *l. c.*, t. I, ch. IV.

servit de nouveau dans le courant du mois de janvier 1871 pour refuser à Jules Favre le sauf-conduit qui lui eut permis de quitter Paris et de se rendre à la conférence de Londres, à laquelle il avait été convoqué par lord Granville[1].

En pareil cas, un gouvernement soucieux d'agir toujours avec loyauté n'hésitera jamais à traiter avec le gouvernement de fait, sauf à prendre ses précautions, afin que les arrangements qu'il pourra conclure ne subissent pas le risque d'être ensuite désavoués par la nation.

A ces matières se rattache la question de la conduite que doit tenir l'occupant par rapport aux fonctionnaires qu'il trouve dans le pays occupé. Ce sujet est un de ceux qui paraissent avoir préoccupé sérieusement la conférence de Bruxelles[2]. Un premier point certain est que l'armée d'occupation n'est nullement tenue de conserver à ces fonctionnaires les divers postes auxquels ils ont été élevés. Il en est même qui seront nécessairement remerciés ; ce sont ceux dont la mission a quelque chose de politique ; les préfets et les sous-préfets, par exemple. L'orientation de l'administration se modifiant, il est juste que ces postes soient occupés par des personnes dévouées aux intérêts du souverain de fait. Ainsi, en 1870, le roi de

---

[1] Rolin Jaequemyns, R. D. I., 1871, p. 347.
[2] *Actes de la Conférence,* pp. 111 et ss.

Prusse divisa les territoires occupés en trois gouvernements comprenant : l'un l'Alsace, l'autre la Lorraine, le troisième le reste du territoire possédé. Le chef-lieu de ce dernier gouvernement était à Reims. A la tête de chaque gouvernement était un gouverneur général militaire, assisté d'un commissaire civil. Il fut nommé également des préfets et des sous-préfets allemands[1]. Tout cela est parfaitement régulier. Nous ferons cependant une observation. En bonne justice, les pouvoirs de l'occupant doivent être différents vis-à-vis des employés qui ne dépendent que du gouvernement et vis-à-vis des fonctionnaires qui tiennent leurs fonctions du libre suffrage de leurs concitoyens. Les premiers sont à la disposition du gouvernement de fait, comme ils étaient à la disposition du gouvernement légal, les seconds tiennent directement leurs pouvoirs de la loi politique, et, les dispositions de la loi politique demeurant en vigueur, ces fonctions ne doivent pas, en principe, leur être retirées. Cela est vrai, au moins en principe, car si les nécessités de la guerre l'exigeaient, on pourrait naturellement leur interdire des fonctions jugées par l'occupant incompatibles avec ses intérêts essentiels. En dépit de ce pouvoir, une nuance subsiste entre ces deux hypothèses. L'occupant peut mettre un préfet à la place d'un autre préfet, il ne

---

[1] Lœning, R. D. I., 1872, pp. 637 et ss.

peut créer ni un maire, ni un conseiller général ; s'il délègue à un tiers les fonctions de ces derniers, ce tiers ne sera pas comme ils l'étaient, eux, le représentant de la population dont il gère les intérêts, et ses actes ne seront point assurés de conserver, après la cessation de l'occupation, une valeur certaine [1].

Plusieurs questions ont été agitées par la Conférence de Bruxelles au sujet de la situation des fonctionnaires. Sont-ils obligés de conserver leurs fonctions s'ils en sont requis? La Conférence a reconnu sans difficulté que l'on ne pouvait mettre à la charge de ces fonctionnaires une obligation qui risquerait, le cas échéant, de les faire devenir à leurs yeux mêmes, traîtres à leur patrie [2]. Il ne peut donc pas être question ici d'un devoir strict. Les fonctionnaires consulteront leur patriotisme et les intérêts de leurs concitoyens : ils garderont leur charge ou ils

---

[1] Cette distinction a été indiquée dans la séance de la Commission, à Bruxelles, par le délégué de France, M. le baron Baude (V. *Actes*, pp. 111 et 112) ; elle a été généralement accueillie par les auteurs. V. Guelle, II, p. 33 ; Lentner, p. 63 ; Bluntschli, § 541, n. 1 et 2. Une mention spéciale doit être faite des consuls étrangers en fonctions dans le pays occupé. L'occupation n'entraînant aucun changement de souveraineté ne fait rien perdre à leur titre de sa valeur ; de plus en aucun cas leur ministère n'est plus important que dans de semblables circonstances. Ils doivent donc être respectés. (Bluntschli, § 556.)

[2] Le préfet allemand de Versailles en 1871 a manqué à cette obligation en frappant d'une amende des fonctionnaires dont le seul crime avait été de n'avoir pas consenti à conserver leurs fonctions. V. Pigeonneau, *Revue des Deux-Mondes,* 1871, I, p. 483.

l'abandonneront, comme ils l'entendront[1]. Le projet russe primitif reconnaissait à l'occupant le droit de contraindre les fonctionnaires et les institutions (?) à conserver leurs fonctions, mais il a été modifié par la Commission dans le sens de la nécessité d'une adhésion volontaire des fonctionnaires, et l'Assemblée générale a ratifié cette modification[2]. Je ne pense pas même que la démission en bloc de tous les fonctionnaires puisse être considérée comme une offense envers l'occupant, et une raison pour lui d'augmenter les rigueurs de son occupation, comme l'enseigne M. Rolin Jaequemyns (*loc. cit.*). S'ils conservent leurs fonctions, les anciens administrateurs doivent les exercer avec fidélité. En cas de malversation, ils doivent être révoqués, en cas de trahison véritable ils peuvent être punis. Leur situation nouvelle ne brise pas

---

[1] Lueder (§ 118, p. 513) distingue suivant la nature des fonctions, admet la possibilité d'une contrainte à l'égard des fonctionnaires d'ordre purement administratif, la rejette à l'égard de ceux dont les fonctions ont un caractère politique (en ce sens, Rolin Jaequemyns, R. D. I , 1871, p. 334). Il est vrai que les premiers sont moins exposés que les seconds à se trouver placés entre leur devoir patriotique et leur devoir professionnel, mais là n'est pas la seule raison du principe posé au texte. Il n'est pas admissible qu'un citoyen quelconque se voie forcé de demeurer aux gages des ennemis de sa patrie.

[2] Déclaration, art. 4. Cf. *Manuel de l'Institut,* art. 45 et 46, *Manuel français,* p. 98. L'art. 26 des Instructions américaines permet à l'occupant de se faire prêter par les magistrats et fonctionnaires du pays envahi un serment d'obéissance temporaire et même de fidélité. Cette disposition semblera moins étrange si l'on se souvient que ces Instructions ont été rédigées en vue d'une guerre civile.

cependant tous les liens qui les rattachent au gouvernement légal de leur patrie, et par suite ils ne doivent se prêter à aucun acte qui leur paraîtrait une participation directe aux hostilités poursuivies contre leurs troupes nationales. Leur situation est, on le voit, fort délicate : d'un moment à l'autre ils peuvent se trouver pris entre leurs devoirs de fonctionnaires et leurs devoirs de citoyens : c'est pourquoi la Conférence de Bruxelles a cru devoir leur réserver le droit de démissionner dès qu'ils le jugeraient à propos [1].

Une fois installé à la place du gouvernement légal, l'occupant devra remplir les diverses obligations qui incombent à ce dernier. Son premier soin sera de garantir le maintien de l'ordre public, car le maintien de l'ordre n'est pas moins indispensable à la sécurité de ses opérations militaires qu'à la continuation de la vie sociale sur cette portion de territoire [2]. Il veillera à ce que la circulation soit libre en tout lieu, à ce que la propriété particulière ne subisse pas d'atteintes injustes, à ce que les divers services dont l'État a la direction ne cessent pas de fonctionner. Il aura soin de veiller à ce que les établissements publics, églises, hôpitaux, écoles, asiles, ne soient point détournés de leur destination, et abandonnera

---

[1] *Actes de la Conférence,* p. 112.

[2] Lentner, p. 65 ; Fiore, art. 1081 ; Hall, p. 410 ; Funck Brentano et Sorel, p. 275.

aux besoins de la population tous ceux de ces établissements qui ne seront pas affectés aux exigences de la guerre[1].

Parmi les services publics que ce déplacement général fait passer des mains d'un gouvernement aux mains de l'autre, il en est un qui, à raison de son extrême importance, mérite une attention particulière, c'est le service de la justice. La justice ne doit jamais chômer, en temps de guerre moins encore qu'en temps de paix. En fait, deux justices demeureront parallèlement en vigueur sur le territoire occupé : la justice militaire de l'occupant et la justice ordinaire. La justice militaire est exclusivement criminelle : elle connaîtra comme d'habitude des délits militaires, et, en outre, on portera devant elle toutes les infractions relevées aux dispositions de la loi martiale, c'est-à-dire les infractions commises par l'occupé contre l'occupant. La justice ordinaire aura des attributions, soit criminelles, soit civiles, parce que le fait de l'occupation ne suspend nullement l'autorité des lois sur le territoire occupé[2].

---

[1] Bluntschli, § 648.
[2] V. Lueder, *l. c.*, § 118, p. 515 ; Bluntschli, §§ 547, 548 ; Fiore, art. 1015 et ss.; Morin, II, p. 425 ; Guelle, II, pp. 13-32, et surtout Lœning, R. D. I., 1873, pp. 69-99. Malgré l'importance pratique de ce sujet, une certaine confusion existe encore sur l'organisation et la compétence des juridictions répressives en temps d'occupation. Le principal motif de cette imperfection est que jusqu'à une époque voisine de

Il s'est présenté à ce point de vue, en 1870, un conflit grave, qui a arrêté sur bien des points le cours de la

nous s'était maintenue cette idée que, au cours d'une guerre, entre le vainqueur et le vaincu il n'y a pas de justice possible, qu'ils peuvent réciproquement se faire tout le mal imaginable sans sortir du domaine du droit. L'idée contraire triomphe aujourd'hui et personne ne doute que dans les rapports de la population vaincue avec l'armée victorieuse il n'y ait place pour le droit. Il faut donc songer à l'organisation et au fonctionnement des juridictions qui seront les organes de ce droit. Les lois positives ne paraissent pas s'être préoccupées beaucoup de ce point (V. p. ex. les art. 33 et 38 de notre Code de justice militaire), par contre, par la latitude qu'elles laissent généralement aux autorités militaires, elles permettent de pourvoir, par une organisation, à tous les besoins. A notre avis, l'état de guerre rend nécessaire le fonctionnement de trois ordres de juridictions chargés du soin de la justice répressive. Ce sont : 1° les juridictions criminelles du pays ; 2° les conseils de guerre (ou de revision) mobiles qui accompagnent les armées ; 3° les juridictions militaires permanentes (le nom de cours martiales pourrait leur être réservé) qui doivent être installées en pays occupé. Le maintien des tribunaux criminels ordinaires n'a pas besoin de justification. Jamais leur action n'est plus essentielle qu'en semblable circonstance. Ces tribunaux connaîtront des crimes et délits commis par un habitant contre un autre habitant ; ils appliqueront, comme en temps ordinaire, la loi territoriale. S'il arrive que ces tribunaux courent le risque de ne pouvoir plus fonctionner par suite de la démission ou de la destitution de leurs membres, l'occupant devra remplacer le personnel ancien par un personnel nouveau qu'il empruntera le plus souvent (comme les Allemands l'ont fait en Alsace) à ses propres nationaux, mais le corps judiciaire ainsi reconstitué ne devra pas moins appliquer les lois pénales du pays dans lequel il est appelé à exercer ses fonctions : l'état d'occupation ne change rien en effet aux rapports légaux dont les citoyens sont tenus les uns à l'égard des autres. D'autre part, les armées sont, d'après un usage constant, accompagnées de leurs juridictions particulières, conseils de guerre ou conseils de revision, qui n'ont jamais appliqué d'autre loi que la législation militaire des troupes auxquelles justice. C'est à Nancy qu'éclata ce conflit. Après la révolution du Quatre Septembre, l'autorité militaire allemande prétendit imposer aux magistrats de la Cour de Nancy de rendre leurs arrêts, au nom des hautes puissances allemandes occupant la Lorraine et l'Alsace, puis, devant la résistance de la Cour, lui proposa de continuer à se

elles appartiennent. Les conseils de guerre connaissent des délits des militaires ainsi que des délits des habitants contre l'armée partout où un régime régulier d'occupation n'a pas pu être établi. Entre ces deux extrêmes, il paraît nécessaire d'introduire un troisième ordre de juridiction se composant de tribunaux militaires établis, à titre permanent, dans un pays occupé. Ces cours martiales connaîtront des délits commis par les habitants contre les militaires appartenant à l'armée d'occupation et inversement des délits commis par ces derniers au détriment des habitants. Il est impossible de laisser la connaissance de ces faits aux tribunaux ordinaires, dont l'impartialité serait fatalement suspectée ; par contre, il n'est point avantageux, au point de vue des intérêts de la justice, de leur appliquer la procédure forcément très sommaire des conseils de guerre aux armées. En pays occupé, le danger est moins grand pour l'envahisseur que sur le terrain même des opérations, la fièvre des esprits est moins vive et rien ne s'oppose à ce qu'une juridiction militaire tienne compte de toutes les exigences de la justice. C'est précisément dans cette possibilité d'une justice plus parfaite que gît la raison d'être de cette séparation essentielle. Ces cours martiales appliqueront le droit de l'occupant, non pas comme on l'a dit (Guelle, II, p. 24), parce que c'est le droit personnel des soldats qui sont leurs justiciables, mais parce que cette justice est la sauvegarde de l'armée d'occupation, et que c'est au souverain, seul responsable du salut de cette armée, de déterminer la mesure exacte de la protection légale qui lui est nécessaire.

En procédant ainsi, on aura assuré aux non combattants comme à l'armée d'occupation le bénéfice inestimable d'une bonne administration de la justice, le service le plus grand que puisse rendre en cette matière à la civilisation le progrès du droit.

servir d'une formule exécutoire où figurerait encore le nom de l'Empereur. Elle refusa, par contre, d'admettre la formule : Au nom du peuple et du gouvernement français, que suggérait le premier président. A ces exigences la Cour répondit par une délibération qui honore grandement le sens et le patriotisme de ses membres. Nous lui emprunterons les passages suivants :

« Attendu qu'en France, à toutes les époques et sous tous les régimes, la justice a été administrée au nom du souverain quel qu'il fût ;

« Qu'aujourd'hui la captivité de l'Empereur et la proclamation de la République rendent indispensable la modification de la formule exécutoire, et qu'en interdisant celle que l'usage a consacrée et que les circonstances imposent, l'autorité prussienne place les magistrats français dans l'impossibilité légale de juger, en même temps que cette interdiction, qui pourrait plus tard s'étendre à d'autres points, constitue dès maintenant et à elle seule une sérieuse atteinte à leur indépendance et à leur dignité ;

« Que d'ailleurs, dans l'instruction des affaires et pour l'exécution des sentences, des difficultés inextricables ne manqueraient pas de se produire et qu'il convient de les éviter ;

« Que sans doute, on doit craindre que, profitant des malheurs de l'invasion, la violence, la rapine et le vol ne se donnent autour de nous libre carrière avec une audace de jour en jour plus grande, et ne désolent ainsi les citoyens paisibles ; mais que ce danger, quelque grave qu'il puisse être, n'autorise point la magistrature à enfreindre la loi de son institution et la loi constitutionnelle du pays ;

« Par ces motifs :

« La Cour, ouï M. le Procureur général, décide, à l'unanimité de ses membres présents, qu'il y a lieu pour elle, sans abdiquer ses fonctions, de provisoirement s'abstenir, etc. »

Il serait téméraire, après ces belles paroles, de tenter une explication. Disons seulement que le Tribunal de Laon et celui de Versailles adoptèrent pour les mêmes motifs la ligne de conduite inaugurée par la Cour de Nancy[1].

Des difficultés de ce genre ne sont pas de nature à se représenter fréquemment, mais il est évident que toutes les fois que l'occupant tenterait d'exercer une pression sur la liberté des magistrats, ceux-ci devraient se conformer au noble exemple qui leur a été donné en cette circonstance.

Nous arrivons ainsi à la partie la plus compliquée et la plus importante de l'administration de l'occupant, celle qui concerne la gestion des intérêts pécuniaires du

[1] Nancy, 8 sept. 1870. S. 72.2.33.

gouvernement légal dans les provinces possédées. Sous cette rubrique, nous avons à traiter du domaine public et des impôts.

Nous savons déjà que les biens du domaine public ne deviennent pas en général la propriété de l'État occupant. Si l'on met à part ceux de ces biens qui peuvent encore être considérés comme un butin, et les usages modernes les ont fort restreints, les biens de l'État, immobiliers ou mobiliers, ne cessent pas de lui appartenir par ce seul fait que le lieu où ils se trouvent est tombé entre les mains de l'ennemi. Celui-ci acquiert pourtant sur eux un certain droit. Il a qualité pour les administrer, il en est même usufruitier, et ceci signifie qu'il peut en percevoir les prix et revenus, à charge de ne point en altérer la substance.

Suivant la formule romaine, l'usufruitier peut user et jouir, mais il ne peut pas abuser, c'est-à-dire détruire la chose ou simplement en disposer. L'application de ces principes au domaine immobilier de l'État soulève des difficultés en ce qui concerne les forêts domaniales. A ce point de vue, la conséquence logique qu'il comporte est que l'occupant peut faire les coupes ordinaires et conformes au règlement de la forêt pendant la durée de sa possession, mais qu'il lui est interdit de pratiquer toute coupe extraordinaire que n'autorise pas ce même règlement.

Précisément, un incident s'est produit à ce sujet par suite des déprédations commises par les Prussiens en 1870. Le 24 octobre 1870, le comte de Villers, commissaire civil allemand en Lorraine, vendit à des banquiers de Berlin, Samelsohn et Sackür, au prix de 3 thalers l'un, plus de 15,000 chênes d'au moins 5 mètres de hauteur, et d'un diamètre d'au moins $0^m,50$ à $1^m,25$ du sol, à prendre dans les forêts des Ardennes. Ce traité fut rétrocédé deux fois, d'abord à une maison de Mannheim, qui l'exécuta en partie, puis à un sieur Hatzfeldt, français, qui, postérieurement à la paix, refusa de remplir ses obligations en alléguant la nullité du contrat. L'Allemagne, sollicitée d'intervenir par la maison de Mannheim, s'y refusa, et l'affaire, portée devant la Cour de Nancy, aboutit à la prononciation de la nullité de la vente[1]. La Cour a affirmé, à cette occasion, que le droit de l'occupant n'était qu'un simple droit de jouissance temporaire, permettant seulement la perception des fruits et revenus, que, d'autre part, les arbres d'une forêt, en dehors de ceux qui sont affectés aux coupes annuelles, constituent le capital même de la forêt, capital qui ne saurait être aliéné sans entraîner la destruction totale de celle-ci.

Les règles applicables au domaine mobilier de l'État ne seront pas sensiblement différentes de celles que nous

---

[1] Nancy, 3 août 1872, *Journal du Palais*, 1872, p. 776.

venons de développer, à cela près cependant que, tandis que les immeubles échappent complètement au droit de butin, le mobilier y est encore sujet pour partie, comme nous l'avons vu. En Allemagne cependant, on paraît enseigner encore que toutes les propriétés mobilières du domaine public sont acquises à l'État occupant. Lœning le dit formellement, et à Bruxelles, le général de Voigts-Rhetz émit cette idée que, tout meuble susceptible d'être réalisé en argent, peut être utilisé par l'armée aux fins de la guerre[1].

Cette idée nous paraît très dangereuse. Est-il permis de penser que le mobilier des bâtiments appartenant à l'État puisse être aliéné par l'occupant? N'y aurait-il pas là une cause de désordre, de suspension de la vie publique, et à quoi aurait-il servi de proscrire le pillage si l'on devait en rétablir ainsi la pratique par une voie détournée?

Il nous semble que le mobilier a droit à la même protection que les immeubles, car il est également vrai, pour ces deux espèces de biens, que le fait de l'occupation n'opère pas de changement de souveraineté.

Rappelons ici que les objets ayant une valeur artistique ou historique sont tout spécialement placés sous la protection du droit de la guerre.

La question des capitaux compte parmi les plus déli-

---

[1] Lœning, R. D. I., 1872, p. 633. — *Actes de la Conférence,* p. 121

cates. Nous avons vu précédemment qu'ils sont sujets à saisie et à confiscation. Mais la Conférence de Bruxelles a exprimé plusieurs fois cette idée que, parmi les capitaux de l'État tombant sous le coup du droit de la guerre, il ne fallait pas entendre les sommes appartenant à des entreprises particulières, et dont l'État n'est que le dépositaire. Tels sont les fonds des Invalides, des diverses caisses de retraites gérées par l'État, des caisses d'épargne et de prévoyance. Ces fonds ne font pas partie du domaine de l'État, et ils gardent entre les mains de l'occupant le caractère de dépôt qu'ils présentaient déjà entre les mains du gouvernement légal[1]. De l'argent comptant, la pensée se reporte naturellement aux créances. L'occupant pourra-t-il considérer comme siennes les créances du gouvernement légal et obliger ses débiteurs à se libérer entre ses mains? Nous ne parlons pas en ce moment de la créance de l'impôt, qui va être traitée séparément. La tendance du vainqueur a été, de tout temps, de s'approprier les créances du vaincu, et on rapporte qu'Alexandre le Grand entrant à Thèbes remit aux Thessaliens, ses alliés, le titre de l'obligation qu'ils avaient contractée

---

[1] Déclaration de Bruxelles, art. 6, § 1. — Il n'y a pas à se dissimuler que cette réserve fort raisonnable en elle-même sera le plus souvent d'une application difficile, parce que les fonds confiés à l'État seront confondus dans ses caisses avec ceux qui lui appartiennent en propre. Exigera-t-on de l'occupant qu'il prélève sur les espèces qu'il trouvera les sommes confiées à l'État ?

envers les Thébains. Le Tribunal des Amphictyons approuva, paraît-il, cette conduite, mais la valeur des décisions de ce célèbre Tribunal est aujourd'hui fort incertaine[1]. Au moyen âge, il était d'un usage courant qu'un général fît verser entre ses mains, toutes les fois que cela était possible, le montant des sommes dues à l'État ennemi, et toujours, la paix rétablie, se posait la question de la valeur des quittances données dans de semblables circonstances. Les jurisconsultes les plus célèbres furent consultés à ce sujet, et on peut juger à la complication de leurs réponses qu'ils étaient fort embarrassés[2].

Notre avis sur ce point est celui-ci : L'occupant a certainement droit aux intérêts de la créance, en sa qualité d'usufruitier. Quant aux capitaux, la question est plus délicate, et on peut incliner à permettre à l'occupant de se faire rembourser les créances qui viennent à échéance pendant la durée de sa possession, en vertu d'une sorte de droit de butin, et parce que, si ces créances avaient été payées antérieurement à l'occupation, l'occupant aurait eu le droit incontestable de s'approprier l'argent provenant desdits paiements. Cependant, une considération plus attentive du sujet aboutit à cette conclusion que l'occupant ne peut, en aucun cas, toucher les sommes

---

[1] Grotius, l. III, ch. VIII, § 4.
[2] Calvo, IV, p. 280.

dues au gouvernement légitime, ni délivrer à ses débiteurs de quittances valables. Le vainqueur, en effet, ne succède pas à la souveraineté du vaincu, il en recueille seulement certains attributs, ceux dont l'exercice ne peut pas demeurer en suspens. Le pouvoir de toucher des capitaux ne rentre nullement dans cette catégorie, et il reste ce fait que l'occupant, n'étant pas le créancier, ne peut pas recevoir. Au reste, si on lui accordait le droit de se faire payer, il faudrait aussi lui reconnaître le devoir d'acquitter les dettes de l'État pendant la même période : c'est ce que jamais occupant ne consentirait à faire[1].

Occupons-nous enfin de la matière des impôts. Dans tout pays, le produit de l'impôt est la grande ressource du gouvernement. Cette ressource peut d'autant moins être refusée à l'occupant, qu'il supporte la charge de

---

[1] Phillimore, III, pp. 817, 823, 841 et ss. ; Fiore, art. 1097, § 2 ; Lueder, *l. c.*, pp. 497 et 516 ; Hall, p. 357 ; Heffter, pp. 304 n. 3, 306 ; Klüber, p. 252 ; Calvo, p. 277 ; Halleck, 207 ; Guelle, pp. 113 et ss. Le cas des créances de l'Électeur de Hesse Cassel est demeuré célèbre. Napoléon, après s'être emparé des domaines de l'Électeur, se fit payer une partie des nombreuses créances de ce dernier, soit contre ses sujets, soit contre des étrangers. Après le retour de l'Électeur dans ses États, la question de la validité des quittances données par l'Administration française fut agitée. Elle fut soumise successivement aux Universités de Breslau et de Kiel qui, toutes deux, se décidèrent dans le sens de la validité, par cette raison qu'il y avait eu de la part de Napoléon non pas une simple occupation transitoire, mais une conquête complète acceptée au moins implicitement par les sujets du duc. (Phillimore, *l. c.*, pp. 841 et ss.)

l'administration du territoire occupé, charge à laquelle la perception de l'impôt a précisément pour but de pourvoir. L'occupant percevra donc les impôts de tout genre auxquels est soumis le pays où il s'est établi. Du jour où il s'y est installé, ces impôts sont à lui, en sa qualité d'usufruitier, et si, pour contrecarrer l'exercice de son droit, la population avait payé par avance entre les mains des autorités légitimes, ces paiements n'auraient aucune valeur à l'égard de l'armée ennemie qui serait fondée à exiger une seconde fois les sommes dues[1].

En général, l'occupant se conformera, dans la répartition et dans la perception de l'impôt, aux bases posées par la législation fiscale du pays. Il est possible cependant qu'à raison de l'état de guerre, il devienne impossible d'assurer la perception de certaines taxes. Pour ne point en perdre le bénéfice, il sera alors légitime de changer la forme de l'impôt[2]. Les Prussiens ont procédé ainsi en 1870 à l'égard des impôts indirects. Ne pouvant en assurer la perception, ils les supprimèrent, mais les remplacèrent en doublant les impôts directs.

De même que l'occupant n'est point obligé de respecter les paiements faits par anticipation à son préjudice, de même il n'est pas autorisé à demander de semblables

---

[1] Dahn, p. 6 ; Bluntschli, § 647 ; Hall, p. 355.
[2] Guelle, p. 110, n. 2.

paiements à son profit. La jouissance ne doit durer exactement que ce que dure sa possession.

Le point le plus délicat de cette matière est le point de savoir s'il est loisible à l'occupant d'augmenter le montant des impôts perçus. A la conférence de Bruxelles, on a proposé sur ce point plusieurs formules. On peut, ou bien permettre à l'occupant de faire monter les impôts au taux qu'ils atteignent dans les provinces non occupées, ou bien lui permettre de traiter ses sujets temporaires comme il traite à ce point de vue ses propres sujets[1]. Ni l'une ni l'autre de ces propositions n'a été admise, et l'art. 5 de la déclaration décide que l'occupant ne percevra que les impôts déjà établis dans le pays au profit du gouvernement légal.

Telle est, en effet, la solution juste. On comprend que l'occupant encaisse les sommes considérées en tout temps comme équivalant aux charges de l'administration, mais ce que l'on ne comprendrait pas, c'est qu'il pût exiger d'une population qui, en somme, lui est étrangère, ces sacrifices extraordinaires que, dans un esprit de patriotisme, un souverain exige parfois de ses sujets. Et puis, où irait-on dans cette voie, et que deviendrait le principe universellement reconnu de l'inviolabilité de la propriété privée, s'il était permis à l'occupant d'absorber progres-

---

[1] *Actes de la Conférence,* pp. 113 et ss.

sivement la richesse entière du pays occupé, par le moyen d'impôts habilement gradués ? Ici, comme en matière de contributions ou d'amendes ? il faut assigner au droit du vainqueur une limite rigoureuse, à peine de retourner tout droit à ces pratiques anciennes que l'on est d'accord pour répudier[1].

Naturellement, l'occupant supportera les charges ordinaires de l'administration, et seul l'excédent des impôts sur ces charges constituera son bénéfice.

Nous avons ainsi caractérisé la situation faite au patrimoine de l'État par le fait d'une occupation militaire ; quant au patrimoine des communes, hospices, institutions publiques ou charitables, le vœu des publicistes actuels est de le voir considérer comme patrimoine des particuliers. Peut-être ce vœu sera-t-il d'une réalisation difficile, surtout à l'endroit des biens des communes[2].

Dans l'accomplissement de sa fonction d'administrateur, l'occupant sera toujours obligé d'amender par voie de lois, de décrets ou d'ordonnances, la législation du pays occupé. La mesure de ces changements pourra être variable (et nous verrons bientôt sur quelle partie du droit ils portent de préférence), ces change-

---

[1] En réalité, tout impôt nouveau est une contribution de guerre déguisée, et nous savons déjà quels dangers résultent de ce système des contributions à outrance.
[2] Bluntschli, § 651.

ments eux-mêmes seront inévitables. Ces lois et ces ordonnances n'auront jamais qu'une autorité limitée à la durée de l'occupation, mais ce qu'il faut bien marquer ici, c'est que tous les actes juridiques accomplis soit par l'État occupant, soit par les particuliers placés sous son pouvoir, en vertu des droits qu'ils tiennent desdites lois et ordonnances, seront complètement valables, non seulement pour la période de l'occupation, mais encore pour la période où le souverain légal aura repris son autorité.

En conséquence, les lois et règlements portés par l'occupant pendant la période d'occupation, les actes passés par le ministère de ses fonctionnaires, les jugements émanés de juridictions par lui instituées doivent être considérés comme bons et valables par le gouvernement légal, lorsqu'il aura récupéré les provinces dont l'occupation ennemie lui avait ôté pendant un temps l'administration[1]. Cette loi générale de validité n'est soumise qu'à une seule condition, que l'occupant n'ait

---

[1] Lœning, *l. c.*, 1872, p. 634. Ce principe est admis par la jurisprudence française : « Attendu qu'une coutume aussi ancienne qu'universelle des peuples civilisés est devenue une maxime incontestable du droit des gens, c'est que les faits, les actes, les contrats, les jugements intervenus entre les habitants pendant l'occupation d'un pays conquis, et revêtus du sceau de l'autorité publique (qui n'est jamais censée défaillir dans les sociétés humaines), restent obligatoires et sont exécutoires après la retraite du conquérant comme ceux intervenus avant la conquête... » (Cass. Req., 6 avril 1826. S., 1826, 1, 383.)

pas outrepassé les bornes mises à ses pouvoirs par le droit des gens. Dans ces limites, les actes par lui faits sont justes et corrects au point de vue international, ils s'imposent au respect de tous, et la circonstance qu'il s'agit d'actes faits par des ennemis, n'a rien qui puisse en infirmer la validité. Au reste, il est aisé de voir que si l'on en décidait autrement, si l'on permettait au gouvernement légal de tenir pour non avenus les actes faits par son ennemi, l'existence d'une réglementation juridique internationale de l'occupation perdrait la plus grande partie de son utilité. La vie sociale, que notre droit a pour mission de sauvegarder, même en présence de l'ennemi, serait vite paralysée, et l'on renoncerait à nouer aucun rapport, si l'on savait que la cessation des hostilités dût fatalement entraîner la dissolution des résultats que l'on en attend.

La reconnaissance des droits d'administration de l'occupant sur le territoire occupé a un corollaire sur lequel on n'insiste point d'habitude autant qu'il conviendrait. La légitimité des droits de l'occupant emporte comme conséquence nécessaire l'illégitimité de toute intervention du gouvernement légal dans le domaine réservé au premier. Les droits ordinaires du souverain sont suspendus, paralysés, ils sont même annihilés pendant la durée de l'occupation, non seulement en fait, à cause de son impuissance, mais en raison aussi, parce qu'il n'est pas admissible que les habitants de ce territoire soient assujettis à servir deux maîtres à la fois. Dans l'intérêt même des malheureuses populations qui supportent le poids d'une invasion étrangère, le souverain devra s'abstenir de tout ordre et de toute défense susceptible de contrarier l'exécution des mesures prises par l'occupant dans les limites de son droit. Ce n'est pas sans raison que l'on a critiqué à ce point de vue certains décrets du Gouvernement de la Défense nationale, ceux par exemple qui tendaient à entraver le cours de la justice criminelle dans les provinces occupées par les Allemands (Décret du 19 nov. 1870). Mais on est allé trop loin aussi dans la voie de la critique, lorsque l'on a prétendu que tous les ordres adressés aux habitants de ces provinces étaient irréguliers. Le pouvoir de l'occupant est partiel et limité : là où il cesse, l'autorité du souverain légal reprend son empire. Le Gouvernement français avait ainsi incontestablement le droit d'interdire à ses fonctionnaires de demeurer au service de l'Allemagne. L'Allemagne n'avait pas le droit de le leur ordonner, par là même la France conservait le droit de le leur défendre.

Il s'élèvera toujours en cette matière nombre de questions assez délicates, et c'est en s'inspirant d'une analyse aussi exacte que possible de la situation de l'occupant que l'on parviendra à les résoudre d'une façon satisfaisante.

DIX-SEPTIÈME CONFÉRENCE.

De l'occupation militaire (suite et fin). — Droits et devoirs des habitants du territoire occupé. — Conservation de la nationalité. — Maintien des lois civiles et pénales. — Devoir d'obéissance de l'habitant. — Loi martiale. — Ses caractères. — Questions diverses relatives à ce sujet. — Pénalités, responsabilité des communes. — Otages. — Conclusion. — Occupation dans une guerre civile. — Des chemins de fer en temps de guerre. — Considérations générales. — Réquisitions relatives aux chemins de fer. — Droits de l'occupant sur les chemins de fer du pays occupé. — Saisie. — Destruction. — Sort du matériel roulant. — Exploitation. — Tarifs. Employés. — Profits de l'exploitation. — Projet de M. de Stein. — Télégraphes. — Câbles sous-marins.

Nous avons jusqu'ici envisagé l'occupation au seul point de vue des intérêts généraux du pays occupé. Changeons maintenant de terrain et étudions les modifications apportées par la survenance de cet état dans la condition particulière des habitants de ce pays. Quels sont leurs droits et quels sont leurs devoirs vis-à-vis du vainqueur dont les vicissitudes de la guerre leur imposent l'autorité?

Les idées générales que nous avons posées en nous occupant de l'effet d'une occupation militaire sur l'administration du territoire occupé nous apparaissent comme également riches en conséquences pratiques, si maintenant nous nous appliquons à étudier la situation de la population de ce territoire. La souveraineté, nous le savons, subit un simple déplacement et non un changement radical. Nous allons en conclure que le fait d'une occupation militaire n'a aucune influence sur la nationalité des habitants de ce territoire. Ils restent le lendemain de l'occupation ce qu'ils étaient la veille ; nés au cours de cette période, leurs enfants n'en recueillent pas moins la nationalité de leurs parents, et la présence d'une autorité ennemie au lieu de leur domicile n'affaiblit en rien le lien qui les rattache à leur patrie. Par conséquent, l'occupant dépasserait ses pouvoirs en exigeant des habitants un serment de fidélité que seuls les sujets doivent à leur souverain [1], par conséquent aussi, ils ne perdent pas leurs titres à l'exercice de leurs droits politiques si une occasion se présente de les manifester.

---

[1] Dahn, p. 7 ; Lueder, § 118, p. 513 et p. 519, n. 10 ; Lœning, *l. c.*, 1872, p. 633 ; Bluntschli, § 551, n. 1 ; Geffcken sur Heffter, p. 300, n. 1 ; Guelle, II, p. 46 ; Fiore, art. 1085 ; Décl. de Bruxelles, art. 37. A plus forte raison serait-il contraire aux principes de contraindre les habitants du pays occupé à entrer dans les armées de l'occupant. (Bluntschli, § 576.) Hall (p. 394) rapporte cependant que cette réserve n'était point dans les principes du grand Frédéric : « Frederic II in his general Principles of War lays down that if an army takes up winter quarters in an enemy's country it is the business of the commander to bring it up to full strength ; if the local authorities are willing to hand over recruits, so much the better, if not, they are taken by force' ».

C'est par une application correcte de ces principes que l'autorité allemande permit aux habitants de l'Alsace et de la Lorraine dite allemande de prendre part aux élections pour l'Assemblée nationale [1]. Bien que l'Allemagne eût l'intention arrêtée de s'annexer ces provinces, qu'il fût en outre certain, au moment où ces élections furent faites, que rien ne s'opposerait à la réalisation de ce projet, cependant on permit aux habitants d'envoyer une dernière fois leurs représentants à une assemblée française. L'autorité allemande prit seulement sur elle d'interdire les réunions publiques, mesure que les circonstances justifiaient suffisamment [2].

De même que les lois politiques, les lois civiles et pénales demeurent en vigueur dans le sein du pays occupé. Les transactions de la vie civile peuvent donc s'opérer avec autant de sûreté sinon de facilité qu'auparavant. Peut-être le cours de la justice viendra-t-il à être entravé, et l'action de la loi demeurera-t-elle suspendue, elle n'en sera pas pour cela moins vivace, et les droits créés, les situations régulièrement acquises trouveront leur sanction dès que le rétablissement de la paix permettra d'inaugurer un ordre de choses plus régulier [3].

---

[1] Albert Dumont, *Revue des Deux-Mondes,* 1871, p. 423.
[2] Lœning, *l. c.*, 1873, p. 122.
[3] Personne ne doute de la persistance de l'autorité des lois civiles du pays pendant la durée de l'occupation ennemie (Calvo, IV, pp. 219

La persistance des lois pénales n'est pas moins certaine, elle est encore plus nécessaire, et s'il arrive que sur ce terrain encore l'action de la justice puisse se trouver entravée par l'effet de la présence ennemie, cette action pourra au moins se faire sentir après la restitution du pays à son légitime souverain. Alors la circonstance que le délit a eu lieu pendant l'occupation serait invoquée en vain à titre d'excuse par le coupable. Nos tribunaux ont fait de ce principe une curieuse application après la guerre de 1870 [1]. Le buffetier de la gare de Gisors avait,

---

et 220). Sans doute, l'occupant conserve le droit de suspendre ou de modifier celles de ces lois qu'il jugerait contraires aux intérêts de son armée, mais précisément parce qu'il s'agit ici du droit civil, ce pouvoir trouvera peu d'occasions de s'exercer, et l'empire des lois civiles ne recevra généralement aucune atteinte du fait de l'occupation. Les lois sur la responsabilité civile sont peut-être, de toutes, celles qu'il pourra le plus souvent devenir nécessaire de modifier.

[1] Morin, I, p. 412, et Rouen, 16 juin 1871. Nous avons vu précédemment (16ᵉ Conférence, p. 206, n. 2) que les lois pénales territoriales ne sont point applicables, en temps d'occupation, aux crimes et délits commis par un habitant contre un militaire appartenant à l'armée d'occupation. C'est là une restriction notable à leur autorité normale. La jurisprudence française a suivi cette doctrine à l'occasion d'un fait d'empoisonnement imputé à un Mexicain contre des soldats de l'armée française (Cass., 24 août 1865). Pendant l'occupation de Rome par l'armée française, et encore que l'on ne fût point en guerre à cette époque, la Cour de cassation française a maintenu de même que tout attentat dirigé par des Italiens contre des soldats français tombait sous le coup des lois pénales françaises (Cass., 19 janvier 1865, S., 65, I, 53). Cette extension des principes est juste, car il y a là une mesure de précaution rendue nécessaire moins par l'état de guerre que par la présence d'une armée française en territoire étranger. Sur

à l'approche de l'ennemi, enfoui dans une cachette sa provision de vins fins. Au cours de l'occupation prussienne, un habitant dénonca la cachette à un soldat allemand et l'aida à retirer son contenu. Cet individu fut après la paix poursuivi et condamné pour complicité de vol. Devant la cour de cassation il essaya de se prévaloir de ce que son délit avait été commis pendant l'occupation. Il lui fut répondu que cela ne changeait rien à sa culpabilité, l'effet des lois criminelles étant entièrement indépendant de cette circonstance.

Jusque-là donc le fait de l'occupation laisse intact l'état de droit existant avant qu'il n'eût pris naissance. Mais en même temps il engendre de nouveaux devoirs à la charge de l'occupé : ce sont ces devoirs qui naissent de l'occupation et sont destinés à s'éteindre avec elle que nous avons plus particulièrement à considérer. En retour de la protection qu'elle lui accorde, l'armée occupante est fondée à exiger de la population une certaine obéissance, et si l'on considère que ce rapport de droit s'établit invariablement dans des circonstances fort

---

ces divers points, v. Morin (II, ch. XXI) dont la compétence s'affirme dans une excellente dissertation. Cf. Lœning, pp. 69 et ss.— V. aussi, au sujet de certaines difficultés soulevées pendant le séjour de l'armée française en Tunisie, un article anonyme publié dans le « Journal de droit international privé, 1882 », pp. 511-52, sous ce titre : *De la juridiction des armées d'occupation en matière de délits commis par des étrangers contre les militaires.*

tendues, pleines de dangers pour l'armée et de menaces pour l'ordre public, on comprend qu'il soit nécessaire de fulminer des ordonnances fort rigoureuses contre quiconque s'aviserait d'enfreindre les mesures d'ordre qui ont été prises [1].

L'ensemble de ces mesures est ce que l'on appelle la loi martiale. Ce n'est pas le code criminel militaire dont l'application reste limitée aux soldats de l'armée d'invasion; ce n'est pas davantage la loi pénale ordinaire qui subsiste et obtient son effet dans les rapports réciproques des habitants du pays occupé: c'est une loi pénale supplémentaire et exceptionnelle, correspondant aux besoins particuliers d'une situation elle aussi exceptionnelle [2]. Le but de la loi martiale est de maintenir

---

[1] Bluntschli, § 573 ; Lueder, § 112, pp. 470 et ss. ; Fiore, art. 1080; Guelle, II, p. 13 ; Acollas, p. 62 ; Morin, II, ch. xx, § 2. Une conséquence logique de l'existence de ce devoir international d'obéissance est que, de son côté, le gouvernement légal doit s'abstenir de provoquer les habitants du pays occupé à la désobéissance envers l'ennemi. Pour avoir manqué dans une circonstance bien connue à cette obligation, le gouvernement de la Défense nationale s'est exposé à des reproches fondés.

[2] L'expression de loi martiale est fort connue, mais sa signification exacte est loin d'être bien déterminée. Au témoignage de Merlin, on a appelé d'abord loi martiale une loi française, du 21 oct. 1789, qui enjoignait aux municipalités de faire appel aux forces militaires en cas de péril pour l'ordre public. D'après l'art. 4 des Instructions américaines « la loi martiale n'est autre chose que l'exercice de l'autorité militaire, conformément aux lois et aux usages de la guerre ». Cf. Fiore, art. 1090 ; Morin, II, pp. 380 et ss.; Rüstow, p. 221. On arrivera

dans le calme la population du pays envahi, elle frappe de peines toujours très rigoureuses les actes délictueux dirigés contre un soldat quelconque de l'armée d'occupation ainsi que ceux qui, sans viser spécialement une personne déterminée, sont accomplis dans le dessein d'entraver les opérations de cette armée[1].

La loi martiale, loi d'exception, échappe aux diverses règles qui, en temps ordinaire, limitent l'effet de toute loi de caractère pénal. On ne requiert point d'elle qu'elle présente ce caractère de détermination rigoureuse qui est la condition essentielle de toute loi criminelle. Ce n'est pas une loi promulguée une fois pour toutes, mais une série *à priori* indéterminée de prescriptions que les

---

à une notion nette de la loi martiale en appliquant cette expression aux seules lois pénales qui visent les rapports des soldats avec les habitants du pays ennemi (Cf. ce que nous avons dit précédemment des cours martiales). La loi martiale se distinguera alors nettement, soit de la législation criminelle ordinaire du pays, soit de la législation militaire que transporte avec elle l'armée d'occupation, et on pourra la définir l'ensemble des prescriptions exigées pour la sûreté de l'armée pendant son séjour en territoire ennemi. Remarquons de plus que l'utilité de la proclamation de la loi martiale existe en cas d'invasion comme en cas d'occupation, mais que dans le premier de ces deux cas son contenu devra se borner aux mesures prises en vue de la sécurité personnelle du soldat. Jusqu'au moment de l'occupation, l'habitant n'a qu'un devoir envers l'ennemi, le devoir de s'abstenir de toute agression contre ses soldats. Ainsi le fait de détruire un pont est punissable en cas d'occupation, mais non pas en cas de simple invasion, — à notre avis du moins. Cf. art. 63 et 64 du Code de justice militaire français.

[1] Bluntschli, § 541.

chefs responsables du maintien de l'ordre et de la conservation des troupes sur le territoire qu'elles occupent font varier à leur gré. De là l'usage de ces proclamations que les généraux ne manquent jamais de faire au moment de leur entrée sur le territoire ennemi, proclamations vraiment indispensables, car il serait barbare de punir des habitants sans avoir auparavant porté à leur connaissance la liste des actes qu'on entend leur interdire[1]. Ce n'est pas davantage une loi dont les rigueurs soient proportionnées à la criminalité des actes qu'elle prévoit. Son criterium est différent. Ce qu'elle vise, ce sont les dangers que l'armée est exposée à courir du fait de la population, et tel acte qui, en temps ordinaire, serait frappé d'une peine insignifiante ou même ne serait pas puni du tout peut, sous l'empire de la loi martiale, entraîner contre son auteur l'application des châtiments les plus graves[2]. Le jugement des infractions de cet ordre est soustrait aux juridictions ordinaires qu'il ne convient pas de faire intervenir dans des fonctions d'une nature aussi délicate, et confié à des juri-

---

[1] Lœning, R. D. I., 1873, p. 72.
[2] Rüstow dit justement que les crimes de guerre (Kriegsverbrechen) ne sont et ne peuvent être rien autre que la somme des actions des habitants du pays qui causent un dommage à l'envahisseur et lui sont naturellement désagréables (p. 222), mais il va trop loin lorsqu'il prétend qu'il ne peut y avoir sur ce point ni droit ni justice véritables. Le droit est plus étendu, la justice plus rigoureuse, mais l'un et l'autre peuvent et doivent encore exister.

dictions militaires, les cours martiales, constituées à cet effet. Bluntschli pose à cet égard des règles fort sages dont voici le résumé. Le droit d'édicter des lois martiales dérive de la nécessité et doit être considéré comme absolu. Il importe peu que ces lois soient contraires à la constitution ou au droit commun du pays, elles n'en sont pas moins valables pour cela. Cependant les représentants de l'autorité militaire ne doivent jamais perdre de vue en les édictant les exigences de l'humanité, de la justice et de l'honneur. Leur sévérité même n'est pas indistincte et doit être proportionnée dans chaque cas aux dangers courus par l'armée. Enfin dans l'application de ces lois ils se garderont de s'abandonner à la passion, et respecteront les règles élémentaires de la justice[1]. Telles sont les limites placées sur ce point aux droits de l'autorité militaire : ces limites posées, il faut abandonner dans chaque cas aux généraux intéressés le choix des mesures à prendre. Un dernier trait à noter est que, dans l'application de cette loi, on a toujours considéré comme nécessaire l'admission de la responsabilité collective des habitants d'une localité au sujet des délits commis par l'un quelconque d'entre eux. Ce dernier point est, il est vrai, le plus délicat de tous, et nous verrons bientôt que l'admission de ce principe, s'il n'est pas contenu dans

---

[1] §§ 542, 543, 546, 548.

des bornes assez étroites, peut facilement conduire à des actes barbares et déshonorants[1].

Tels sont, en quelques mots, les principes théoriques de la matière; suivons l'application qui en a été faite par les autorités militaires allemandes en 1870-1871. Nous signalerons en passant les très nombreuses ordonnances de police prises par les commissaires civils adjoints aux généraux gouverneurs des provinces occupées. Il ne se passait guère de jours sans que l'on en vît éclore quelques-unes et pour les objets les plus divers, ordre de déposer les armes appartenant aux particuliers entre les mains des autorités allemandes, réglementation de la circulation, interdiction des attroupements, ordre d'éclairer les maisons, ordre de fermer ou d'ouvrir les boutiques, etc. C'était là une matière où se donnait beau jeu le caractère vexatoire de l'Allemand [2]. Souvent il arriva que la répression fut hors de proportion avec la gravité de l'offense. On cite l'exemple d'un malheureux curé de campagne qui fut fusillé, parce qu'on avait trouvé dans son église quelques fusils de munition hors de service que l'on y avait déposés dans le seul but d'éviter que l'on tentât d'en faire usage contre l'envahisseur [3].

---

[1] Fiore, art. 1090 n. ; Rolin Jaequemyns, R. D. I., 1872, p. 511 ; Halleck, p. 210 ; Bluntschli, § 643 a ; Lueder, § 112, n. 14, p. 473 ; Guelle, II, 219 et ss. ; Morin, II, pp. 42 et ss.

[2] Rambaud, dans la *Revue des Deux-Mondes,* 1871, I, p. 163.

[3] Nous empruntons ce fait à M. Morin, I, p. 554, n. 15. Comme il est

En dehors de ces mesures de police, la loi martiale fut établie dès l'entrée des troupes prussiennes sur le territoire français. Cet établissement forme le principal objet d'une proclamation qui fut simultanément rendue par les commandants supérieurs des armées allemandes le 18 août 1870 [1]. Nous remarquons dans cette proclamation les points suivants :

Elle institue la juridiction militaire dans toute l'étendue du territoire occupé contre les actes qui tendraient à compromettre la sécurité des troupes, à leur causer des dommages ou à prêter assistance à l'ennemi. Cette juridiction est déclarée en vigueur dans un canton aussitôt que l'acte l'instituant sera affiché dans une localité quelconque comprise dans ce canton. Cette dernière disposition peut à bon droit être critiquée. S'il est un principe d'une humanité élémentaire, c'est que l'on ne peut être frappé d'une peine en vertu d'une loi dont on ne connaissait pas l'existence, et, pour être juste, il aurait fallu au moins laisser un certain délai entre la promulgation de la loi et le moment de son application.

---

de mode dans une certaine école de décrier de parti pris tout ce que rapporte M. Morin, nous noterons qu'il s'agit du curé de Cuchery, près de Reims, et que le fait est aisé à vérifier.

[1] Cette proclamation est calquée sur les prescriptions d'une ordonnance royale prussienne sur l'organisation de la justice militaire en temps de guerre, en date du 21 juillet 1867. Les dispositions ont été heureusement modifiées par le Code pénal militaire allemand, du 20 juin 1872. (Lœning, *l. c.*, p. 81.)

Les actes frappés sont l'espionnage, le fait d'égarer les troupes auxquelles on sert de guide, le meurtre, les violences, le vol ou le pillage dirigé contre les troupes allemandes, la destruction des voies de communication, l'incendie, le fait de prendre les armes contre les troupes allemandes.

Tous les faits incriminés devaient être soumis à la juridiction des conseils de guerre. Ceux-ci ne pouvaient prononcer d'autres peines que la mort, et l'exécution de leurs arrêts devait en suivre immédiatement le prononcé. La sévérité sur ce point dépasse toute mesure, et les apologistes les plus chauds des victoires allemandes[1] ont cependant cru devoir adresser à cette disposition quelques critiques. Lœning[2] lui-même n'approuve pas cette uniformité barbare. De plus, comme l'explique Lœning, la mention des conseils de guerre n'excluait pas la possibilité pour un officier de faire fusiller un délinquant pris en flagrant délit sans aucune procédure préalable, faculté qui n'a jamais été admise dans les armées françaises. Au reste, la meilleure preuve de la barbarie de ces dispositions consiste dans ce fait que le Code pénal militaire allemand du 20 juin 1872 ne les a pas reproduites.

On trouve dans cette même proclamation le principe

---

[1] V. Rolin Jaequemyns, R. D. I.
[2] Lœning, R. D. I., 73, p. 80.

de la responsabilité des communes appliqué en un double sens, à savoir, à la commune auquel appartient le coupable et à celle sur laquelle a eu lieu le fait incriminé. Le premier cas de responsabilité est étrange, même absurde. Lœning affirme qu'il n'a pas été appliqué[1]. Pourquoi alors le mentionner ? Il est à noter de plus que souvent la responsabilité des communes a excédé les limites tracées par la proclamation, et que plus souvent encore elles ont été rendues responsables de faits perpétrés par des étrangers, et qu'il leur avait été complètement impossible d'empêcher [2].

---

[1] Lœning, R. D. I., 73, p. 78.

[2] Féraud-Giraud. *France judiciaire,* I, 483 ; Lœning, *l. c.*, pp. 75 et ss. Ce dernier auteur cherche à justifier le principe de la responsabilité des communes à l'aide de citations d'ordonnances et de lois françaises de la période intermédiaire. Il est étonnant qu'un jurisconsulte aussi consommé que l'est M. Lœning n'ait pas observé qu'il n'existe aucune ressemblance entre la situation d'une commune en temps de paix et sa situation en temps d'occupation. Qu'en temps de paix une commune, qui dispose d'une police municipale, qui a en outre le droit de recourir à la force armée toutes les fois que besoin est, soit dans une certaine mesure rendue responsable de méfaits qu'avec un peu plus de diligence ses officiers municipaux auraient pu empêcher, rien n'est plus juste, mais en présence d'une armée ennemie, les chefs de l'administration communale n'ont plus ni autorité matérielle, ni force publique à leur disposition. De moyens efficaces d'empêcher les délits de se produire, ils n'en ont pas ; faut-il frapper la commune, parce qu'ils ont négligé de dénoncer leurs propres concitoyens à l'ennemi commun ? La responsabilité des communes peut être envisagée comme une nécessité, mais c'est incontestablement une nécessité fâcheuse qu'il ne faut invoquer que dans le cas d'un

Les sévices des armées allemandes en 1870 ont été sans nombre. Sans nous attarder à les énumérer et pour ne pas nous exposer à des exagérations dépourvues de fondement, nous citerons deux faits incontestables et qui serviront de conclusion à cette étude, l'affaire du pont de Fontenay et la pratique dite des otages.

Un détachement de l'armée de Langres [1] parvint en 1871, fin janvier, à détruire une partie du pont du chemin de fer à Fontenoy près de Toul, puis elle se retira ayant fait quelques prisonniers qu'elle relâcha sans leur faire le moindre mal. C'était là un fait de guerre parfaitement licite. Cependant, il eut pour conséquence que le village absolument étranger à tout cela fut brûlé à deux reprises différentes, que des personnes périrent dans les flammes. Il y eut plus : on requit, à Nancy, des ouvriers pour la réparation du pont, et comme il ne s'en présentait pas, le préfet allemand, comte Renard, commença à faire fermer tous les ateliers, puis menaça, à titre de représailles, de faire fusiller un certain nombre d'ouvriers

---

danger pressant. Si l'on se soucie d'être juste, il faudra examiner d'abord si la commune est en faute, si mieux administrée elle eût prévenu les infractions dont on se plaint, si ses chefs avaient en main la force nécessaire pour se faire obéir. En dehors de ces conditions, une répression n'est justifiable qu'en cas de délit également imputable à tous les habitants, en cas d'injures publiques adressées aux corps d'occupation, par exemple.

[1] Rambaud, *l. c.*, pp. 171 et ss. Cf. Valfrey, *l. c.*, t. III, dern. chap.

pris au hasard. Ces faits se passent de tout commentaire, et rendent bien difficile en vérité la tâche des défenseurs des habitudes allemandes.

La résurrection de la pratique des otages eut lieu à deux occasions différentes, comme mesure de représailles contre la détention prétendue illégale des officiers des navires de commerce allemands qui avaient été capturés (nous nous en sommes occupé déjà), puis à l'occasion des dégâts que subissaient les voies ferrées en territoire occupé. A diverses reprises des notables furent obligés de monter sur les locomotives et d'accompagner les trains chargés de troupes. Les auteurs allemands approuvent fort cette façon de faire : à des dangers nouveaux, il faut, disent-ils, des remèdes nouveaux, et celui-là est merveilleusement approprié à la situation[1]. Pour moi une pratique de ce genre me semble

---

[1] La pratique des otages est naturellement une des mesures qui ont suscité les plus ardentes controverses. Lueder (§ 113, pp. 476, 477), Lœning (R. D. I., 1873, p. 88) et Dahn (cité par Lueder, § 113, n. 11) ont entrepris, avec un courage vraiment louable, la défense de cette invention nationale. Rolin Jaequemyns n'a pas cru pouvoir le faire (R. D. I., 1870, p. 670; 1871, p. 338), Bluntschli (§ 600, n. 2) paraît avoir hésité. Chez tous les autres auteurs, sans distinction de nationalité, la condamnation de cette pratique est unanime (von Calvo, Guelle, u. s. w. nicht zu reden, dit assez plaisamment Lueder). A la vérité, l'argumentation des défenseurs des procédés allemands est assez pauvre. Elle consiste à faire observer que les notables exposés sur des locomotives n'étaient pas des otages au sens propre du mot, qu'à un nouveau système de guerre il faut des moyens nouveaux, que les mesures prises étaient nécessaires et qu'elles ont été efficaces. Nous

du ressort de la pure lâcheté et me rappelle le procédé de ces émeutiers qui poussent devant eux des femmes et des enfants pour échapper aux dangers d'une lutte loyale.

Une armée doit savoir se protéger, une armée doit savoir affronter sans trembler les dangers de la guerre et ceux-là seront toujours et partout des misérables qui essaieront de se préserver en faisant partager leurs dangers à des tiers qui n'ont aucun titre à prendre part aux hostilités.

Nous aurions terminé sur cette matière de l'occupation s'il n'était nécessaire de dire quelques mots d'une catégorie particulière de délits que l'on trouve men-

---

nous permettrons de faire observer que, quelle que soit la valeur de ces prétendues raisons, la question n'est pas là. La question est de savoir s'il est permis à une armée de restreindre les dangers que comporte pour elle l'état de guerre, en associant par force à ses destinées des non combattants, compatriotes des ennemis qu'elle a à combattre. Car, il faut le remarquer, ces notables choisis comme boucliers étaient, par leur présence, destinés à prévenir toutes détériorations de la voie, aussi bien celles qui pouvaient provenir de combattants réguliers et à ce qualifiés, que celles qui pouvaient avoir leur source dans des actes coupables des habitants. L'objet véritable de cette pratique était donc d'écarter une sorte particulière de dangers de guerre en exposant d'abord à ces dangers des non combattants. C'est par là qu'elle mérite l'appréciation portée au texte. On remarquera, en outre, que la nécessité qu'on allègue n'existe en réalité pas, attendu qu'une surveillance exacte suffit à rendre impossibles les faits criminels contre lesquels il s'agit de se prémunir. Sur les faits eux-mêmes, V. Guelle, II, p. 52.

tionnée dans les ouvrages les plus récents sous le nom de trahison de guerre. La conception de la trahison de guerre *(Kriegsverrath)*, qui paraît allemande d'origine[1], consiste à étendre la qualification de trahison et la criminalité qui s'y rattache aux actes des habitants d'un pays occupé lorsqu'ils sont dirigés contre l'armée occupante. Ces habitants sont ainsi assimilés aux sujets de l'ennemi, et réputés tenus envers celui-ci des mêmes devoirs qu'eux. Une pareille assimilation est fausse, cruelle et dangereuse. Elle est philosophiquement fausse, et le mot trahison n'a aucun sens en cette matière. Les habitants d'un pays occupé peuvent se rendre coupables de désobéissance, de rébellion, ils ne peuvent pas se rendre coupables de trahison. Une trahison suppose la violation du devoir de fidélité dont un homme est tenu envers sa patrie, elle implique l'inexistence de ce sentiment d'affection et d'honneur qui interdit à tout citoyen de rien faire contre son pays. Comment prétendre imputer un pareil délit à un individu soumis par la force des circonstances à un peuple étranger et ennemi? Il n'a envers son vainqueur aucune obligation morale, il ne

---

[1] On trouve le mot et la chose chez Bluntschli, §§ 631-634 ; Dahn, p. 18 ; Lueder, § 112, p. 471. Le Code pénal militaire allemand (§§ 58, 90, 160, 161. — Lœning, *l. c.*, p. 82) assimile au point de vue de la trahison les habitants des pays occupés par les troupes allemandes aux sujets allemands.

peut pas devenir traître à un devoir qui n'existe pas. Pratiquement, le plus mauvais côté de cette doctrine est qu'elle peut servir d'excuse aux peines draconiennes édictées contre des actes presque indifférents. Lorsque l'on met en avant l'idée de trahison, nul châtiment ne semble à la hauteur de l'offense, et de simples peccadilles sont justement punies de mort qui n'auraient justifié que la plus légère des peines si cette même idée avait été écartée. Elle permet en outre d'étendre fort loin la classe des faits punissables. Et, en effet, on considère comme rentrant dans le Kriegsverrath non seulement le cas du guide qui égare l'armée ennemie, mais la communication de nouvelles concernant l'armée d'occupation (encore qu'elles n'aient pas été obtenues par espionnage), la diffusion de faux bruits, et même (les auteurs allemands n'en doutent pas) le refus opposé à l'ennemi de trahir sa propre patrie[1]. Lorsqu'une doctrine aboutit à un pareil mépris des lois de l'honneur, elle est suffisamment jugée. Sans doute nous ne prétendons pas que ces faits ne puissent être punis dans l'intérêt de la discipline, mais nous soutenons qu'il est injuste et barbare de leur appliquer les peines de la trahison.

Est-il possible de tirer une conclusion générale de ce

---

[1] Il résultera de là notamment qu'un habitant du territoire occupé ne pourrait, à peine de trahison, servir de guide aux troupes de sa propre patrie si elles parviennent à y rentrer.

que nous venons de dire sur la situation des habitants d'un territoire occupé? Cela peut paraître difficile au premier abord. Cependant il est utile de faire remarquer que, bien que les habitants susdits soient tenus d'un devoir incontestable d'obéissance envers l'occupant, ce devoir n'a ni les caractères ni l'étendue de celui dont un citoyen est tenu envers sa patrie. Celui-ci a pour fondement un devoir moral absolu qui lui donne un caractère illimité, le second repose sur une pure nécessité de fait et doit être renfermé dans les conséquences directes qu'elle entraîne. L'occupant a un double droit : 1° celui de prendre les mesures propres à sauvegarder son armée des dangers particuliers que l'occupation peut lui faire courir, afin que cet état de fait ne compromette nullement le succès des opérations dans lesquelles elle est engagée ; 2° celui d'émettre toutes les prescriptions nécessaires au maintien de l'ordre public et à la continuation paisible des relations sociales sur le territoire occupé. C'est uniquement dans la limite de ce qui est nécessaire à ce double objet qu'il peut réclamer des habitants une obéissance quelconque. Encore son droit sur ce point n'est-il ni arbitraire, ni illimité. Il ne peut rien faire qui soit contradictoire au devoir de fidélité dont ces habitants demeurent tenus envers leur patrie. La justice et l'honneur lui interdisent soit de les faire participer à ses opérations militaires, soit de les associer volontairement aux dangers qu'elles entraînent, soit d'exiger d'eux tout service qu'ils pourraient considérer comme contraire aux intérêts de leur patrie. Nous remarquerons enfin que le pouvoir de l'occupant étant tout de nécessité ne justifie de sa part que les mesures vraiment indispensables. On ne songe pas, lorsque l'on reconnaît à l'occupant le droit à l'intimidation et aux mesures draconiennes, que le plus souvent cette ressource ne lui est pas nécessaire. Possesseur exclusif du territoire sur lequel il est établi, il a deux moyens différents d'empêcher les actes qu'il sait devoir lui être défavorables ; il peut procéder par voie de prévention grâce à l'établissement d'une bonne police, et par voie de répression au moyen des rigueurs de la loi martiale. Les droits de l'humanité ne devant jamais être négligés, on peut établir cette loi que l'occupant doit toujours essayer de la prévention avant d'arriver à la répression, simplement parce que cela lui est possible. Telle n'est pas la pratique, il est vrai, mais il est de la pratique de se modifier constamment, et un jour viendra, nous l'espérons, où cette idée formera l'une des bases de la matière de l'occupation militaire [1].

---

[1] On peut se demander si la théorie de l'occupation militaire est susceptible d'application dans les cas de guerre civile. En principe, elle ne l'est pas ou au moins elle ne l'est pas dans les termes que nous venons de définir. Aussi ne s'étonnera-t-on pas de voir les Ins-

Et maintenant, pour terminer l'étude de cette théorie de l'occupation militaire et avec elle l'analyse des rapports d'une armée en campagne avec la population du pays où il se trouve, il faut envisager séparément une question récente par son origine, mais d'une importance pratique que les faits de nos dernières guerres ont pleinement mise en lumière, la question du régime international des chemins de fer en temps de guerre[1].

tructions américaines, très sobres sur ce point, porter des règles sensiblement différentes de celles qui sont généralement admises (art. 26, 31, 32, 33). Une guerre civile a un caractère purement politique; il ne s'agit point là de conquête mais d'une question de gouvernement, mais aussi a-t-elle le caractère de guerre d'extermination en ce sens que l'existence des deux pouvoirs en présence est généralement contradictoire, et que la guerre aura nécessairement pour résultat de faire complètement disparaître ou l'un ou l'autre d'entre eux. Chacun des partis en présence considère le pays litigieux comme sa propre chose, aussi est-il impossible de leur demander de s'abstenir de faire des recrues sur le territoire qu'ils occupent ou même de ne pas le considérer absolument et à tous égards comme leur domaine. Il y a là une situation bien particulière et qui n'a pas encore été à notre connaissance étudiée comme elle mériterait de l'être. L'idée dominante en cette matière nous paraît devoir être celle-ci. Il faut faire deux parts dans les règles de l'occupation. Celles d'entre elles qui visent la protection des intérêts particuliers (famille, propriété) doivent être maintenues, celles au contraire dont le principe est le respect de la souveraineté de l'ennemi n'ont aucun titre à se voir appliquées.

La théorie juridique de l'occupation devrait subir également de profondes modifications dans les guerres poursuivies contre des non civilisés.

[1] V. de Stein, *Le droit international des chemins de fer en cas de guerre*, R. D. I., 1885, pp. 332 et ss.; Moynier, *Droit international des*

S'il est dans notre domaine une question d'avenir, c'est celle-là plus que toute autre. La possibilité de transporter des troupes d'une extrémité d'un pays à l'autre en un temps relativement très court a changé l'art de la guerre tout autant que la facilité nouvelle des voyages due à cette admirable invention a modifié les industries de la paix. On y a vu le moyen de précipiter presque en un instant un torrent humain sur le territoire ennemi, la possibilité d'animer les mouvements de troupes d'une rapidité sans exemple, la perspective d'assurer aux armées même les plus compactes toutes les ressources nécessaires à la satisfaction de leurs besoins journaliers, et l'expérience des dernières campagnes a montré qu'il n'y avait rien d'exagéré dans les espérances que l'on pourrait fonder sur les services dont les chemins de fer seraient susceptibles en temps de guerre. De Molkte a dit, paraît-il : aujourd'hui c'est avec des chemins de fer que l'on gagne les batailles, sa carrière militaire tout entière est une preuve de la véracité de son dire.

Aussi est-ce à l'envi qu'aujourd'hui toutes les puissances s'empressent d'organiser jusque dans ses détails les plus infimes le service de ses chemins de fer en cas de guerre. Les unes, comme l'Allemagne, ont tout mili-

chemins de fer en temps de guerre, R. D. I., 1888, pp. 362 et ss.; Buzzati, *Chemins de fer en temps de guerre,* R. D. I., 1888, pp. 383 et ss.

tarisé dès le temps de la paix pour être plus sûres de se trouver prêtes au jour où les hostilités viendront à s'ouvrir ; les autres, comme la France, ont, à côté de leur exploitation régulière et normale du temps de paix, préparé tout un système nouveau destiné en temps de campagne à se substituer au premier. Les unes et les autres ont parfaitement compris qu'une exploitation intelligente de leurs voies ferrées serait dans l'avenir l'un des facteurs les plus considérables du succès, et résolues à tirer de cette ressource tout le parti qu'elle est à même de fournir, elles ont placé les chemins de fer sous la direction exclusive de l'autorité militaire[1].

Mais il nous importe peu. Nous ne pouvons pas ici procéder comme nous l'avons fait pour les réquisitions et traiter de notre législation nationale. C'est une matière essentiellement administrative et qui ne concerne que bien indirectement les rapports de l'autorité militaire avec les simples particuliers. D'autre part, en pays ennemi les règles du service en territoire national ne seraient évidemment plus applicables, car ces règles calquées sur l'organisation intérieure de nos voies ferrées perdraient toute convenance et toute application possible, transportées dans un pays régi par un système différent.

---

[1] Cf. *Aide-mémoire de l'Officier d'état-major*, IVe partie, ch. VIII, pp. 267 et ss.

Force nous est donc de nous cantonner rigoureusement dans le domaine du droit des gens.

La question des droits d'une armée sur les chemins de fer de l'ennemi a été examinée à plusieurs reprises soit par les jurisconsultes, soit par les sociétées vouées au progrès du droit des gens. Certains points ont été mis hors de doute, mais beaucoup d'autres demeurent encore dans le domaine de la discussion : c'est un motif de plus de les soumettre à l'examen le plus attentif.

On sait que les chemins de fer se composent de deux parties bien distinctes, la voie et ses accessoires immobiliers, quais, gares, magasins, puis le matériel roulant qui comprend les machines et les wagons affectés à la circulation. Ces deux portions d'un même capital n'ont pas toujours une condition juridique analogue, et nous allons voir que les différences qu'elles présentent à cet égard en droit intérieur se répercutent sur la condition qui leur est faite en droit des gens.

On remarquera en outre que l'exploitation des voies ferrées n'est pas confiée partout aux mêmes organes. Primitivement, les chemins de fer furent considérés comme des entreprises purement privées. On ne soupçonnait nullement alors la révolution qu'ils devaient amener avec eux, mais bientôt s'accusa la tendance de l'État à prendre la direction d'un service représentant à un degré aussi marqué les intérêts généraux de la nation. Cette tendance a abouti, dans certains pays, à rendre les chemins de fer propriété de l'État, il en est ainsi en Allemagne, en Italie, chez nous elle n'a pas conduit à des mesures aussi radicales, et le réseau est demeuré entre les mains des Compagnies auxquelles sa construction et son exploitation avaient d'abord été concédées. Il y a donc, suivant les pays, plusieurs régimes différents, il y aura également pour une armée des droits inégaux et divers, suivant qu'elle se trouvera vis-à-vis de l'État ou des sociétés de commerce qui ont reçu de lui le monopole de ce mode de transports. Ajoutons cependant que les différences que l'on rencontrera seront moins grandes que l'on ne pourrait se l'imaginer. Même lorsque l'État exploite un chemin de fer, les intérêts particuliers doivent entrer en ligne de compte dans la conduite de sa gestion. L'État, en se réservant ce droit qui n'est point une part essentielle de ses fonctions, succède aux obligations des particuliers qui l'eussent exercé à sa place, il se fait le serviteur salarié des besoins du public, il doit donc se conformer à ces besoins, à peine de faire perdre à son exploitation sa principale utilité. Et, inversement, une compagnie concessionnaire n'est pas libre non plus dans la jouissance de son droit. L'administration qui lui est confiée a une importance trop grande pour que l'État puisse s'en désintéresser entièrement comme il se désintéresserait des affaires d'une entreprise de voitures publiques. En échange du monopole qu'il lui accorde le plus fréquemment, et de l'assistance pécuniaire qu'il est trop souvent obligé de lui prêter, l'État impose à la Compagnie une série de devoirs fort étroits et se réserve pour lui-même un pouvoir de direction générale qui peut, dans les circonstances les plus graves, comme en cas de guerre par exemple, se transformer en une mainmise générale sur son personnel et son matériel.

En résumé, que l'État soit propriétaire ou qu'il ait reconnu ce droit à un concessionnaire, le caractère de la propriété ne varie guère. Tout chemin de fer est une entreprise d'une nature mixte dans laquelle un intérêt de l'État considérable coudoie des intérêts privés non moins considérables, où la propriété a nécessairement un caractère flottant et quelque peu indécis entre la propriété publique et la propriété privée.

Ces préliminaires peuvent sembler longs ; ils sont nécessaires cependant pour expliquer que les principes que nous avons posés jusqu'ici ne peuvent s'appliquer intégralement à ce dernier objet de notre étude ; la question des chemins de fer est, en droit des gens, une question réellement neuve et seules des solutions neuves pourront lui être convenablement appliquées.

La première difficulté qui se présente à nous concerne les droits de l'armée ennemie sur les immeubles dépendant du chemin de fer, la voie, les gares, les œuvres d'art. L'occupant n'acquiert évidemment pas la propriété de ces immeubles, et il importe peu, à ce point de vue, qu'ils appartiennent à des particuliers ou à l'État, mais dans ces deux cas il a le droit de s'en saisir et de les affecter aux besoins de son armée. On objecterait en vain l'inviolabilité de la propriété privée. Les chemins de fer constituent un puissant moyen d'action : il n'y a pas de raison qui tienne devant une semblable considération. Et puis, nous le savons, c'est méconnaître un côté important de la fonction de ces établissements que de vouloir les assimiler en aucun cas à une propriété exclusivement privée.

En droit, les chemins de fer sont au moins matière à réquisition, en fait, à raison de leur importance, ils seront toujours requis. Même M. Ferrand[1] observe très justement que les réquisitions de ce genre s'exercent d'une façon particulière. Il ne peut être question en matière de chemins de fer d'ordonner une réquisition toutes les fois que l'on éprouve le besoin d'utiliser les machines et les wagons de l'ennemi.

L'usage des chemins de fer étant permanent, le droit de réquisition se transformera ici en une mainmise générale qui fera passer les chemins de fer (qu'ils soient la

---

[1] *L. c.*, p. 68. Cf. *Déclar. de Bruxelles*, art. 6, § 2 ; *Manuel de l'Institut*, art. 51.

propriété de l'État ou celle des particuliers il n'importe) entre les mains de l'occupant pendant toute la durée de son occupation. (Cf. tit. VI, loi du 3 juillet 1877.)

L'occupant, qui a le droit d'user d'un chemin de fer, a-t-il aussi le droit de le détruire lorsque cette destruction peut aider en quelque chose ses opérations militaires? M. de Stein, auteur d'un travail important sur ce sujet, prétend qu'en dehors d'un fait de guerre tel (par exemple) qu'un bombardement, l'occupant ne peut pas détruire le matériel roulant d'un chemin de fer, lorsqu'il appartient à une Compagnie particulière[1]. Cette réserve a été très vivement critiquée et avec raison[2]. Il est possible qu'une armée ait tout intérêt à empêcher l'armée adverse d'user de son propre matériel. Où trouvera-t-on une bonne raison pour lui persuader de n'en rien faire? Il n'y a pas en jeu de question d'humanité, et l'intérêt des particuliers, si considérable qu'il soit, ne peut être mis en balance avec l'intérêt supérieur des opérations militaires. La destruction sera donc licite et, si plus tard une question d'indemnité vient à s'élever, ce sera entre la Compagnie et son propre gouvernement. L'occupant ne s'est pas enrichi au détriment de la Compagnie, il n'a pas excédé la mesure de son droit, il ne doit pas de réparation.

---

[1] *L. c.*, pp. 350, 351, M. de Stein admet au contraire la possibilité de détruire les immeubles dépendants du chemin de fer.

[2] Buzzati, *l. c.*, p. 404.

Les conséquences de cette faculté pourront cependant devenir, dans certains cas, fort regrettables, surtout s'il s'agit de la destruction de la voie et des ouvrages d'art qu'elle comporte, et ce n'est pas sans appréhension que l'on envisage l'hypothèse où un général croirait devoir anéantir, d'un seul coup de mine, un pont monumental qui a coûté des millions, un tunnel que de longues années de travail sont parvenues à creuser. Il y a là une perte nette qui peut être énorme et, pour l'avenir, la perspective de longs travaux pendant la durée desquels le commerce des deux pays sera peut-être gravement compromis. Ne pourrait-on pas limiter à la guerre seule les ravages que la guerre rend nécessaires, et arriver au prompt rétablissement des communications lors de la signature de la paix? Bien des fois déjà, la question s'est posée, et l'on se borne à recommander aux belligérants de poursuivre le but en causant le moins de mal possible, et spécialement d'épargner les travaux d'art les plus importants et dont le rétablissement serait le plus difficile. Il y a peut-être mieux à faire, et il nous semble qu'un accord bien facile préviendrait à cet égard toute cruauté. Il suffirait que les belligérants prissent l'engagement de respecter une destruction purement fictive à l'égal d'une destruction réelle. Un général notifierait à son adversaire son intention de détruire un pont, d'effondrer un tunnel, en offrant à ce dernier de s'en abstenir s'il prenait l'engagement de considérer pendant toute la campagne le passage sur ce point comme intercepté. Au besoin, les neutres veilleraient scrupuleusement à l'accomplissement de cette obligation, et l'on donnerait ainsi pleine satisfaction aux exigences militaires tout en se gardant de tout dommage hors de proportion avec le but à atteindre. Pour cela, le consentement des nations serait nécessaire, mais laquelle d'entre elles aurait le moindre intérêt à refuser le sien ?[1]

---

[1] Une combinaison semblable donnerait satisfaction au désir exprimé par M. Buzzati, dans sa remarquable étude (*l. c.*, p. 389), de voir conserver les ouvrages les plus importants. Il importe également de remarquer que le célèbre projet de M. de Stein (*l. c.*, pp. 351 et ss.) tendant à rassurer les intérêts du commerce international au moyen de la circulation de trains neutres sur le territoire des belligérants, rendrait nécessaire l'adoption de quelque mesure de ce genre. La zone des opérations militaires est surtout à la frontière des États belligérants et c'est précisément cette frontière qu'il serait nécessaire de laisser toujours accessible aux transports internationaux. Comment cela sera-t-il possible si une mine bien placée détruit un ouvrage dont le rétablissement demandera au moins plusieurs mois de travail ? Qu'importe à l'Angleterre que les chemins de fer de l'Ouest et du Midi de la France soient intacts, si l'obstruction des tunnels du Mont-Cenis et du Saint-Gothard interrompt ses relations avec Brindisi ? On peut dire que la liberté de la circulation neutre proposée par M. de Stein et soutenue par des autorités telles que Hall, Féraud-Giraud, Landa, de Bar (Moynier, *l. c.*, p. 372), ne sera possible qu'à la condition de garantir l'intégrité des œuvres d'art dans la zone des hostilités.

Cela est-il possible, nous le pensons. Il suffirait d'adopter un signal conventionnel indiquant que la destruction doit être considérée comme consommée, et à compter du jour où le signal serait arboré.

Sauf ce tempérament à adopter, toute destruction est licite lorsqu'elle s'explique par la poursuite d'un but militaire déterminé. Ajoutons que pour obvier aux accidents que pourrait entraîner, au détriment des trains en marche, la destruction d'une part quelconque de la voie, il sera sage de prévenir le service d'exploitation. Sur ce point encore, une réforme serait ensemble très utile et très facile. De même que l'on a adopté un signe conventionnel destiné à protéger le personnel et le matériel voués au secours des blessés, de même on pourrait, par un pavillon ou tout autre indice connu, marquer que la circulation est impossible ; on empêcherait ainsi des malheurs souvent épouvantables et qui ne sont d'aucune utilité au point de vue des opérations militaires[1]. Même une convention ne serait pas indispensable à cet égard, et la seule habitude prise par une armée de procéder ainsi, renseignerait suffisamment la population intéressée. Voilà quels sont les droits de l'armée sur les immeubles dépendant de

seuls les trains neutres internationaux pourraient encore circuler sur cette portion de la voie. On emploie des signaux pour la protection des blessés ou des monuments, et ils sont très généralement respectés. Pourquoi en serait-il autrement de celui-là ? Même si les neutres hésitaient à se charger du contrôle nécessaire, on pourrait simplement laisser auprès de l'ouvrage en question un piquet de sauvegarde avec la mission d'accomplir l'œuvre de destruction si le signe conventionnel adopté n'était pas respecté.

[1] Ce pavillon pourrait sans inconvénient être identique à celui dont il est question à la note précédente.

l'exploitation d'une voie ferrée. Mais, à côté de ce capital immobilier figure un capital mobilier, peut-être plus important encore. Quel sera le sort de ce capital, et quelle sera, par rapport à lui, la mesure des droits du vainqueur? L'opinion générale est qu'il faut distinguer, suivant la personne à laquelle appartient ce matériel roulant[1]. Si c'est l'État, comme ce matériel constitue un véritable moyen de guerre, il devient l'objet d'un butin légitime. Le vainqueur pourra donc l'incorporer dans son propre matériel, et il ne sera soumis à aucune obligation de restitution. Si c'est une Compagnie, l'ennemi aura sans doute la disposition de ce matériel, mais à charge de restitution au moment de la paix. Encore cette obligation disparaîtrait-elle pour les véhicules qui auraient été saisis chargés d'armes ou de munitions. Cette distinction a été très vivement attaquée, et avec raison suivant nous[2]. On exagère, lorsqu'on l'adopte, le caractère

---

[1] Calvo, IV, p. 261 ; Rouard de Card, *l. c.*, pp. 63 et 152 ; Hall, p. 355 ; Fiore, art. 1097, § 1 : de Stein, *l. c.*, pp. 350, 391. M. de Stein est conduit à cette distinction parce qu'il considère (p. 345) le matériel roulant comme un engin de guerre. Il y a là une exagération évidente. M. de Stein est, du reste, revenu sur sa première opinion.

[2] Guelle, II, p. 90 ; Morin, I, pp. 442 et ss. ; Lueder, § 118, n. 42, p. 523 ; Ferrand, *l. c.*, p. 75 ; Bluntschli, R. D. I., 1877, p. 548 ; Moynier, *l. c.*, p. 366 ; Buzzati, *l. c.*, p. 395. M. Buzzati cite à l'appui de cette opinion le § 645 *bis* du Völkerrecht de Bluntschli, et reproche à MM. Rouard de Card et Guelle, avec force exclamations ironiques, de n'avoir pas su le lire. M. Buzzati est dans cette circonstance d'au-

militaire d'un chemin de fer. Si, dans des circonstances données, il peut devenir à la guerre un auxiliaire précieux, il n'est jamais, par contre, un moyen de guerre proprement dit. La destination que lui donne un général est toute temporaire ; de plus, elle n'est jamais exclusive, car la machine qui remorque un jour un bataillon ou une batterie conduira le lendemain les habitants du pays ou leurs marchandises. Ce n'est pas, en un mot, un engin spécialement fait pour la guerre, et cela suffit pour qu'il échappe au sort réservé à de semblables engins. Nous admettrions une exception à l'égard des locomotives ou des wagons blindés, véritables canonnières de terre dont on s'est servi quelquefois pour pénétrer dans

---

tant moins excusable de railler les autres qu'il prête lui-même le flanc à la critique par sa légèreté. Que l'on en juge. Bluntschli nous dit dans son § 645 qu'un certain nombre de propriétés publiques, notamment « die Transport-mittel für das Heer sind der Wegnahme ausgesetzt, und fallen zur Verfügung und Benützung dem siegenden Heere zu... » Dans son § 545 *a* il ajoute : « Das Material der Eisenbahnen (Locomotiven und Personen-und Güterwagen) u. s. w. ... können sogar dann, *wenn sie Privatgesellschaften oder Privatpersonen angehören,* von der occupirenden Kriegsgewalt mit Beschlag belegt und zu der Kriegsführung verwendet werden, unter Vorbehalt der Rückgabe im Frieden und der Entschädigung *der Privaten* ». Est-il possible d'après cela de dire que Bluntschli est partisan de la restitution du matériel appartenant à l'État, et ne serait-on pas plutôt porté à dire avec Guelle que ce matériel rentre dans le § 545 et est sujet à appropriation. Si l'on peut compter Bluntschli parmi les partisans de notre opinion, c'est à cause de son étude par nous citée sur le droit de butin et nullement à raison des deux articles précités qui sont au moins fort obscurs.

les lignes de l'ennemi[1]. Ces véhicules appartiennent certainement à l'ennemi qui s'en empare. Quant à toutes les autres voitures, quel que soit leur propriétaire, elles sont soumises au même régime que les biens immobiliers. L'armée n'en acquiert pas la propriété, mais le simple usage. Il les emploiera au mieux de ses desseins et pourra les affecter, même exclusivement, s'il le juge utile, à ses transports militaires. Mais, une fois la guerre finie, il est obligé de les restituer à la personne, État ou Compagnie à laquelle elles appartiennent.

Telle a été aussi la pratique suivie en 1871 ; il est vrai de dire que toutes les voitures saisies par les Allemands appartenaient à des Compagnies françaises, de sorte que la question que nous venons de discuter ne s'élevait pas[2]. Après la conclusion de la paix, on restitua à chacune des Compagnies intéressées la part de son matériel qui avait été saisie. Mais cette restitution paraît avoir été bien imparfaite et bien lente; au moins s'éleva-t-il en France de nombreuses plaintes à cet égard[3]. Les auteurs allemands prétendent au contraire que toutes les obligations prises furent scrupuleusement remplies. Il faudrait

---

[1] Buzzati, *l. c.*, p. 358.

[2] Lueder (*l. c.*) a donc tort de citer la pratique suivie à cette époque comme preuve de l'adoption par le gouvernement allemand de la seconde des opinions précitées.

[3] Calvo, p. 261.

avoir sous les yeux les documents officiels pour juger de la valeur respective de cette affirmation.

L'autorité militaire ne se borne pas, en cette matière, à saisir et à détruire. Aussitôt qu'elle est parvenue à s'implanter avec quelque fixité en territoire ennemi, elle songe à tirer parti des chemins de fer locaux pour ses propres opérations. C'est ainsi qu'en 1870 les Allemands ont construit des tronçons de ligne d'une certaine importance, pour pouvoir conduire leur artillerie de siège devant Paris. L'occupant sera libre de réglementer cette exploitation d'après ses propres vues et ses propres intérêts. Le plus souvent il exploitera lui-même, mais rien ne l'empêcherait de concéder à un tiers son droit d'exploitation[1]. Il faudrait observer seulement qu'une concession de ce genre aurait son effet fatalement limité à la durée de l'occupation. En règle générale, le service des chemins de fer en territoire occupé ne sera pas exclusivement consacré à la satisfaction des besoins de l'armée. La population pourra y recourir, car l'interruption complète de ce mode de circulation entraînerait de graves perturbations dont l'occupant lui-même ne tarderait pas à ressentir les effets. Il y aura donc une circulation continuelle de voyageurs et de marchandises sur cette portion du réseau, et par conséquent une application constante

---

[1] *Contrà,* Rouard de Card, p. 62.

des tarifs fixés pour ce transport. Que l'autorité ennemie continue à appliquer les tarifs qu'elle trouve en vigueur au moment où elle a pris possession des lignes qu'elle a séquestrées, rien n'est plus naturel ; mais pourrait-elle les modifier, augmenter ou diminuer les prix fixés ? Nous pensons qu'elle ne le pourrait pas. Les diminuer serait en quelque sorte faire à la population un cadeau avec l'argent d'autrui, les augmenter serait plus grave encore. Toute augmentation des prix fixés déguiserait une contribution arbitraire levée sur le pays vaincu[1], et de pareilles contributions sont prohibées par le droit des gens. La seule raison d'augmentation serait une élévation considérable des prix de transport occasionnée, par exemple, par une hausse brusque des cours du charbon, mais, dans cette hypothèse même, la surélévation des taxes ne devrait pas dépasser ce qui est nécessaire à couvrir l'occupant de cette augmentation de dépenses.

Dans son exploitation, l'autorité militaire emploiera soit le personnel qu'elle a trouvé en fonctions, soit un personnel nouveau à son choix. Évidemment, on ne peut pas prétendre imposer à une armée ennemie le respect des contrats passés entre l'ancienne administration et ses employés[2]. Tous les postes d'employés de chemins de

---

[1] Buzzati, *l. c.*, p. 392.
[2] M. de Stein *l. c.*, p. 349) est d'un avis contraire, au moins en tant

fer sont des postes de confiance, et il n'est peut-être pas de situation où il soit possible à un homme de causer des accidents aussi graves. Mais, inversement aussi, il doit être permis aux employés d'abandonner leurs emplois, lorsqu'il leur répugne de servir dans une administration dirigée par les ennemis de leur patrie, et une armée dépasse son droit lorsqu'elle essaie de les retenir par force à leurs postes[1]. Il peut être permis, dans un besoin pressant, lorsque l'on vient de s'emparer d'une ligne et que l'on a hâte de l'utiliser, de requérir les services des employés de chemins de fer comme on requiert ceux de n'importe quel ouvrier de la localité, mais cette réquisition ne peut être que momentanée, car les employés comme les fonctionnaires ne peuvent être contraints à entrer d'une façon permanente au service d'un pays ennemi.

Reste la question des résultats pécuniaires de la gestion. C'est à ce point de vue qu'il est plus important de distinguer les chemins de fer qui appartiennent à l'État de ceux qui sont dans le domaine de simples particuliers. Une question de cet ordre s'élève d'abord lorsqu'une armée se saisit d'un chemin de fer. Elle trouvera dans

---

qu'il s'agit de chemins de fer privés. L'occupant aurait le droit d'obliger les employés à lui obéir, il n'aurait pas celui de les renvoyer, il pourrait tout au plus les suspendre.

[1] Cf. Guelle, p. 91, n. 1.

les caisses de l'administration certaines sommes : peut-elle s'en emparer ? Si le chemin de fer appartient à l'État, certainement, car le vainqueur a le droit de s'emparer des fonds d'État du vaincu ; s'il est la propriété d'une Compagnie, cet argent est assimilable à celui que l'on trouverait au domicile d'un simple particulier : on ne peut pas y toucher.

L'exploitation des lignes occupées produit certains bénéfices ; à qui reviendront-ils ? La même distinction doit encore être faite. L'excédent des recettes sur les dépenses d'exploitation revient à l'occupant lorsqu'il s'agit d'une ligne appartenant à l'État ; s'il s'agit d'une ligne concédée, il revient à la Compagnie concessionnaire. Tel est, en effet, le principe qui fut appliqué à nos diverses lignes de chemins de fer durant l'occupation allemande. Au moment où ils en prenaient possession, les agents allemands déclaraient leur intention de gérer pour le compte des Compagnies concessionnaires, et en effet, à la paix, une Commission fut instituée pour fixer les sommes dues de ce chef aux diverses Compagnies.

La question des chemins de fer présente, en temps de guerre, un autre intérêt. Il faut songer, en effet, à cette portion des chemins de fer desservant la zone non occupée par les troupes ennemies. Il est d'un intérêt général d'assurer la circulation sur cette partie du réseau. Or, il est possible que les vicissitudes des combats épuisent le matériel des Compagnies au point de n'en pas laisser une quotité assez grande pour ce service.

M. de Stein[1] a proposé de confier aux chemins de fer des neutres le service des communications internationales à travers le territoire des belligérants, leur assurant sur tout le parcours des trains le bénéfice de la neutralité. Mais cette proposition a soulevé bien des objections qui l'ont fait abandonner. M. Buzzati[2] a émis l'idée tout aussi peu pratique de construire un double réseau de chemins de fer, les uns purement stratégiques, les autres purement commerciaux. La question en est là, et il n'y a pas même lieu d'espérer de lui voir faire des progrès bien sensibles.

Une guerre compromettra toujours soit les communications intérieures des pays belligérants, soit leurs relations internationales. C'est un fait malheureux, mais auquel il semble difficile de remédier.

Disons enfin que les télégraphes obéissent aux mêmes principes que les chemins de fer. Une tentative a été faite, en 1884, pour obtenir la reconnaissance du principe de la neutralisation des câbles sous-marins, mais elle n'a pas abouti, et la convention du 14 mars, appelée

---

[1] *L. c.*, pp. 351 et ss.
[2] *L. c.*, pp. 414 et ss.

« Union télégraphique », a formellement réservé l'application du droit de la guerre aux câbles ayant leur point d'atterrissement sur le territoire de l'un des belligérants[1].

En règle générale, les communications postales ou télégraphiques ne sont point interrompues par l'état de guerre. Elles subsistent partout où les nécessités des opérations militaires n'obligent point à les suspendre. C'est là une pratique constante, mais ce n'est point un principe de droit, et si, dans l'intérêt du secret des opérations de ses armées, un Gouvernement se décidait à suspendre, soit complètement, soit partiellement le service des correspondances, les neutres, lésés dans leurs intérêts, ne seraient cependant pas fondés à critiquer cette mesure.

---

[1] Lueder, § 118, p. 517. V. particulièrement sur ce point Guelle, II, pp. 98 et ss.

DIX-HUITIÈME CONFÉRENCE.

De la neutralité territoriale. — Son principe. — Esquisse historique de la neutralité. — Antiquité, moyen âge. — Dix-huitième siècle. — Prétentions de l'Angleterre. — Ligue de la neutralité armée de 1780. — Révolution française. — Seconde neutralité armée. — Blocus continental. — Caractères de la neutralité. — Quels États doivent être considérés comme neutres. — Déclarations de neutralité. *Foreign enlistments acts*. — Droits et devoirs des neutres. — Droit à l'intégrité de leur territoire. — Désarmement des troupes belligérantes qui franchissent la frontière neutre. — Combattants isolés réfugiés en territoire neutre. — Passage de convois de prisonniers ou de blessés sur le territoire neutre. — Obligation du neutre de ne point prendre de part aux hostilités. — Enrôlements en territoire neutre. — Équipement de corsaires dans les eaux territoriales neutres. Cas de l'*Alabama*. Règles de Washington. — Liberté du commerce des neutres avec les belligérants. Ses restrictions. — Leur application à la guerre continentale.

Il est impossible de posséder une connaissance exacte de l'ensemble des lois de la guerre si l'on ne se préoccupe de l'influence exercée par l'état de belligérance sur la condition juridique des peuples demeurés étrangers aux hostilités.

En aucun temps l'indépendance respective des nations n'est absolue. Le voisinage des territoires qu'elles habitent et surtout ces mille liens que forment quotidiennement entre elles l'activité et l'industrie des citoyens ont cette conséquence que toute modification importante se produisant dans l'état social de l'un quelconque d'entre eux se réfléchit, dans une certaine mesure, sur l'état social des autres, et oblige leurs gouvernements à conformer leur conduite à certaines règles de droit inspirées par le souci de leur avantage réciproque. Les nations ne sont point pleinement indépendantes les unes des autres en temps de paix, parce qu'il faut que la liberté de chacune se concilie avec la liberté de toutes les autres et fasse à ces dernières les concessions que celles-ci réclament au nom de leur droit à l'existence et à un développement progressif. Elles ne possèdent pas davantage en temps de guerre une liberté absolue et illimitée. Cela est vrai, nous l'avons vu, des belligérants, et l'esprit le plus prévenu contre le rapprochement de l'idée de droit et de l'état de guerre, ne peut cependant s'empêcher de reconnaître l'existence de certaines grandes règles auxquelles les armées ennemies doivent se soumettre. Cela est tout aussi vrai des rapports des non belligérants aux belligérants. Il ne suffit pas que les premiers manifestent leur intention de ne prendre aucune part aux hostilités engagées pour qu'ils puissent revendiquer une liberté d'action complète par rapport aux seconds ; il faut encore qu'ils n'entravent en aucune façon leur droit de vider par la force des armes la querelle qui les divise, que sur leur territoire même, c'est-à-dire dans les limites de leur juridiction exclusive ils s'abstiennent soigneusement de tout acte dont la conséquence pourrait être d'altérer le rapport des forces des belligérants, de favoriser l'un au préjudice de l'autre et finalement de donner à la guerre une issue qu'elle n'aurait peut-être pas eue sans cette circonstance. Les combattants sont dans un champ clos l'un en face de l'autre, et abandonnés à leurs propres forces. C'est un devoir strict pour les neutres spectateurs de la lutte de ne rien faire qui puisse ou profiter ou nuire à l'un ou à l'autre d'entre eux.

De cette idée première découle la théorie tout entière des droits et des devoirs des neutres, et, si l'on y regarde de près, on voit très nettement que le principe premier de cette importante matière n'est pas différent au fond de celui qui régit les rapports des nations en temps de paix. Dans un cas comme dans l'autre, c'est dans le but d'affirmer l'existence séparée et concurrente des nations, de ménager à chacune sa sphère légitime d'action, de garantir à toutes la plus grande liberté possible, que la science a été amenée à formuler certaines règles de nature restrictive qui permissent de concilier leurs intérêts opposés.

Dans l'ensemble du droit de la guerre, la matière de la neutralité est celle qui a reçu le plus tard son développement[1]. L'antiquité l'a complètement ignorée. Pour

---

[1] Geffcken, § 131, p. 614. L'étude sur la neutralité, du pr. Geffcken,

les gouvernements de cette époque, toute guerre une fois engagée met les peuples voisins dans l'obligation de prendre part aux hostilités comme amis ou comme ennemis. On n'admet pas qu'ils puissent conserver une attitude à la fois pacifique et impartiale, et lorsqu'ils en manifestent l'intention on les met le plus souvent en demeure de choisir le parti auquel ils veulent se rallier. Le moyen âge ne se montra guère sous ce rapport en avance sur les pratiques anciennes. Sans doute les guerres ne revêtirent plus le caractère d'universalité qu'elles avaient fréquemment dans l'antiquité et qu'elles eurent plus régulièrement encore à l'époque des invasions et à celle des croisades. Il est fréquent qu'un peuple ne prenne pas une part officielle et directe aux hostilités engagées entre peuples voisins, mais cette attitude expectante ne répond nullement encore à l'idée que nous nous faisons d'une neutralité véritable parce que les États qui l'observent ne se croient pas le moins du monde tenus à une abstention impartiale vis-à-vis des belligérants, ce qui est le caractère distinctif de la vraie neutralité. Maintes fois une puissance envoie à l'un des belligérants, dont elle souhaite le triomphe, des secours

---

insérée dans le *Manuel du Droit des gens,* de Holtzendorff (30e partie, t. IV, pp. 603-788), est à tous les points de vue fort remarquable. — V. aussi Travers Twiss, II, pp. 418 et ss.

en argent et en hommes, tout en prétendant garder le bénéfice de sa neutralité. Il en a été ainsi dans toutes les grandes guerres. On sait même que certains États, comme la Suisse, faisaient de cette fourniture de combattants l'objet d'un trafic spécial, souvent réglementé par les traités[1] et que l'on pouvait voir dans une même bataille des bandes de compatriotes se combattre les unes les autres. C'est dans les traités qu'il faut aller chercher les premières applications des idées qui forment aujourd'hui le droit commun de la neutralité. De bonne heure les républiques maritimes de l'Italie et surtout la ligue hanséatique[2] surent par le moyen de conventions assurer la liberté de leur commerce en temps de guerre et monopolisèrent ainsi à leur profit les bénéfices du trafic avec les nations belligérantes. On voit aussi (et c'est un pas de plus de fait dans la voie de la formation d'une théorie de la neutralité) des souverains se promettre à l'occasion d'un traité de paix de ne prêter jamais le moindre secours

---

[1] On peut en donner comme exemple le traité conclu entre les cantons suisses et François Ier, en 1521, aux termes duquel les premiers mettaient à la disposition de la France une troupe de six à seize mille hommes pour toute la durée des guerres que le roi de France aurait à soutenir. (Geffcken, *l. c.*, p. 517.)

[2] Calvo, IV, p. 414. Cf. sur les traités de neutralité, l'intéressante statistique de Hall (p. 499, n. 1), d'où résulte cette intéressante conséquence qu'ici encore c'est une longue suite d'arrangements particuliers qui a frayé la voie à la loi générale.

à leurs ennemis respectifs, mais nous savons déjà que ces promesses ne duraient que le temps pendant lequel subsistaient eux-mêmes les bons sentiments qui les avaient inspirées. Bref pendant tout le moyen âge et même dans les temps modernes jusqu'au siècle dernier la théorie de la neutralité est si peu établie que le langage juridique usuel ne possédait pas d'expression spécialement employée à désigner cette situation. Wheaton[1] remarque que les mots *neutralis* ou *neutralitas* sont des barbarismes que l'on ne rencontre dans aucun auteur classique. On se servait, pour désigner les peuples qui ne prenaient pas de part aux hostilités, des mots *amici, medii, pacati, socii,* mais aucun de ces termes ne caractérise couvenablement cette situation. Le Consulat de la mer emploie à leur égard le mot d'*amichs*. Grotius les désigne par la périphrase suivante, titre d'un chapitre qui leur est consacré [2]: « De his qui in bello medii sunt ». Il est du reste sobre d'enseignements à leur sujet. Deux traits cependant sont à relever dans sa doctrine. Grotius ne met pas en doute le droit d'une armée de passer sur le territoire neutre pour aller combattre son ennemi ; il se borne à lui recommander de s'abstenir de toute dévastation sur ce territoire. D'autre part, il ordonne aux

---

[1] T. II, pp. 72 et ss.
[2] Grotius, l. III, c. XVII.

peuples neutres de ne rien faire « qui puisse rendre plus fort celui dont la cause est mauvaise ou empêcher les mouvements de celui dont la cause est bonne ». C'est seulement dans le cas où la justice de la cause est douteuse de part et d'autre qu'il recommande aux neutres l'observation d'une stricte impartialité. On voit par ces citations combien les opinions en cours il y a moins de trois siècles différaient de celles qui dominent actuellement. La conception de Bynkershoek [1] à l'égard des neutres est purement négative : il les appelle simplement ceux qui ne sont pas ennemis : « non hostes appello qui neutrarum partium sunt nec ex fœdere his illisve quicquam debent : si quid debeant fœderati sunt non simpliciter amici ». Cet auteur fait mention d'une opinion reçue à son époque et d'après laquelle les neutres auraient en temps de guerre la même latitude qu'en temps de paix dans leur commerce avec les belligérants. Il admet que le commerce des neutres ne peut pas pourvoir les belligérants d'objets destinés à servir aux hostilités. Les marchandises de cette espèce étaient déjà désignées sous le nom de contrebande de guerre. Incidemment Bynkershoek repousse l'opinion de Grotius d'après laquelle la conduite du neutre devrait varier suivant la justice ou l'injustice de la cause de chacun des belligérants : « il n'appartient pas au neutre,

---

[1] Bynkershoek, l. I, c. IX. Cf. Wolf dans Hall, p. 507.

dit-il, de siéger comme juge entre les belligérants, et il ne doit rien faire par faveur pour l'un qui puisse être défavorable à l'autre. Vattel [1], le premier, a aperçu l'importance de cette matière et lui a consacré des développements proportionnés à son intérêt. Il définit bien le neutre, celui qui ne prend aucune part à une guerre et demeure ami commun des deux parties. Mais il dévie singulièrement de ces idées premières, lorsqu'il arrive à traiter des droits et des devoirs des neutres. Il admet qu'une puissance peut fournir à l'un des belligérants les secours qu'elle lui a promis par avance pour le cas d'une guerre défensive, sans cesser pour cela de demeurer neutre, sauf le cas où la cause de ce belligérant serait manifestement injuste. Nous retombons par là dans les errements de Grotius. Il admet en outre qu'un neutre peut autoriser chez lui des levées de troupes au profit de l'un des combattants et il cite l'exemple de Suisses qui, fournissant des contingents à plusieurs pays et principalement à la France, vivent cependant en paix avec toute l'Europe [3]. De même une nation neutre peut d'après lui prêter de l'argent à l'un des belligérants et en refuser à l'autre. Disons enfin que la définition qu'il donne de la contrebande de guerre serait jugée beaucoup trop étroite

---

[1] Vattel, l. III, c. VII.
[2] V. le § 101.
[3] V. le § 110.

aujourd'hui. En résumé, jusqu'à la fin du xviiie siècle les droits et les devoirs des nations neutres demeurèrent à la fois mal déterminés et mal garantis.

L'oppression de l'Angleterre fut la cause déterminante de la révolution qui s'accomplit à cette époque. L'Angleterre abusait de la supériorité de ses flottes pour entraver de toutes façons le commerce maritime des neutres en temps de guerre (théorie du voyage continu, blocus fictif, extension de la contrebande de guerre, vaisseaux neutres réputés hostiles lorsqu'ils entreprenaient en temps de guerre un commerce qui leur était interdit en temps de paix)[1]. Ce furent ces exactions qui déterminèrent les puissances à former contre l'Angleterre la fameuse ligue dite de la neutralité armée. Cette déclaration[2] fut l'œuvre du chancelier russe Panin et du danois Bernstorff qui en avait émis le premier le projet. Elle fut rendue à l'occasion de la capture par des vaisseaux espagnols de deux navires russes chargés de blé. Son objet ne tarda pas à obtenir l'assentiment des Pays-Bas, de l'Autriche, de la France, du Portugal, de la Prusse et des États-Unis qui furent ainsi constitués en une ligue dirigée contre les prétentions de l'Angleterre.

---

[1] Cette restriction particulière au commerce des neutres est restée connue sous le nom de Règle de la guerre de 1756.

[2] V. Calvo, IV, p. 415, et surtout Geffcken, § 133, pp. 621 et ss. Cf. Phillimore, III, pp. 335 et ss.

Les points principaux arrêtés entre les puissances furent la liberté des vaisseaux neutres, la garantie des marchandises ennemies qui peuvent y avoir été chargées, la restriction de la contrebande de guerre, l'abolition des blocus fictifs. Le coup porté fut vivement ressenti par l'Angleterre dont cette déclaration renversait toutes les doctrines. Elle essaya en vain de l'atténuer en se conciliant la Russie et, pour ne pas attirer sur elle l'hostilité d'une redoutable coalition, fut contrainte pendant quelque temps de se plier aux exigences de la déclaration.

La Révolution française amena malheureusement la résurrection des abus anciens. D'une part, les ennemis de la France élargirent démesurément à son préjudice la notion de la contrebande de guerre ; d'autre part, la Convention y répondit en suspendant le principe que le pavillon couvre la marchandise[1]. L'Angleterre profita de cette occasion pour proclamer le blocus fictif de toutes les côtes de la France. Les États du Nord, Russie, Prusse, Suède, Danemark, formèrent entre eux à cette occasion un second pacte de neutralité armée (1800)[2]. Ce fut l'occasion du bombardement de Copenhague. Bientôt, du reste, les événements politiques précipitèrent la fin de

---

[1] Décret du 9 mai 1893. Cf. Décret du Directoire du 21 mars 1797.
[2] Phillimore, III, pp. 349 et ss. Geffcken, *l. c.*, pp. 624 et ss. Calvo, IV, p. 419.

cette alliance éphémère. Ce fait eut cependant pour conséquence la signature de la convention du 17 mars 1801, entre l'Angleterre et la Russie. Cette convention, à laquelle adhérèrent ultérieurement le Danemark et la Suède, donnait à la liberté des neutres d'assez sérieuses garanties, principalement par rapport à l'exercice du droit de visite.

Les difficultés ne cessèrent pas pour cela, et jamais guerres ne furent plus désastreuses pour les neutres que celles du premier Empire. L'Angleterre saisit avec empressement cette occasion de revenir à ses pires errements. Napoléon lui répondit en établissant par ses décrets de Berlin et de Milan (21 nov. 1806, 17 déc. 1807) le blocus continental [1]. Ces décrets déclaraient les Iles Britanniques en état de blocus, fermaient à tous navires venant d'Angleterre ou de ses colonies les ports appartenant à la France ou à ses alliés, menaçaient de capture tout navire qui se serait soumis aux mesures édictées par l'Angleterre, enfin déclaraient prisonnier de guerre

---

[1] Calvo, IV, pp. 430 et ss. Le texte des Ordres du Conseil anglais se trouve dans Phillimore, pp. 517 et ss. V. la critique du Système dans le même, pp. 311 à 313. Tous les publicistes reconnaissent que les Décrets français comme les Ordres anglais furent portés au mépris des principes les plus certains du droit international. La seule question est de savoir quel peuple est sorti le premier de la légalité. Les Anglais affirment que c'est la France, mais les dates respectives des documents incriminés ne sont pas en faveur de leurs allégations. Geffcken le reconnaît (p. 630).

tout Anglais trouvé en France ou en pays allié. Ces procédés étaient certainement d'une rigueur exceptionnelle, mais ce que l'on ne remarque pas assez c'est qu'ils constituaient de justes représailles contre la conduite du gouvernement anglais qui, le premier, avait repoussé les principes admis par le droit des gens.

Ce grand exemple des maux que l'on peut susciter en poussant à l'extrême les rigueurs de la guerre, a certainement contribué beaucoup aux progrès du droit des gens sur ce point. Depuis la chute du pouvoir de Napoléon on ne rencontre guère dans l'histoire de la neutralité que des documents tendant à renforcer son caractère et à assurer ses conséquences.

Telle est, brièvement esquissée, l'histoire des progrès de l'idée de neutralité. Demandons-nous maintenant en quoi elle consiste. L'idée de neutralité est faite de deux autres, l'idée d'impartialité et l'idée d'abstention[1]. Il faut l'impartialité, parce que l'État qui favoriserait d'une façon quelconque l'un des belligérants serait à bon droit considéré comme son ennemi. Il faut en outre une abs-

---

[1] Acollas, p. 141; Calvo, IV, p. 411; Hautefeuille, *Des droits et des devoirs des nations neutres,* I, p. 165 ; Bluntschli, § 742 et n. 2 ; Geffcken, p. 605 ; Morin, II, p. 324.; Hall, p. 517 ; Neumann, p. 205 ; Funck Brentano et Sorel, p. 343 ; Rüslow, p. 243 ; Klüber, § 279, p. 398 ; Halleck, p. 230 ; Heffter, p. 334 ; Lentner, p. 147 ; Fiore, art. 1167 ; Phillimore, III, p. 225 ; Wheaton, II, p. 73; Dahn, p. 38 ; Renault, *Conférences,* p. 147 ; Guelle, II, p. 262.

tention complète par rapport aux hostilités, car le neutre est par définition celui qui entend rester étranger à la guerre, sa situation exclut donc toute participation, fût-elle rigoureusement impartiale, aux hostilités[1]. Remar-

---

[1] On est dans l'habitude de donner plusieurs divisions de la neutralité. A notre avis, elles sont au moins inutiles, et peuvent avoir pour résultat de jeter l'incertitude sur une notion simple et qui se retrouve partout semblable à elle-même (Calvo, p. 486). Autrefois on ne manquait jamais de distinguer la neutralité parfaite de la neutralité imparfaite, parce que l'on pensait que, dans de certaines circonstances, une participation aux hostilités ne détruisait pas la qualité de neutre. Nous verrons bientôt qu'il n'existe plus de motif de maintenir cette distinction. On dit aussi que la neutralité peut être simple, conventionnelle ou perpétuelle suivant la source dont elle dérive. Cette distinction n'est pas fausse, mais inutile ; la neutralité ayant toujours, quelle que soit sa source, la même nature et les mêmes effets. On oppose parfois la neutralité complète à la neutralité limitée, cette dernière trouvant sa place lorsque les belligérants conviennent d'exclure des hostilités certaines parties de leurs territoires respectifs (les Autrichiens et les Français avaient ainsi convenu, en 1859, de ne point se combattre sur le territoire des États du pape qu'ils occupaient), mais ce n'est évidemment pas là une neutralité véritable. On a parlé quelquefois d'une neutralité bienveillante. Le comte de Bernstorff, ambassadeur prussien à Londres, en 1870, demanda ainsi à l'Angleterre d'interdire les exportations d'armes pour la France, au nom d'une neutralité bienveillante, et parce que l'Angleterre approuvait la cause de la Prusse. Le chef du foreign office, lord Granville, lui répondit, avec raison, qu'une semblable conception de la neutralité la détruirait au lieu de la fortifier (Bluntschli, § 766, note). La vérité est que toute neutralité doit être bienveillante, mais sans rien sacrifier des droits des États neutres, ni de l'impartialité qu'il importe de garder entre les belligérants. On emploie enfin dans certains cas l'expression de neutralité armée. Elle n'est nullement l'indice d'une qualité particulière de neutralité. Toute neutralité doit être armée, c'est-à-dire apte à défendre ses droits. En fait, on désigne générale-

quons-le, cette notion de la neutralité n'équivaut pas à une paralysie complète de l'activité du neutre dans ses rapports avec les belligérants. Non seulement tout sujet neutre peut entreprendre avec un pays engagé dans la guerre un commerce quelconque, pourvu qu'il n'ait pas pour but de faciliter les opérations militaires, mais l'État neutre lui-même peut, sans manquer à ses devoirs, soit s'interposer entre les combattants dans le but d'amener plus tôt la cessation des hostilités, soit rendre aux uns et aux autres tous les services qui n'impliquent aucune participation aux hostilités. Ils s'emploient ainsi très utilement à les aider dans les soins à donner aux malades et aux blessés.

Quels États peuvent rester neutres dans une guerre? Les hostilités ne prennent plus de nos jours l'extension qu'elles avaient régulièrement autrefois. Tout État a le droit de rester neutre, et nous dirons plus, tout État a le devoir de rester neutre à moins qu'il ne possède quelque cause légitime d'hostilité. La neutralité qui a été longtemps l'exception est devenue la règle, et toute nation qui ne participe pas en fait aux hostilités est présumée par là même vouloir demeurer neutre dans le conflit. Il peut

---

ment sous ce nom les ligues formées par les puissances neutres pour obliger les belligérants à reconnaître leurs prétentions. Au fond, il n'y a jamais qu'une seule et même neutralité. (Geffcken, § 136, p. 634.)

cependant à cet égard s'élever quelques difficultés, et l'on doit se demander si une nation n'est pas, en raison de sa situation juridique pendant la paix, obligée de prendre part à une guerre qui vient à s'ouvrir. Nous avons déjà rencontré cette question précédemment[1], lorsque nous nous sommes demandé qui doit être considéré comme belligérant. Il est inutile d'y revenir. Rappelons seulement qu'une nation alliée de l'une des parties litigantes, lui eût-elle promis cent fois de partager son sort dans les guerres futures, ne doit pas, en vertu du seul fait de l'alliance, être traitée par l'autre en ennemie. Cette dernière peut seulement la mettre en demeure d'opter entre sa qualité d'alliée et sa qualité de neutre. On ne doit pas, en effet, prendre les armes sur de simples soupçons, et il faut des hostilités réelles pour justifier des hostilités réciproques.

Bien que la prise de la position de neutre ne demande aucune manifestation extérieure et doive toujours être présumée[2], il importe au plus haut degré, au moment

---

[1] 4e Conférence, t. I, pp. 107 et ss. Cf. Renault, *Conférences*, p. 140, et Hautefeuille, t. I, pp. 174 et ss.

[2] Calvo, IV, p. 500. Fiore (art. 1171) voudrait imposer aux neutres l'obligation d'une déclaration de neutralité, à peine d'être exclus du bénéfice de cette situation. Cette innovation nous paraît d'une convenance fort contestable à raison de l'incertitude qu'elle jetterait sur la condition des États qui ne feraient pas la déclaration exigée. La présomption de neutralité est certainement bien plus avantageuse à la paix publique.

où une guerre éclate, que les belligérants connaissent aussitôt que possible l'attitude que les puissances tierces comptent conserver dans le débat. De là est venu l'usage des déclarations de neutralité. Ces déclarations sont elles-mêmes de deux sortes : elles peuvent émaner des belligérants eux-mêmes, et sont alors destinées à proclamer leur intention de respecter l'indépendance des nations qui se maintiendront elles-mêmes dans un état d'abstention impartiale par rapport aux hostilités. Mais les déclarations de cette sorte ne sont guère plus en usage[1]. Dans notre siècle, ce sont les États qui entendent rester neutres qui prennent les devants et affirment, par une dépêche-circulaire envoyée à leurs représentants à l'étranger, l'intention où ils sont de garder la neutralité. Cet usage semble devoir être de plus en plus suivi. Lors de la guerre franco-allemande de 1870, des déclarations de neutralité furent faites par les États-Unis, l'Angleterre, l'Autriche, l'Italie, le Danemark, la Hollande, même par le Japon. En même temps qu'elles arrêtent nettement la situation par eux prise, ces proclamations servent, aux gouvernements qui les émettent, à préciser les

---

[1] Hautefeuille (I, p. 197) les considère comme complètement nulles et de nature à favoriser la tyrannie d'un peuple fort par rapport à un peuple faible et désarmé. Il était autrefois d'usage de passer pendant la paix des traités de neutralité : ils sont tombés en désuétude, mais leur influence sur la formation de la théorie de la neutralité a été considérable. (Hautefeuille, I, pp. 191 et ss.)

obligations auxquelles ils entendent se soumettre en vertu de la qualité qu'ils ont assumée. Le contenu de ces proclamations est assez uniforme, car elles reflètent nécessairement les principes du droit des gens sur les obligations qui incombent aux neutres. Cependant, il existe en cette matière certains points toujours contestés, la définition de la contrebande de guerre, par exemple. Il est utile que chaque État indique comment il entend ses obligations en ce qui concerne les points en question. Hâtons-nous d'ajouter que ces actes, émis en dehors de toute entente préalable, ne sont obligatoires que pour les autorités publiques et pour les particuliers appartenant aux États qui les ont publiés.

Certaines nations sont allées plus loin dans cette voie de la détermination des effets de la neutralité, et en ont fait un article de leur législation intérieure. Dès 1818, les États-Unis promulguèrent un acte de neutralité, et en Angleterre, on rendit par deux fois une loi semblable[1]. Elle est connue sous le nom de *Foreign enlistment act*. La dernière de ces deux lois date du 3 août 1870.

Ces idées générales étant connues, nous allons maintenant nous occuper de déterminer les droits et les devoirs des neutres. Forcé de nous limiter rigoureusement dans un sujet qui, à lui seul, donnerait matière à

Phillimore, III, pp. 236 et ss.

un enseignement, nous nous occuperons exclusivement des effets de la neutralité qui se produisent sur le territoire des puissances neutres ; nous laisserons ainsi de côté ce qui concerne le commerce maritime des neutres ; c'est la partie la plus ardue et non la moins intéressante du sujet, mais elle dépasse démesurément les limites de cette étude, et n'offre pas, en outre, d'intérêt direct pour ceux qui n'auront jamais à pratiquer la guerre maritime.

Envisageons aux divers points de vue dont cette matière est susceptible, les droits et les devoirs des neutres. Les uns et les autres sont unis par des liens si étroits, qu'ils doivent être réunis dans une seule et même étude.

Le premier droit d'un État neutre est de conserver l'intégrité de son territoire[1]. C'est une suite indispensable de sa non participation aux hostilités. Que deviendrait, en effet, l'indépendance du neutre, s'il était permis aux belligérants d'occuper ses domaines ou même de s'en servir pour passer d'un lieu à un autre? Ce point forme aujourd'hui un principe absolu. Pendant longtemps, il n'en a pas été ainsi. Sans doute, depuis que l'idée de neutralité s'est éveillée, on n'a pas admis qu'une bataille pût se livrer en territoire neutre, mais, en même temps,

---

[1] Bluntschli, § 769 et n. 2. C'est par une application peut-être excessive de cette idée d'inviolabilité que le gouvernement anglais a, en 1870, refusé à la France l'autorisation de se servir du sol anglais pour la pose d'un câble sous-marin.

on était d'avis que les belligérants devaient avoir un droit de passage sur les terres du neutre, à charge de n'y commettre pas de dégâts ; c'est ce qu'on appelait le droit au passage innocent. On agitait de même le point de savoir si une armée ne pouvait pas poursuivre son ennemi dans le pays neutre où elle s'était réfugiée[1]. Toutes ces

---

[1] Le droit au passage innocent est un des points sur lesquels une notion correcte de la neutralité a mis plus de temps à se dégager. Grotius et ses contemporains étaient d'avis que les chemins étaient communs à tous les hommes, que les belligérants pouvaient donc s'en servir à la condition de ne point causer de dommage aux neutres dont ils empruntaient le territoire. Cette opinion, conforme du reste à la pratique la plus ancienne, poussa des racines si profondes que c'est à peine si elle est aujourd'hui complètement abandonnée. Dans notre siècle, on la trouve encore dans les ouvrages de Klüber (§ 254), de Wheaton (II, 86), chez Dahn, au moins en cas de stipulations formelles (p. 41), chez Travers Twiss (II, p. 432), même chez Bluntschli, dont la doctrine n'est point nette à cet égard (§§ 770, 771), et chez Phillimore (III, p. 283). Cf. Hall, pp. 523 et ss. La seule condition requise par ce parti est que le passage soit également accordé à l'un et à l'autre belligérant. On cite des exemples assez récents de concessions d'un droit de passage. La doctrine la plus récente se prononce en sens contraire, et considère toute concession d'un passage comme une violation de la neutralité. C'est une conséquence du devoir d'abstention impartiale de l'État neutre. V. Hautefeuille, I, pp. 211 et ss. ; Heffter, p. 343; Geffcken, § 139, p. 657 ; Calvo, IV, p. 514 ; Halleck, p. 232 ; Lentner, p. 152 ; Funck Brentano et Sorel, p. 368. Hautefeuille donne contre ce droit au passage la raison topique, lorsqu'il remarque que, historiquement, il n'a jamais servi qu'à des États puissants envers d'autres États inhabiles à leur résister. Il faut donc le proscrire entièrement. Nous remarquerons qu'en matière de guerre maritime on est moins exigeant. Les vaisseaux des belligérants ont un droit reconnu à traverser les eaux territoriales des neutres ; ils doi-

subtilités ont fait leur temps. Il est certain aujourd'hui que le territoire neutre est complètement inviolable au regard des belligérants. Qu'il s'agisse de corps de troupes ou qu'il s'agisse d'individus isolés, le traitement qu'on leur applique est le même. L'État neutre ne leur refuse pas l'hospitalité, mais il est tenu de s'assurer de leur personne, et de les retenir jusqu'à la cessation des hostilités. L'application la plus considérable que ces idées aient jamais reçue, est celle qui en fut faite en 1871, lorsque l'armée de Bourbaki, cernée de toutes parts par les troupes allemandes de Werder, franchit la frontière suisse[1]. Une convention fut passée à cette occasion entre le général Clinchant qui avait succédé à Bourbaki dans le commandement de l'armée de l'Est et le général suisse Herzog (1er février 1871). L'armée française fut reçue en Suisse à la condition d'y séjourner jusqu'à la paix, et de laisser tout son matériel entre les mains des autorités fédérales chargées de le conserver jusqu'à la paix[2].

vent seulement n'y pas commettre d'hostilités. Ils peuvent même se ravitailler dans les ports neutres en cas de nécessité, mais seulement dans la mesure des approvisionnements qui leur sont nécessaires pour regagner leurs eaux nationales.

[1] On sait que cette retraite ne devint nécessaire que parce que le général français ne fut pas instruit des conditions singulières que renfermait l'armistice du 28 janvier, relativement à l'armée de l'Est. Sur la part de responsabilité des gouvernements français et allemand dans cette méprise, V. Valfrey, *Histoire de la diplomatie du gouvernement de la Défense nationale,* t. III, pp. 110 et ss.

[2] Les troupes belligérantes qui ont pénétré sur le territoire neutre

Seules les voitures de vivres et de bagages furent admises à rentrer en France, vides de leur chargement. Les frais de séjour de l'armée française en Suisse furent naturellement mis à la charge de la France. Il est impossible de rappeler cet épisode sans manifester une fois de plus les sentiments de reconnaissance qu'a justement excités en France la généreuse hospitalité dispensée par la Confédération helvétique à nos soldats [1].

y sont retenues jusqu'à la fin de la guerre en qualité d'internées, et non pas de prisonnières, car il ne peut être question de captivité entre États qui sont en paix l'un avec l'autre. Qu'est-ce que cet internement, et en quoi diffère-t-il de la véritable captivité ? Bluntschli (§ 776, n. 1) nous dit que c'est une mesure de police politique (eine Massregel der politischen Polizei), mais cette définition ne résout pas la question. Nous pensons que les droits appartenant au gardien dans les deux cas seront assez semblables, qu'ils différeront seulement d'intensité, parce qu'ils n'ont pas la même base. A l'égard du prisonnier, le droit de garde repose sur un droit de défense, dont il ne peut pas être question pour l'État neutre. Ce dernier aura sur l'interné un pouvoir disciplinaire étendu, mais rien de plus. Le belligérant, au contraire, doit se protéger contre son prisonnier, et pourra, à l'occasion, lui appliquer les rigueurs de la loi martiale. Comme différence pratique on pourrait, nous le pensons, citer l'exemple suivant. Lorsqu'un prisonnier s'évade, on peut (au moins après sommation) tirer sur lui ; on peut et on doit poursuivre diligemment un interné qui s'enfuit, mais on ne serait pas autorisé à recourir contre lui à une semblable extrémité. (Cf. Geffcken, § 142, p. 662 ; Déclarat. de Bruxelles, art. 53.)

[1] Il se présente dans les cas semblables à celui qui est envisagé au texte une question fort embarrassante. Lorsqu'une armée serrée de près par son ennemi passe en bloc sur le territoire neutre, elle emmène toujours avec elle un certain nombre de prisonniers. Quelle sera la situation de ces gens-là ? Prisonniers, ils ne peuvent plus l'être,

L'obligation dans laquelle peut se trouver un pays neutre de recevoir tout un corps d'armée, peut-être une armée entière, ne laisse pas que de devenir parfois fort lourde pour lui. Il faut qu'il suive avec attention les mouvements des armées belligérantes placées près de la frontière, qu'il concentre de son côté des troupes en nombre suffisant pour leur imposer le désarmement au moment où elles la franchiront, car il n'est pas douteux que si les réfugiés conservaient leurs armes et leur indépendance en territoire neutre, l'ennemi aurait le droit de les y poursuivre, et de transporter sur ce territoire le théâtre des hostilités [1].

puisque la troupe qui les retenait a été elle-même désarmée. Doivent-ils être rendus à la liberté, ou internés au même titre que leurs capteurs ? Rüstow (*l. c.*, p. 252) affirme que l'opinion prépondérante se prononce pour la liberté de ces hommes. Il se déclare, quant à lui, très embarrassé. Lentner (*l. c.*, p. 153) est partisan de la seconde alternative. Tel est aussi notre avis. En rendant ces prisonniers à la liberté, le gouvernement neutre escompte en quelque sorte, au profit de l'un des belligérants, les conséquences probables d'une action qui ne s'est pas produite, et qui ne peut plus se produire. Or, si probable qu'eût été la libération desdits prisonniers, si la troupe qui les poursuivait n'eût passé en pays neutre, elle n'était point certaine, et le neutre qui la réalise se fait l'auxiliaire du belligérant qui en bénéficie. Pour le neutre, il ne peut y avoir ni vainqueurs ni vaincus, il y a des belligérants trouvés sur son territoire. Ils ont tous la même qualité, et doivent être tous soumis au même traitement. Cf. *Actes de la Conférence,* Pr. XIX, pp. 226 et ss.

[1] La situation de l'État neutre en pareil cas est ce que l'on peut imaginer de plus difficile. S'il est possible de discerner avec certitude quel est celui des belligérants auquel est imputable la violation de

La situation des individus isolés a donné lieu à plus de difficultés. D'abord, il est certain que l'impartialité d'un gouvernement neutre ne va pas jusqu'à lui donner le droit de retenir, au début de la campagne, les étrangers domiciliés sur ses domaines, lorsqu'ils se disposent à rejoindre leur patrie pour y remplir leurs devoirs militaires. Tout ce que l'on peut exiger d'eux c'est qu'ils voyagent sans uniformes, ni armes. Que décider à l'égard des militaires isolés qui franchissent la frontière et cherchent ensuite à rejoindre leur pays, pour y reprendre du service? La situation de ces individus a été soumise, en Belgique, à l'appréciation des tribunaux, à la requête d'un sous-officier français qui prétendait que tout obstacle mis à son retour dans sa patrie constituait un attentat illégal à sa liberté personnelle. La cour de Bruxelles se déclara incompétente [1]. Il est probable que cette jurisprudence

---

frontière, il sera dans son droit en aidant l'ennemi de ce belligérant à le réduire à l'impuissance. Mais le plus souvent la violation aura été accomplie au milieu du tumulte de l'action, et il sera impossible de démêler la vérité sur ce point essentiel. Il semble qu'alors la prudence commande au neutre de profiter du premier moment de répit pour inviter ces belligérants fourvoyés à regagner le théâtre de la guerre, et s'il n'obtient pas d'eux une satisfaction immédiate, de faire appel à l'intervention d'autres puissances neutres pour obtenir le respect de sa neutralité. Cf. Acollas, p. 150 ; Calvo, IV, p. 522.

[1] Bluntschli, § 776, n. 3 ; Rolin Jaequemyns, R. D. I., 1871, p. 357. L'arrêt de la Cour de Bruxelles est du 16 février 1871. La Cour a décidé qu'il n'appartenait pas à l'autorité judiciaire de s'entremettre dans l'exécution de mesures d'ordre militaire. La Cour, on le voit,

fera loi, car il est inadmissible que l'absence d'un texte autorise un particulier à réclamer de l'autorité judiciaire une sentence qui ne pourrait être rendue qu'au mépris d'une règle du droit des gens.

Une dernière question se présente dans cet ordre d'idées. Les belligérants peuvent-ils utiliser le territoire neutre pour évacuer leurs convois de prisonniers et de blessés? Pour les convois de prisonniers, ce mode de transport n'est certainement pas possible : il constituerait, pour la puissance qui serait autorisée à s'en servir, un avantage marqué, en ce que cette puissance pourrait affecter au transport de ses moyens de guerre l'intégralité de ses voies de communications[1]. Pour les blessés, le même inconvénient existe ; il est vrai qu'il est alors compensé par cette considération que des blessés ainsi

---

s'est retranchée derrière son incompétence, procédé familier aux juridictions civiles, lorsqu'elles se trouvent en présence de questions internationales embarrassantes. Nous ne pouvons pas juger du mérite de cette raison, mais, n'aurait-il pas mieux valu (suivant la remarque de Bluntschli) aborder de face la question, et décider que les dispositions du droit intérieur belge ne peuvent pas être interprétées comme contradictoires aux obligations internationales de la Belgique. Il est admis, au contraire, par l'usage de la guerre, que les prisonniers évadés ne doivent pas être retenus en territoire neutre. (Funck-Brentano et Sorel, p. 364.)

[1] Geffcken, § 141, p. 662; Lentner, p. 153; Funck Brentano et Sorel, p. 368; Calvo, IV, p. 527. La France se plaignit avec raison des procédés de la Bavière qui, en 1859, permettait à l'Autriche de faire passer les prisonniers français sur son territoire.

transportés ne souffrent pas de l'encombrement de la circulation et arrivent plus promptement au lieu où ils doivent être soignés. Cette considération est grave, cependant elle n'autorise pas un gouvernement neutre à déférer à une demande de ce genre formée par l'un des belligérants, sans le consentement de l'autre. C'est ainsi que la Belgique procéda en 1870, et la France, interrogée par elle à ce sujet, dut se déterminer bien malgré elle à refuser l'emploi d'un mode de transport qui aurait abouti à augmenter encore la supériorité de son vainqueur [1].

Un État neutre a le droit de ne souffrir en rien des opérations militaires, et réciproquement le devoir de ne prendre aucune part auxdites opérations. Lorsque nous aurons dit qu'on ne peut pas obliger un sujet neutre à s'enrôler dans l'armée des belligérants, et que les troupes en campagne doivent, autant que possible, ménager la personne et la propriété d'un neutre, nous aurons suffi-

---

[1] V. Geffcken, § 143, p. 664, et surtout Hall, p. 425. L'art. 55 de la Déclaration de Bruxelles se borne à décider que la permission donnée aux belligérants de faire passer sur le territoire neutre leurs convois de blessés, n'est pas incompatible avec l'état de neutralité. Elle ne dit rien d'exprès du point de savoir si le consentement des deux belligérants est nécessaire à cet effet. Ce point paraît avoir été à la Conférence l'objet d'une vive discussion. Les *Actes de la Conférence* ne nous en rapportent qu'assez imparfaitement la physionomie. V. Protocole n° V. Séance plénière (pp. 257 et ss.).

samment caractérisé cette obligation à son point de vue actif. Son côté passif est au contraire d'une grande importance : c'est de là que dérivent pour les neutres leurs devoirs principaux.

D'abord, il ne serait pas admissible qu'un État prétendît garder la neutralité, et laissât une part quelconque de son armée ou de sa flotte prendre part aux hostilités. Il allèguerait en vain l'existence d'une obligation antérieure, car nous savons déjà qu'aucune circonstance ne peut autoriser un neutre à se départir de son abstention. Ces vérités sont trop banales pour qu'on y insiste davantage.

Un État peut-il permettre sur son territoire des enrôlements pour le compte de l'un des belligérants ? En principe, certainement non [1] ; aussi les déclarations de neu-

---

[1] Hall, p. 522 ; Neumann, p. 206 ; Rüstow, p. 245 ; Klüber, § 25 4; Funck Brentano et Sorel, p. 360 ; Halleck, p. 235 ; Heffter, p. 347 ; Dahn, p. 40 ; Wheaton, II, p. 94 ; Phillimore, III, pp. 233 et ss. ; Fiore, art. 1185 *d* ; Lentner, p. 150 ; Guelle ; Calvo, IV, pp. 503 et ss.; Acollas, p. 147 ; Morin, II, p. 334 ; Geffcken, § 140, p. 658 ; Hautefeuille, I, pp. 218 et ss. Bluntschli admet que l'autorisation donnée aux deux belligérants de lever des troupes, n'est pas par elle-même une violation de la neutralité, mais qu'un refus impartial correspond mieux à la nature de cette situation (§ 762 ; Cf. Travers Twiss, II, p. 443). Il faut remarquer ici que c'est une erreur de considérer qu'une même concession faite aux deux belligérants soit conforme à l'esprit de rigoureuse impartialité qui doit dicter au neutre sa conduite. Un même avantage n'aura jamais, pour les deux armées en présence, une égale utilité, et ainsi l'intervention du neutre, impartiale en apparence, exercera le plus souvent une influence marquée, peut-être

tralité contiennent-elles toujours un paragraphe par lequel il est interdit aux sujets des Puissances qui les émettent de prendre du service dans les armées de l'un ou de l'autre des adversaires en présence. Ce n'est pas à dire que des prescriptions semblables puissent être exécutées à la lettre, et, si des individus neutres de nationalité épousent volontairement la cause de l'un des belligérants, ils ne seront pas moins des combattants réguliers, ayant un droit certain à l'application des lois de la guerre. Ces individus perdent tout droit à la protection de leur gouvernement : c'est la seule peine de leur faute [1]. En fait, on ne peut pas et on ne doit pas empêcher une personne maîtresse de ses actes de se vouer à une cause qui possède toutes ses sympathies [2]. Ce qui est essentiel ici, c'est qu'un gouvernement ne tolère pas sur son territoire des levées de troupes faites pour le compte

---

décisive, sur la suite des opérations. Comme exemple d'inégalité, on peut citer la concession d'un droit de passage. Généralement il sera tout à fait inutile à l'un des belligérants et ne profitera qu'à l'autre.

[1] Cf. sur cette question, les autorités citées à la note précédente.

[2] Il est évident que l'ambassadeur d'un État neutre devra soigneusement éviter de prendre la moindre part aux hostilités dans lesquelles se trouve engagé le Souverain du pays où il exerce ses fonctions. Ce n'est pas sans étonnement que l'on constate qu'à la fin du siècle dernier les idées étaient tout autres, et que l'on considérait qu'un ambassadeur devait au Souverain auprès duquel il était accrédité de tirer l'épée pour sa défense. (Le marquis Costa de Beauregard en cite un exemple dans son ouvrage).

des belligérants. C'est ainsi que, pendant la guerre de Crimée, le gouvernement des États-Unis s'est refusé à ce que l'Angleterre essayât d'enrôler dans ses ports des matelots pour le service des flottes britanniques. D'autre part, en 1870, deux tentatives faites en Suisse pour organiser des corps francs destinés au service de la France échouèrent par suite de l'opposition du gouvernement fédéral. Il est juste de dire cependant que cette obligation n'a pas été toujours complètement remplie. On cite l'exemple de lord Palmerston qui, en 1834, suspendit le *Foreign enlistment act*, et autorisa en Angleterre la formation d'un corps de volontaires commandé par des officiers anglais, et destiné à combattre don Carlos. D'autre part, il est rare qu'une guerre s'élève entre la Turquie et une autre nation, sans que l'on trouve des officiers anglais parmi les troupes turques et des officiers russes au nombre de leurs adversaires[1]. Le droit est certain, et le droit prohibe de pareils procédés, mais on persuadera difficilement à une nation de demeurer strictement impartiale, lorsqu'elle se considère comme directement intéressée dans la lutte qui se poursuit.

---

[1] Hautefeuille admet encore (*l. c.*, p. 223), sur l'autorité de Galiani, que l'on peut, sans manquer aux devoirs de la neutralité, envoyer quelques jeunes officiers s'instruire dans l'art de la guerre, sous les drapeaux de l'un des belligérants. Il recommande cependant, pour éviter les difficultés, de demander l'assentiment de l'autre belligérant.

Le même principe d'abstention a encore comme conséquence qu'une nation ne doit pas tolérer sur son territoire l'organisation de moyens de guerre pour le compte des combattants. L'application la plus usuelle de cette idée consiste dans la prohibition de construire, d'armer ou de ravitailler (si ce n'est dans les limites du strict nécessaire) des navires destinés ensuite à tenir la mer sous le pavillon de l'une des deux nations engagées dans les hostilités. C'est de la violation de cette obligation qu'est née l'une des contestations les plus fameuses de notre époque, l'affaire de l'*Alabama*. Bien que ce litige concerne surtout le droit de la guerre maritime, il est intéressant de le rappeler, soit parce qu'il a contribué à fixer sur des points importants le droit de la neutralité, soit parce qu'il a présenté l'application la plus considérable qui ait encore été faite de l'arbitrage comme mode de solution des difficultés du ressort international.

Pendant la guerre américaine de sécession, les États du Sud, dont tous les ports étaient bloqués par la marine fédérale, s'ingénièrent à armer des corsaires pour inquiéter le commerce maritime de leurs adversaires. Ils y parvinrent, et même les succès de cette marine improvisée furent tels, que, devant les pertes énormes dont ils se voyaient frappés, les armateurs nordistes renoncèrent pendant un temps à tenir la mer. Parmi les corsaires les plus redoutés se trouvaient trois navires, l'*Alabama*, la

Florida, le *Shenondoah* qui avaient tous été équipés en Angleterre, grâce au défaut de surveillance des autorités anglaises. De ces corsaires ce fut l'*Alabama* (cap. Semmes) qui fournit la carrière la plus brillante. Après avoir infligé des pertes énormes à la marine fédérale, il finit par être coulé, à la suite d'un combat contre un vaisseau de guerre, le *Kearsage,* en vue de Cherbourg. La guerre de sécession n'était pas encore terminée que le ministre des États-Unis à Londres, M. Adams, présentait au gouvernement de la reine toute une série de réclamations basées à la fois sur la précipitation mise par l'Angleterre à reconnaître le gouvernement insurrectionnel des Confédérés, et sur l'incurie des autorités anglaises qui avaient permis aux Sudistes d'armer, dans les eaux britanniques, ces corsaires dont les exploits avaient ensuite causé au commerce du Nord de si sérieuses pertes. Lord Russell, alors chef du ministère, se défendit en montrant que les autorités anglaises avaient fait tout leur possible pour appliquer le *foreign enlistment act.* Il y eut échange de plusieurs notes entre les deux gouvernements sans que l'on arrivât à une entente quelconque. Cependant le gouvernement britannique confia à une commission composée des jurisconsultes les plus éminents le soin de préparer une refonte de sa loi sur la neutralité, refonte dont ces dernières négociations avaient démontré la nécessité. Cette opération fut consommée en 1870 : c'est de là que date le second *foreign enlistment act* qui régit actuellement la Grande-Bretagne.

Dans cette même année 1870, il y eut entre les deux gouvernements une reprise des négociations relatives à l'affaire de l'*Alabama*.

M. Reverdy Johnson et M. Motley s'en occupèrent successivement pour les États-Unis, les lords Stanley et Clarendon pour l'Angleterre. Ces ouvertures aboutirent, en janvier 1871, à la nomination d'une commission de dix membres, mi-partie anglais et mi-partie américains, laquelle conclut à Washington, le 8 mai 1871, un traité posant les bases de la solution définitive de cette délicate contestation. Ce traité eut deux objets principaux. Il constituait un tribunal d'arbitrage chargé de juger en dernier ressort le différend pendant entre l'Angleterre et les États-Unis. Les arbitres, au nombre de cinq, devaient être nommés, deux par les parties litigantes, et les trois autres respectivement par le roi d'Italie, le président de la Confédération Helvétique et l'empereur du Brésil; en cas de défaut de l'un d'eux, par le roi de Suède et Norwège. Ces arbitres devaient se réunir à Genève, et le traité déterminait la procédure qu'ils auraient à suivre dans l'accomplissement de leurs fonctions.

En outre, le traité arrêta les principes d'après lesquels les arbitres auraient à se décider dans leur jugement. Ce fut l'objet des trois fameuses règles de Washington. Voici en substance ces trois règles :

1° Un gouvernement neutre doit empêcher l'armement et l'équipement dans sa juridiction de tout vaisseau qu'il a de bonnes raisons de croire destiné à concourir à des opérations militaires ; il doit de même s'opposer au départ de tout vaisseau dans les mêmes conditions.

2° Il ne doit permettre à aucun des belligérants de faire de son territoire sa base d'opérations, ni de s'en servir pour s'approvisionner, s'armer ou recruter les équipages de sa marine.

3° Il doit faire dans ses eaux toute la diligence nécessaire pour empêcher toute violation des obligations susdites.

Le traité de Washington, malgré les récriminations qu'il suscita, fut ratifié par les deux gouvernements, et, en suite de ses dispositions, le tribunal arbitral se réunit à Genève le 15 mai 1871. Ses opérations furent longues, laborieuses et chanceuses, car il fut obligé de suspendre ses séances, et on put craindre pendant un temps que ce gigantesque travail eût été accompli en pure perte.

Le tribunal repoussa toutes les prétentions élevées par le Gouvernement des États-Unis pour lui-même[1], et admit au contraire les réclamations formées par lui

---

[1] La décision des arbitres sur ce point mérite d'attirer l'attention.

pour le compte des particuliers lésés par les exploits des corsaires confédérés. Il condamna donc l'Angleterre à payer aux États-Unis, de ce chef, une somme de quinze millions et demi de dollars en or, ce qui fut fait. Cependant, il est à noter que le délégué de l'Angleterre, Sir Alexandre Cockburn, refusa de signer la décision, alléguant principalement les entraves apportées à la liberté des juges par les trois règles de Washington[1].

Il ne nous appartient pas ici de commenter cette célèbre affaire. Observons seulement que, en raison de la nature des intérêts en présence, elle n'est pas à elle seule de nature à permettre des espérances bien sérieuses au sujet de l'arbitrage, considéré comme remède aux contestations internationales.

Telles sont les conséquences les plus notables du devoir d'impartialité qui s'impose à tout État neutre. Nous dirons en terminant que ce devoir ne va pas jusqu'à interdire à un peuple de manifester ses préférences pour l'un ou l'autre des belligérants[2]; cela a été constaté notamment dans la proclamation émise par le président Grant en 1870. Cependant, un gouvernement

---

Elle signifie en effet qu'un belligérant n'est pas fondé à demander à un neutre des dommages pécuniaires pour le tort matériel que peut lui avoir causé l'inobservation de ses devoirs de neutre. Cf. Calvo, IV, p. 472.

[1] Cf. Phillimore, III, pp. 252 et ss.
[2] Bluntschli, § 753 a; Geffcken, p. 656.

vraiment humain et généreux s'opposera à toute manifestation par trop bruyante, qui pourrait être considérée comme une injure faite à l'un des partis en cause. C'est ainsi que l'Autriche s'est honorée, en 1870, lorsqu'elle a réfréné les transports d'enthousiasme que suscitaient dans la portion germanique de sa population les succès des armées allemandes.

L'état de neutralité frappe surtout le commerce des neutres avec les belligérants. Bien qu'il s'agisse surtout, dans cette partie de la théorie, du commerce maritime, et qu'elle demeure pour cela presque entièrement en dehors de notre cadre, certaines questions s'élèvent cependant, assez délicates, fort importantes, et qui, n'ayant pas un rapport direct avec la guerre navale, doivent être au moins mentionnées à cette place. En premier lieu se présente la question de savoir si un État neutre ne doit pas, en raison de sa neutralité, s'abstenir de fournir les belligérants d'objets, tels que les armes ou les munitions de guerre, qui sont de nature à augmenter, dans une proportion sensible, les forces du pays auquel ils sont livrés[1]. Remarquons bien que nous ne nous demandons pas ici si de tels objets peuvent être

---

[1] Cette question est très bien traitée dans Geffcken, §§ 151 et 152, pp. 684 et ss. On trouvera dans son ouvrage une indication complète des autorités.

saisis en cours de route par l'ennemi du belligérant auquel ils sont destinés, mais bien si l'État neutre ne doit pas s'opposer à leur expédition, considérée comme contraire à ses devoirs de neutralité. Il peut sembler étrange, en effet, qu'alors que l'on interdit les enrôlements de soldats ou de matelots, la construction et le gréement des navires propres à la course, on permette le commerce d'engins ou de provisions qui seront d'une utilité directe dans les hostilités engagées. Les obligations du neutre sur ce point ne sont pas parfaitement déterminées. Cependant, la doctrine actuelle incline à la distinction suivante. Le commerce des armes (et des autres objets similaires) est interdit à l'État neutre, qui sortirait, en le faisant, de l'état d'abstention impartiale dans lequel il doit se confiner, mais il n'est pas interdit aux particuliers sujets de cet État. Ces derniers ne doivent pas être privés, par la survenance d'une guerre, du droit d'exercer leur industrie : en ce faisant, ils n'entendent pas prendre parti pour l'un et l'autre des belligérants, ils veulent simplement retirer un bénéfice de la vente de leurs marchandises, leur acte n'a ni l'importance ni la signification d'un acte de même nature qui aurait un État pour auteur. Aussi leur Gouvernement n'a-t-il pas à intervenir, et si l'un des belligérants juge un pareil commerce désavantageux pour lui, il n'a que la ressource d'exercer son droit de prise sur la marchandise embarquée, ou de dériver vers son propre territoire, au moyen d'offres supérieures, les marchandises qu'il redoute de voir entre les mains de son ennemi. L'État neutre n'a, en cette matière, d'obligations qu'autant qu'il les a assumées dans les stipulations d'un traité formel : mais il faut remarquer qu'un traité de ce genre, quoique passé avec un seul des belligérants, impose au neutre des devoirs semblables, par rapport à tous les autres. Il serait, en effet, contraire à l'impartialité, d'obliger ses sujets de s'abstenir de tout commerce d'armes avec l'un des partis en présence, et de leur permettre en même temps de poursuivre ce commerce avec l'autre.

Une difficulté semblable s'est élevée en ce qui concerne les prêts d'argent. Peuvent-ils être faits aux belligérants par des neutres? Elle doit recevoir la même solution. Des prêts de cette sorte sont interdits aux États, comme constituant une participation indirecte aux hostilités, ils sont permis aux particuliers sujets neutres, comme l'est tout autre commerce avec les belligérants[1].

Tels sont les principes. On les jugera avec raison tout à fait favorables à la liberté des sujets neutres. Mais il faut ajouter immédiatement que, dans la pratique, ces

---

[1] Hall, p. 519 ; Geffcken, p. 699 ; Rüstow, p. 245 ; Funck Brentano et Sorel, p. 362. *Contrà*, Phillimore, III, p. 247 ; Neumann, p. 211 ; Calvo, IV, pp. 511 et ss., et Bluntschli (§ 768) distinguent entre les emprunts publics et les emprunts privés. Cf. Halleck, p. 236.

principes subiront une restriction notable par suite des usages maritimes touchant le blocus et la contrebande de guerre. D'une part, les vaisseaux neutres ne peuvent pénétrer dans un port bloqué par la marine ennemie, sans s'exposer à une saisie et à une confiscation à peu près certaines. D'autre part, la liberté de trafiquer des armes, des munitions, des machines de guerre est singulièrement limitée par l'usage qui autorise, de nos jours encore, la marine militaire des belligérants à s'approprier ces cargaisons, dites de contrebande de guerre, lorsqu'elles sont à destination de l'armée adverse. Le blocus, la théorie de la contrebande de guerre appartiennent à la guerre maritime, et nous ne pouvons que les nommer ici. Cependant, nous avons à nous demander si ces théories ne sont pas susceptibles d'une application exceptionnelle dans certaines hypothèses de la guerre terrestre.

Pour le blocus, la question est assez simple. L'investissement d'une place est analogue à un blocus, et il est bien évident qu'il n'est pas plus permis à un convoi neutre de traverser les lignes des assiégeants, qu'à leurs vaisseaux de forcer un blocus.

La confiscation, dans ce cas, empruntera peut-être la forme d'une réquisition, mais il n'y aura rien autre de changé au fond des choses.

En ce qui concerne la contrebande, une question s'est élevée, nouvelle, mais pratique et très intéressante. Que dire d'un train neutre que l'on surprend chargé d'armes ou de munitions à destination de l'armée ennemie ? On confisquera le chargement, cela ne peut faire l'ombre d'un doute, mais la confiscation s'étendra-t-elle à la locomotive et aux wagons, comme elle s'étend au vaisseau porteur des marchandises dans les mêmes circonstances ? M. de Stein est de cet avis [1] ? Nous ne savons pas cependant s'il y aurait lieu de l'adopter. Le principe de la confiscation du navire neutre chargé de contrebande de guerre est un principe ancien, et qui se maintient par la force de la tradition. Son utilité n'est pas démontrée, si ce n'est comme encouragement donné au vaisseau qui a opéré la capture. Le même intérêt n'existe pas pour les chemins de fer qui ne peuvent, en raison de leur fixité, se soustraire à l'action de l'ennemi. Il semble donc que cette confiscation devient sans objet, et que, si l'on craint le renouvellement d'actes semblables, on le préviendra simplement par un séquestre du train en question, limité à la durée des hostilités.

Indiquons enfin quelle est la sanction des règles que nous venons de poser. Cette sanction variera suivant les cas. Si c'est à l'État neutre que la violation de la neutralité est imputable, celui-ci devra une réparation ; dans les cas

---

[1] De Stein, R. D. I., *l. c.*, p. 351, et Projet de règlement, art. 29 et ss. R. D. I., 1887, p. 168.

les plus graves, il s'exposera à être compris dans les hostilités. Si, au contraire, c'est contre lui et à son détriment que l'acte illicite a été commis, l'État neutre devra se joindre à celui des belligérants qui en a souffert, pour exiger de l'autre une satisfaction. C'est ainsi que, pendant la guerre de sécession, la marine fédérale ayant fait une prise dans les eaux brésiliennes (affaire de *la Florida*), le Gouvernement brésilien prit immédiatement en mains la cause des Confédérés, et exigea des États du Nord une réparation convenable[1]. Au reste, cette matière peut donner lieu, dans certains cas, à de graves difficultés.

[1] Hall, p. 544.

DIX-NEUVIÈME CONFÉRENCE

De la neutralité perpétuelle. — Son origine. — Neutralité de la Suisse. — Neutralité de la Belgique. — Droits et devoirs de l'État perpétuellement neutre. — Défense de sa neutralité. — Situation de la Savoie neutralisée. — Progression historique de l'idée de neutralité en ce qui concerne la Savoie. — Congrès de Vienne. — La Sardaigne demande la neutralisation. Déclaration du comte de Saint-Marsan. — Protocole du 29 mars 1815. — Traité de Paris du 30 mai 1815. — Acte final du congrès de Vienne, art. 92. — Traité du 20 novembre 1815. — La neutralisation a été établie au profit de la Sardaigne. — Délimitation du territoire neutralisé. — Campagne de 1859. — Cession de la Savoie à la France. — Protestations de la Suisse, ses prétentions. — Maintien de la neutralité. Traité du 24 mars 1860, art. 2. — État actuel de la Savoie neutralisée : 1° en temps de paix ; 2° en temps de guerre.

En dehors des pays qui observent la neutralité de leur plein gré, et sans engager leur liberté pour l'avenir, on en rencontre d'autres pour lesquels la neutralité est un état normal, permanent, et même obligatoire, car ils se sont engagés formellement à ne jamais prendre part aux hostilités, et ont reçu d'autre part l'assurance qu'on ne les forcera jamais à agir comme belligérants. Cette situation particulière s'appelle la neutralité perpétuelle. Suivant les cas, elle peut être le lot d'un territoire ou de certaines eaux déterminées ; elle est donc ou territoriale, ou maritime, ou fluviale. Nous n'avons à nous occuper ici que de la neutralité perpétuelle territoriale, mais cette sorte de neutralité mérite un sérieux examen. Il ne se passera pas de grande guerre sans qu'elle ait à y jouer son rôle. Il est essentiel de savoir quelle situation est faite aux États perpétuellement neutres ; cela est d'autant plus nécessaire qu'en France même, et non loin d'ici, nous possédons un vaste territoire, d'une importance stratégique exceptionnelle, et dont la neutralité a été déclarée par les traités. La condition de ce territoire, étant pour nous du plus haut intérêt, sera aussi le point sur lequel se porteront de préférence nos explications.

Il est arrivé parfois que les nations, épuisées par des luttes trop prolongées, et redoutant à juste titre que leurs dissensions, sans cesse renouvelées, n'aboutissent à leur écrasement final, ont cherché de bonne foi le moyen de supprimer pour l'avenir les causes les plus graves de conflit, et essayé d'établir d'un commun accord un état de fait, qui rendît moins directs et moins fréquents les contacts dont on pouvait craindre l'influence sur la paix générale. Tel fut l'un des principaux objets des plénipotentiaires réunis au Congrès de Vienne en 1815. L'Europe était fatiguée de vingt années de luttes incessantes: il était urgent de lui assurer le bénéfice d'une longue paix, et la première condition paraissait être de mettre un frein à l'ambition de la France, et surtout de la séparer de sa vieille ennemie, la maison d'Autriche. C'est pour cela que fut imaginée la neutralité de la Suisse. L'idée de neutralité appliquée à la Suisse n'était pas une idée toute nouvelle. Depuis la paix de Westphalie qui reconnut leur indépendance, les cantons avaient adopté la coutume de stipuler leur neutralité des États voisins, au moyen de conventions particulières[1], par lesquelles ils s'engageaient, en retour, à leur fournir une certaine quantité de troupes auxiliaires. La Suisse conserva ainsi, jusqu'à l'époque de la Révolution française, sa neutralité par des moyens qui, dans nos idées actuelles, seraient jugés incompatibles avec une neutralité véritable. Les grands événements politiques et militaires dont fut témoin la fin du siècle dernier, eurent en Suisse leur contre-coup. On connaît les mémorables faits d'armes qui s'y passèrent. La Suisse était trop voisine de nous pour échapper à l'influence de Napoléon : aussi est-ce sous ses auspices que fut passé l'acte de médiation du 19 février 1803[2], qui fut remplacé par le pacte de confédération du 29 décembre 1813[3], lequel proclame de nouveau l'indépendance de la Suisse. Genève faisait,

---

[1] Geffcken, § 137, p. 636 ; Wheaton, II, p. 75. Calvo (IV, p. 488) cite comme exemple le traité de 1689 entre les cantons et le roi de France.

[2] Schœll, *Histoire abrégée des traités de paix*, ch. XXXIII, t. II, pp. 318 et ss.

[3] De Martens, *Nouveau recueil*, t. I, p. 659 ; Schœll, t. III, p. 316.

depuis 1798, partie du territoire français, et bien que la Suisse protestât de son intention de garder la neutralité, en 1813, les troupes de Schvarzenberg n'hésitèrent pas à emprunter son territoire dans leur marche vers la France.

Le sort de la Suisse devait être réglé par le Congrès de Vienne. Admis à présenter aux mandataires des grandes Puissances les desiderata de leur patrie, les délégués de la Suisse (MM. Reinhard, de Montenach, de Wieland) leur exposèrent d'abord (30 novembre 1814) le désir de leurs concitoyens de voir la neutralité de leur patrie reconnue par tous les souverains qui prenaient part au Congrès. Dans les négociations qui suivirent, les diplomates réunis à Vienne affectèrent de présenter toujours la neutralité comme un bienfait pour la Suisse, bienfait qui ne lui serait accordé qu'autant qu'elle se soumettrait aux intentions des grandes Puissances dans son organisation intérieure. En réalité, la neutralité de la Suisse n'était pas moins dans l'intérêt général de l'Europe que dans l'intérêt particulier des cantons appelés à jouir des avantages de cette situation privilégiée. La Suisse est le plus grand carrefour de routes militaires qui existe en Europe[2]: enfermée dans

---

[1] Klüber, *Akten des Wiener Congresses*, t. V, p. 181.
[2] V. Pictet de Rochemont, *Neutralité suisse dans l'intérêt de l'Eu-*

son enceinte de montagnes, dominant comme d'une forteresse naturelle les empires les plus puissants, elle possède encore l'avantage singulier de renfermer dans son territoire les sources de quatre des plus grands fleuves. Telle étant sa situation géographique, il est certain que la possession de ses défilés et de ses campagnes constituera, en cas de guerre européenne, un avantage immense pour celui qui aura su s'en emparer ; il est certain aussi que chaque Puissance a intérêt à écarter pour l'avenir les grands dangers qui résulteraient pour elle d'une semblable occupation. C'est pour cela que les Puissances signataires du premier traité de Paris émirent la Déclaration du 20 mars 1815, qui assurait à la Suisse le bénéfice d'une neutralité permanente[1].

Cette promesse fut renouvelée dans la Déclaration signée à Paris, le 20 novembre 1815, entre la France, l'Angleterre, l'Autriche, la Prusse et la Russie[2] ; mais il est d'un grand intérêt de remarquer que, dans le laps de temps qui sépare ces deux dates, les alliés, réunis à nouveau par suite du retour de Napoléon, sommèrent la Suisse d'avoir à livrer passage à leurs armées, et de leur fournir un certain contingent de soldats. Ils soutinrent

---

rope, Genève, 1860, et Wieland, *De la Neutralité de la Suisse et des moyens de la maintenir.* Genève, 1823.

[1] Klüber, *l. c.*, V, p. 310 ; de Martens, *Nouveau recueil,* II, p. 157.
[2] De Martens, *Nouveau recueil,* II, p. 740.

n'agir ainsi que dans le but de raffermir la neutralité de la Suisse, mais il n'est que trop visible qu'il y eut purement et simplement de leur part violation de cette neutralité[1].

Les mêmes raisons qui, en 1815, valurent à la Suisse le bénéfice de la neutralité, firent étendre ce même avantage à la Belgique en 1831[2]. La Belgique, elle aussi, est un des grands champs de bataille de l'ancien monde. Séparée de la Hollande, à laquelle les diplomates de 1815 l'avaient imprudemment réunie, elle ne possédait pas la force nécessaire pour défendre les positions stratégiques de premier ordre qu'elle pouvait offrir à l'ambition d'un conquérant. On la neutralisa donc.

---

[1] Note du 6 mai 1815 : « Elles connaissent le prix que la Suisse met au maintien de sa neutralité ; et ce n'est point pour y porter atteinte, mais uniquement pour accélérer l'époque où ce principe pourra être applicable d'une manière avantageuse et permanente, qu'elles proposent à la Confédération de prendre une attitude et des mesures énergiques, qui soient proportionnées aux circonstances extraordinaires du temps, sans cependant tirer à conséquence pour l'avenir. » Dans sa réponse du 12 mai 1815, la Suisse déclara très sagement son intention de limiter sa coopération à la défense de sa neutralité, exprimant l'espoir de voir son territoire respecté tant qu'elle n'appellerait pas elle-même les alliés à son secours. Mais cet espoir fut déçu, et la Confédération obligée de signer, le 20 mai 1815, un acte d'accession à la coalition (De Martens, *Nouveau recueil*, t. II, pp. 166 et ss.).

[2] On trouve dans les traités du 15 nov. 1831 et du 19 avril 1839 cette disposition (art. 7) : « La Belgique, dans les limites indiquées aux articles 1, 2 et 4, formera un État perpétuellement neutre. Elle sera tenue d'observer cette même neutralité envers tous les autres États. »

Ajoutons que la neutralité de la Belgique fut communiquée au grand duché de Luxembourg, par le traité du 11 mai 1867.

Tels sont, en Europe, les territoires perpétuellement neutralisés à l'heure actuelle, car la ville de Cracovie qui jouissait de cette situation, en vertu des traités de 1815, la perdit en 1846, lors de son incorporation dans les domaines de l'Autriche.

Ce dénombrement amène naturellement une question : Quelle est la situation des pays perpétuellement neutres ? Quels sont les droits et quels sont les devoirs particuliers qui découlent pour eux de la situation qui leur est faite ? Les traités sont muets à cet égard. Ces pays sont neutres, leur neutralité est garantie par les Puissances. Cela signifie que, au cas où les Puissances leurs voisines prendraient les armes, les pays neutralisés devraient se tenir dans cet état d'abstention impartiale dont nous avons précédemment esquissé les traits[1]. Cela signifie

---

[1] L'Angleterre qui, plus que toute autre puissance, a intérêt au maintien de la neutralité de la Belgique, prit soin, en 1870, de s'assurer, au moyen de deux traités passés l'un avec la France, l'autre avec la Prusse, du respect de la neutralité belge pendant la guerre franco-allemande (Traités du 9 et du 11 août 1870). On aurait tort de conclure de l'existence de semblables traités que la loi générale de neutralité, qui est la condition de la Belgique et des autres pays placés dans une situation analogue, ait besoin, en cas de guerre, d'une confirmation particulière. La précaution prise par l'Angleterre témoigne seulement d'un excès de prudence et n'eût-elle pas été

encore que, s'il arrivait que ces nations conventionnellement neutralisées sortissent de l'inaction qu'elles se sont imposée[1], comme aussi, si une tierce Puissance, mécon-

prise que la neutralité de la Belgique n'en eût pas moins été de droit. — A la même époque, le Gouvernement helvétique provoqua et obtint, par la voie diplomatique, des belligérants, une promesse formelle de respect pour sa neutralité. V. la note de M. de Grammont du 17 juillet 1870, et le télégramme du prince de Bismarck du 21 juillet dans Kern, *Souvenirs politiques,* pp. 225 et ss.

[1] Le prince de Bismarck, par une note datée de Versailles (3 déc. 1870), se plaignit au Gouvernement luxembourgeois de prétendues violations de neutralité dont ce dernier se serait rendu coupable, et annonça son intention de ne plus tenir aucun compte de la neutralité du Luxembourg. Les faits allégués étaient le ravitaillement de la place de Thionville par des trains luxembourgeois, et la faculté laissée à des militaires échappés à la capitulation de Metz de traverser le territoire grand-ducal pour rentrer en France, en évitant ainsi les lignes allemandes. Le vice-consul de France aurait, d'après les allégations de cette note, installé à la gare du Luxembourg un véritable bureau de rapatriement à l'usage de ses compatriotes. Fort ému de ces accusations, qui pouvaient cacher des desseins fatals à son indépendance, le Gouvernement luxembourgeois fit faire, par son ministre d'État, M. Servais, une réponse topique aux accusations du chancelier. Cette longue note, en date du 14 déc. 1870, est extrêmement intéressante à lire. Fort modérée et fort élevée en même temps, elle réfute un à un tous les reproches de l'Allemagne, montrant que le Gouvernement luxembourgeois n'a point commis, au profit de la France, les violations de neutralité dont on l'accuse ; qu'au reste, les faits allégués eussent-ils été exacts, la situation de puissance *désarmée* imposée au Luxembourg par les art. 3 et 5 du traité de Londres, du 11 mai 1867, devrait l'exonérer de toute responsabilité à l'égard d'infractions qu'il n'aurait pas été à même de réprimer. La note ajoute que si des manquements ont été commis, c'est en faveur de l'Allemagne et non pas de la France, que des milliers de wagons luxembourgeois ont été employés au transport des troupes allemandes et de leur matériel de guerre, que des détachements allemands, particulièrement des uhlans,

naissant leur prérogative, menaçait leur existence ou leur intégrité territoriale, les souverains qui ont accordé leur garantie à l'établissement de cet état particulier devraient s'interposer, et empêcher, par la force même, si l'usage de la force était nécessaire, que des conventions librement passées fussent violées[1]. Mais, tout n'est pas

ont plusieurs fois pénétré en armes sur le territoire luxembourgeois sans être inquiétés, etc. Bref, cet incident tourna contre l'Allemagne qui l'avait provoqué, et qui, du reste, n'insista pas. M. Servais touchait, à la fin de sa communication, à un point de droit intéressant sur lequel il faisait toutes les réserves de son Gouvernement. La neutralité du Luxembourg ayant été établie par un accord des Puissances, est-il admissible qu'une seule des H. P. C. puisse déclarer qu'à l'avenir elle tiendra cette neutralité pour non avenue? En principe, certainement non, sauf le droit qui appartient naturellement à un État quelconque de se défendre contre des actes positifs de belligérance entrepris injustement par le neutre. Mais telle n'était évidemment pas l'hypothèse. (V. Valfrey, *Histoire de la diplomatie du Gouvernement de la Défense nationale*, t. II, pp. 129 et ss., et Pièces justificatives, même vol., pp. 278 et ss.)

[1] Doit-on entendre par là que la garantie des puissances soit nécessairement collective, et que les garants ne puissent intervenir que tous ensemble? Lord Stanley tenta de faire prévaloir cette interprétation dans un discours prononcé à la Chambre des Communes, le 14 juin 1871, mais ce discours souleva les protestations du Conseil d'État du grand duché de Luxembourg, et avec raison. Il résulterait d'une semblable interprétation que lorsque l'une des Puissances garantes se trouverait dans l'impossibilité d'agir, ou mieux lorsqu'elle se rendrait elle-même coupable d'une violation de la neutralité de l'État garanti, l'exercice du droit à la garantie deviendrait impossible. Telle n'a certainement pas été l'intention des Puissances contractantes, et la mention d'une garantie collective signifie simplement que l'obligation pèse également sur tous les garants qui auront, dès lors, avantage à s'unir pour l'acquitter en commun. On ne conçoit pas une obligation

dit par là, et les divers traités que nous avons cités ne touchent pas à la question de savoir dans quelle mesure l'établissement d'une neutralité perpétuelle diminue la liberté d'action de l'État qui en recueille les avantages. Que ce principe de restriction existe, cela n'est point douteux. Une personne quelconque, un État, ne peut prétendre à la liberté de son action qu'autant qu'il supporte la responsabilité de ses actes, et, dans le domaine international, cette responsabilité implique l'éventualité d'une prise d'armes, lorsqu'une prise d'armes devient nécessaire pour assurer l'effet des résolutions que l'on a prises. L'activité d'un État neutre devra donc se limiter à une sphère purement pacifique, à moins de compromettre ses conditions d'existence et de respect[1].

On pressent que cette formule sera, pour l'État neutre, la source de nombreuses obligations, soit en temps de paix, soit en temps de guerre[2]. Il nous est impossible

collective si elle n'a pas son fondement dans une obligation individuelle de chaque débiteur, et la garantie collective ne peut devenir une réalité qu'autant qu'on lui applique les principes qui régissent, en droit civil, les obligations indivisibles. (V. Milanowitch, *Les traités de garantie* (thèse), pp. 51 et ss. Paris, Rousseau, 1888. — Cf. Funck Brentano et Sorel, p. 356 ; Calvo, *l. c.*, p. 495.)

[1] C'est par une application de cette idée que la Belgique, État perpétuellement neutre, n'a pas pu assumer la garantie de la neutralité du Luxembourg. — Cf. Wheaton, *l. c.*, t. II, p. 82 ; Geffcken, *l. c.*, § 136, p. 634 ; Piccioni, *De la neutralité perpétuelle*, p. 143.

[2] On dit volontiers que la neutralité perpétuelle obtenue par un État ne peut pas avoir comme conséquence une diminution de sa

d'en suivre ici le développement. Un point cependant mérite d'attirer notre attention, à raison de son influence sur la question particulière qui fait l'objet principal de cette étude. L'état de neutralité entraîne-t-il après lui une sorte de paralysie obligatoire des forces militaires de l'État qui en bénéficie, de telle sorte que celui-ci doive renoncer à tout préparatif militaire qu'il pourrait utiliser à un moment donné pour sortir de sa neutralité? On pourrait être tenté de le croire, parce qu'il semble qu'un État perpétuellement neutre ne doit jamais avoir l'occasion de prendre les armes, et parce que l'organisation

souveraineté (Funck Brentano et Sorel, p. 153). La réalité ne répond pas et ne peut pas répondre à cette formule. L'État perpétuellement neutre est destiné à demeurer perpétuellement pacifique (Chrétien, *Principes du droit international public,* p. 275), il est donc de son devoir d'éviter tout ce qui pourrait ultérieurement donner lieu à des hostilités (Geffcken, § 136, p. 634; Wheaton, II, p. 82). Par cela même, la politique de l'État neutre sera, dans une certaine mesure, placée sous la surveillance des Puissances garantes, qui, étant appelées à défendre sa neutralité, sont naturellement qualifiées à s'opposer à ce qu'elle soit compromise par sa propre faute. Aussi la définition de la situation exacte de tel État est-elle malaisée (Cf. Bluntschli, § 743) et peut-on toujours craindre que le cours des événements ne fasse naître, en ce qui les concerne, des difficultés graves. On consultera avec fruit sur ce point la remarquable thèse de M. Piccioni, pp. 121 et ss. (*De la neutralité perpétuelle,* Paris, Rousseau, 1891). V. aussi Milanowitch, *l. c.,* pp. 27 et ss. — Historiquement il n'est pas sans intérêt d'observer que la déclaration du 20 mai 1815 qui garantit à la Suisse sa neutralité exigea en retour son adhésion aux arrangements que les grandes Puissances avaient arrêtés touchant ses affaires intérieures. L'adhésion de la Suisse résulta de l'acte d'accession du 27 mai 1815. Schœll, *Histoire abrégée des traités de paix,* III, pp. 408 et ss.

militaire de cet État peut devenir une menace pour la paix générale que sa neutralité a pour objet de consolider. Il semble même que ces idées ont, à certaines époques, prévalu dans la politique européenne. C'est ainsi que, par une convention de 1862, la France et la Suisse se sont réciproquement interdit de fortifier la vallée des Dappes, et que, lorsqu'en 1867 la neutralité du grand duché de Luxembourg fut proclamée, on stipula que la forteresse de Luxembourg serait rasée. A coup sûr elles ne sont plus admises aujourd'hui, et avec grande raison, car elles ont le tort de faire abstraction du facteur le plus important de ce grave problème, de la nécessité dans laquelle peut se trouver l'État neutre de défendre sa propre neutralité. Celle-ci est, il est vrai, sous la garde des plus grandes Puissances, mais encore faut-il compter le temps nécessaire à solliciter leur appui, et pour elles le temps de mettre leurs forces sur le pied de guerre, et de courir au secours du neutre injustement attaqué. Il est fort possible qu'au moment où les troupes libératrices apparaîtront aux frontières de l'État protégé, elles se trouvent en présence d'un mal déjà irréparable. S'il veut être bien défendu, l'État neutre doit se défendre lui-même, et l'on ne comprendrait pas du reste que la garantie à lui promise pût le dispenser de s'acquitter du devoir élémentaire qui incombe à chacun de se protéger lui-même. Et puis il est possible que le danger vienne à poindre pour le neutre à un moment où ses protecteurs font la guerre pour leur propre compte. Il est évident qu'en semblable occurrence ils ne consentiront pas à détacher, fût-ce la moindre portion de leurs forces, pour le service d'étrangers, et que les traités deviendront lettre morte, si le neutre ne trouve pas sur son propre territoire et dans ses propres ressources les moyens de les faire observer. Disons donc que c'est un droit et un devoir pour un État neutre de prévoir l'hypothèse d'une agression, et de prendre, dès le temps de paix, les mesures les plus propres à en écarter le danger[1]. Telle est bien l'opinion actuelle, et lorsque la Suisse a réformé son système militaire et construit ses forteresses, lorsque la Belgique a couvert ses frontières des ouvrages que l'on sait, pas une voix ne s'est élevée pour prétendre que l'une ou l'autre manquait à ses obligations internationales. Insistons donc sur ce principe.

---

[1] Ce point est tenu pour certain par tous les auteurs. V. Piccioni, *l. c.*, pp. 154 et ss.; Calvo, *l. c.*, p. 492 ; Geffcken, *l. c.*, § 136, p. 635 ; Klüber, § 285; Fiore, art. 1176 ; Funck Brentano et Sorel, p. 353 ; Morin, *l. c.*, II, pp. 339 et ss.; Bluntschli, § 743, note. « Verzicht auf das Recht des Krieges wäre Selbstentmannung, wäre Verzicht des Staates darauf, seine Rechte mit den Waffen zu schützen und zu vertreten, d. h. im Grunde Verzicht auf die selbstendige Existänz. » La situation particulière faite à cet égard au Luxembourg s'explique « par l'impossibilité où serait ce petit État de maintenir en état de défense une position stratégique aussi importante que Luxembourg ». (Piccioni, *l. c.*, p. 157.)

Neutralité pour un État n'est point du tout synonyme de désarmement. Un État neutre a le droit et le devoir de défendre sa neutralité, et aucune des mesures qui peuvent être employées à produire ce résultat ne lui est interdite.

Ces notions générales étant connues, passons à la question qui doit faire plus particulièrement l'objet de cette conférence, à la question de la neutralité d'une partie considérable de la Savoie[1]. Cette neutralité, elle aussi, a son origine dans les traités de 1815, mais pour s'expliquer les raisons qui l'ont fait établir, pour pouvoir mesurer avec quelque sûreté la portée pratique qu'elle possède encore de nos jours, c'est bien au delà de 1815 qu'il faut remonter[2]. Du jour où s'est affirmée la rivalité de la France et de la maison d'Autriche, la Savoie devint

---

[1] M. Irénée Lameire (*De la neutralité de la Haute Savoie et de quelques autres cas de neutralité locale,* Paris, Pedone-Lauriel, 1893) donne des détails intéressants sur l'usage qui s'était établi aux XVIIe et XVIIIe siècles de neutraliser certaines portions du territoire autrichien (le Frickthal, les villes forestières, les terres de l'évêché de Bâle) pendant les guerres entre l'Empire et la France (pp. 19 et ss.). C'était une neutralité habituelle, mais point du tout perpétuelle.

[2] Nous recommandons vivement à tous ceux qui veulent se former une opinion exacte sur la délicate question de la neutralité de la Savoie, la lecture de l'ouvrage publié par M. l'abbé Ducis, sous ce titre : *Occupations, neutralité militaire et annexion de la Savoie* (Paris, Dumaine, 1877). Ce livre, d'une lecture parfois un peu difficile, abonde en souvenirs historiques intéressants, et réussit, à notre avis, à jeter une lumière complète sur une des questions qu'il nous importe le plus de voir éclaircir.

le grand chemin des troupes de ces deux puissances dans leurs marches stratégiques. L'Italie fournit à cette lutte séculaire ses principaux champs de bataille, il était dès lors dans le sort de la Savoie de se voir constamment foulée par les soldats des deux partis, et, maintes fois, elle souffrit autant de ses amis que de ses ennemis[1]. De bonne heure l'ambition des ducs de Savoie fut, grâce aux efforts de la France, tournée du côté de l'Italie, ou le morcellement extrême de la souveraineté et des complications politiques sans cesse renaissantes pouvaient laisser naître l'espoir d'un agrandissement presque indéfini. Déjà, en 1610, Henri IV, qui avait peu d'années auparavant conquis (traité de Lyon, 1601) les possessions savoyennes de la rive droite du Rhône (Bresse, Bugey, Valromey), promettait, par un article secret du traité de Brusolo, le titre de roi de Lombardie au duc Charles Emmanuel. L'année suivante ce même duc adressait aux grandes Puissances une demande de protection pour ses États. Ce fut la première tentative faite par la maison de Savoie pour faire attribuer à la province qui avait été son berceau le bénéfice de la neutralité[2]. Cette tentative ne pouvait demeurer isolée. Installé définitivement de l'autre côté des Alpes, le duc de Savoie ne possédait pas des forces assez consi-

---

[1] Ducis, *passim*, not., § VI, pp. 27 et ss.
[2] Ducis, *l. c.*, p. 17.

dérables pour défendre à la fois ses domaines italiens et sa province de Savoie qui, ouverte au nord, au midi et au couchant, était fatalement destinée à subir les malheurs d'une invasion. La politique de la maison de Savoie consista régulièrement à concentrer dans les plaines du Piémont l'élite de ses troupes, et à essayer de préserver la Savoie seulement au moyen de l'action de sa diplomatie. C'est ainsi qu'à plusieurs reprises successives on voit les souverains de cette maison solliciter pour la Savoie le bénéfice de la neutralité. Victor-Amédée II, à l'occasion de la ligue d'Augsbourg en 1690, lors du traité de Ryswik en 1697, puis en 1702 au début de la guerre de succession d'Espagne, émit cette proposition. Elle fut renouvelée par les plénipotentiaires de la Savoie au congrès d'Utrecht en 1713, mais toujours sans succès, car chacun de ces projets se heurta à l'opposition absolue de la cour de France. Enfin, à l'époque de la guerre de succession d'Autriche, en 1741, le roi de Sardaigne fit une nouvelle tentative dans le même sens, et cette tentative échoua comme les précédentes devant la résistance de la France. Pendant deux siècles, on le voit, la tendance constante de la cour de Turin fut d'obtenir la neutralité pour une province qu'elle ne voulait pas céder, et qu'elle ne pouvait plus défendre, tandis que la politique arrêtée des rois de France était de s'opposer à une déclaration de neutralité qui eût contrarié les visées de conquête qu'ils nourissaient sur ce pays, projets qui, à diverses époques, avaient été fort près d'aboutir[1]. Vint là-dessus la révolution française, et avec elle l'annexion de la Savoie à la France qui se produisit dès 1792. C'est à la fin de l'épopée impériale, lorsque les souverains réunis à Vienne entreprirent de disposer du gigantesque héritage de Napoléon, que le roi de Sardaigne, Victor Emmanuel Ier, renouvela enfin avec succès sa demande de neutralité.

Jamais les circonstances n'avaient été plus favorables, car l'influence momentanément diminuée de la France ne pouvait plus mettre obstacle à ce projet, jamais non plus il n'avait été aussi nécessaire de le mettre à exécution. Le traité de Paris du 30 mai 1814 avait, contrairement à toutes les traditions et à toutes les convenances, partagé la Savoie entre la Sardaigne et la France. Cette dernière conservait en Savoie un territoire de forme triangulaire limitée par le Guiers, une chaîne de monta-

---

[1] Ducis, *l. c.*, pp. 25, 26, 27, 29, 34. Les faits démontrent eux-mêmes que cette appréciation portée sur la politique de la maison de Savoie est strictement exacte. On remarquera, en effet, que les demandes de neutralisation ne se sont produites, de la part de ses princes, que postérieurement à l'époque où ils se sont vus forcés d'abandonner les visées qu'ils avaient longtemps entretenues touchant la constitution à leur profit d'un nouveau royaume de Bourgogne, et que, d'autre part, dès que la maison de Savoie s'est vue à la tête d'un établissement incontesté en Italie, elle a consenti à faire abandon à la France de la province qui avait été son berceau.

gnes comprenant les contreforts orientaux du plateau des Bauges et de Tamié, la chaîne des Aravis, et, au nord, par une ligne conventionnelle passant à la Roche et tout près de Saint-Julien. Chambéry, Annecy et Rumilly demeuraient ainsi français [1]. Le roi de Sardaigne gardait de ses domaines patrimoniaux deux parts bien distinctes, l'une, au nord, comprenant le Chablais et le Faucigny, l'autre, au sud-est, avec les vallées de Beaufort, de Tarentaise et de Maurienne ; la capitale de ces restes d'États fut placée sur leur ligne de jonction au confluent de l'Isère et de l'Arly, à Conflans et à l'Hôpital sous Conflans, aujourd'hui Albertville. Entre les deux parties du territoire laissées à la Sardaigne un seul passage existait, sûr et praticable en toutes saisons, la vallée de l'Arly, et ce passage était dominé sur toute sa longueur par une ligne de hauteurs à l'Ouest, demeurées au pouvoir de la France. En réalité, les communications du Chablais et du Faucigny avec le reste des États du roi de Sardaigne était aux mains de la France. C'est dans ces circonstances que les Puissances réunies au Congrès de Vienne reçurent la proposition de neutraliser la partie septentrionale de la Savoie.

Les faits que nous venons de rapporter sont assez significatifs pour que l'on devine sans peine par qui et

---

[1] Ducis, pp. 60 et ss.

dans l'intérêt de qui cette neutralité fut demandée et obtenue. Nous pourrions, à la rigueur, nous dispenser d'entrer plus avant dans les explications ; cependant il nous paraît meilleur de n'épargner aucun détail qui puisse contribuer à placer sous son jour véritable une question qui semble avoir été défigurée à plaisir. Au congrès de Vienne, les affaires de la Suisse et de la Sardaigne jouèrent un rôle important. Or que voyons-nous ? La condition de neutralité d'une partie de la Savoie est proposée par les plénipotentiaires de Sardaigne, et acceptée par les représentants de la Suisse moyennant une compensation territoriale[1]. A Vienne, la Suisse demandait la reconnaissance de son indépendance, de sa neutralité, et la restitution de ses frontières militaires *avec les améliorations propres à les rendre respectables*[2], et ces améliorations comprenaient entre autres la cession par la Sardaigne au canton de Genève de certains lambeaux de territoire avoisinant Genève et séparant de la métropole quelques possessions dépendant d'elle. Les députés du canton de Genève (Pictet de Richemont, d'Ivernois) articulèrent en particulier ces souhaits, demandant que Genève fût placé au nombre des cantons d'une *étendue moyenne*, et bénéficiât d'un désenclavement complet de

---

[1] Klüber, *Akten des Wiener Congresses,* V, pp. 158 et ss.
[2] Klüber, *l. c.,* V, p. 182, et Note du plénipotentiaire d'Angleterre, IV, p. 218.

territoire[1]. Ces vœux furent accueillis par les Puissances, et le comité institué pour les affaires de la Suisse témoigne de l'engagement pris par leurs représentants de faire reconnaître la neutralité perpétuelle de la Suisse, de lui restituer les pays qui lui ont été enlevés, *de renforcer même par des arrondissements territoriaux la ligne de défense de cet État*[2], et conclut à la nécessité d'entamer des négociations à cet effet avec la cour de Turin[3]. Lesdites négociations furent donc ouvertes, et le plénipotentiaire du roi de Sardaigne, comte de Saint-Marsan, déclara au nom de son maître (26 mars 1815) que Sa Majesté adhérait au vœu des Puissances alliées que la Savoie cédât au canton de Genève quelques portions de territoire[4] (déterminées par le protocole portant la date du 29 mars 1815), sous certaines conditions dont la première était exprimée en ces termes : « que les provinces
« de Chablais et de Faucigny, ainsi que tout le territoire
« situé au nord d'Ugines et appartenant à Sa Majesté,
« soient compris dans la neutralité helvétique garantie
« par toutes les Puissances ; c'est-à-dire que toutes les
« fois que les Puissances voisines de la Suisse se trou-
« veront en état d'hostilités ou commencées ou immi-
« nentes, les troupes de Sa Majesté le roi de Sardaigne

---

[1] Klüber, *l. c.*, V, p. 239.
[2] Id., *l. c.*, V, p. 282.
[3] Id., p. 328.
[4] Id., VI, p. 182.

« qui se trouveront dans ces provinces *puissent se reti-*
« *rer,* et prendre à cet effet, s'il est besoin, la route du
« Valais ; que les troupes armées d'aucune Puissance ne
« puissent ni séjourner, ni passer dans les provinces ci-
« dessus, à l'exception de celles que la Confédération
« helvétique jugerait à propos d'y placer. Il est entendu
« que ces rapports ne gêneront en aucune matière l'ad-
« ministration de ces provinces, dans lesquelles les offi-
« ciers civils de Sa Majesté pourront employer la garde
« municipale au maintien du bon ordre ». L'article 5 de
la même déclaration contient l'engagement des Puissances d'employer leur médiation auprès de la France,
pour la décider à restituer au roi de Sardaigne une portion au moins des territoires qu'elle possédait en Savoie,
de façon à permettre à ce dernier de compléter le système
de défense des Alpes. Cette déclaration fut acceptée par
les représentants des Puissances et, immédiatement après
leur acceptation, le roi de Sardaigne céda au canton de
Genève un district comprenant notamment Carouge, avec
environ 8,000 habitants[1]. Ces deux actes connexes furent
acceptés par la Diète fédérale, dans sa séance du 12 août
1815[2]. Voilà la première consécration formelle que reçut
l'idée souvent mise en avant de la neutralisation d'une

---

[1] Ducis, *l. c.*, p. 66.
[2] Klüber, *l. c.*, V, p. 338.

partie de la Savoie. Cette neutralisation, on le voit clairement, fut demandée par la Sardaigne et acceptée par la Suisse à titre de compensation pour les cessions territoriales que le roi de Sardaigne consentait, sur la demande des Puissances, au profit de la République de Genève. Cette neutralité était donc interprétée comme organisée au profit de la Sardaigne.

L'état de choses établi au Congrès de Vienne était destiné à subir bientôt des modifications. Il fut d'abord confirmé (sauf une variante insignifiante «*se retireront*» au lieu de «*pourront se retirer*») par le traité du 20 mai 1815 entre la Sardaigne et les grandes Puissances (art. 8). Les dispositions de ce traité sont reproduites, mot pour mot, dans l'Acte final du Congrès de Vienne (9 juin 1815, art. 80 et 92)[1]. Mais bientôt, le retour de Napoléon et la seconde campagne de France mirent les alliés sur la voie des restitutions que réclamait encore le roi de Sardaigne. Le Congrès de Paris résolut de lui rendre l'intégralité de ses États, à l'exception du territoire de Saint-Julien, que la République de Genève parvint à se faire attribuer sur les sacrifices imposés à la France[2]. Ce point mis à part, la France et la Sardaigne étaient ramenées à leurs limites de 1790 (Traité du

---

[1] De Martens, *Nouveau Recueil*, II, pp. 417 et 426.
[2] Ducis, *l. c.*, p. 83.

20 novembre 1815, art. 1). L'article 3 du même Traité, relatif à la question de neutralité, s'exprimait ainsi :

« La neutralité de la Suisse sera étendue au territoire
« qui se trouve au Nord d'une ligne à tirer depuis Ugines,
« y compris cette ville au midi du lac d'Annecy par
« Faverges jusqu'à Lescheraine, et de là au lac du Bour-
« get jusqu'au Rhône, de la même manière qu'elle a été
« étendue aux provinces de Chablais et au Faucigny,
« par l'article 92 de l'Acte final du Congrès de Vienne[1]. »

Cette extension de la neutralité savoyenne fut acceptée par le roi de Sardaigne, le 15 décembre 1815, avec cette remarque que cette concession ne lui donnait qu'une satisfaction incomplète[2], puisqu'il avait demandé la neutralité pour le territoire entier de la Savoie, et par la Suisse, dans le traité de Turin du 16 mars 1816 (art. 7), où elle est présentée comme une annexe de la première déclaration de neutralité.

Nous avons suivi, pièces en mains, cette longue procédure de la neutralisation de certaines parties de la Savoie, et des divers documents qu'elle comprend, nous constatons qu'il ressort aussi nettement que possible : 1° que cette neutralité n'a jamais été comprise que comme une faveur faite au roi de Sardaigne pour lui permettre,

---

[1] De Martens, *Nouveau Recueil*, II, p. 688 ; *Adde* l'Acte de reconnaissance de la neutralité de la Suisse, du même jour, *id.*, p. 740.
[2] Ducis, *l. c.*, p. 86.

en cas de guerre avec la France, d'assurer le retour de ses troupes dans ses domaines italiens [1] ; 2° que si la neutralité n'a pas été étendue à la Savoie tout entière, comme le demandait la Sardaigne, c'est seulement parce que la France voulait se réserver, en cas de guerre, l'avantage que lui fournissait l'existence de la trouée de Montmélian, qui lui assurait une libre entrée sur le territoire de son voisin.

Les conditions de cette neutralité n'ont plus été modi-

---

[1] Il importe de faire remarquer ici que d'après le texte des instruments successifs signés par les Puissances après leurs victoires, comme d'après les circonstances dans lesquelles cette neutralité a été demandée et accordée, nul doute n'existait à cette époque sur son sens et sa portée. La neutralité a été demandée par le plénipotentiaire du roi de Sardaigne, comte de Saint-Marsan, et présentée par lui comme une compensation aux sacrifices que l'on exigeait de son maître en faveur de la Suisse. Ce n'est que lorsqu'il sait cette condition agréée par les Puissances (Protoc. du 29 mars 1815) que le roi de Sardaigne consent aux cessions demandées. C'est le texte même du ministre sarde qui est inséré dans le traité du 20 mai 1815. Le traité du 20 nov. 1815, en même temps qu'il restitue au roi de Sardaigne l'intégralité de ses domaines transalpins, stipule en sa faveur une extension de neutralité, payée à la Suisse par de nouvelles cessions territoriales. Au moment de la remise des territoires qu'il récupère (Protoc. du 15 déc. 1815), le roi de Sardaigne proteste de son désir de voir toute la Savoie neutralisée. Dans le traité de Turin, du 16 mars 1816, les commissaires de Genève reconnaissent la condition de neutralité qui leur est imposée, renoncent à se prévaloir de toute différence dans la teneur des actes où elle est mentionnée, promettent de ne faire aucune distinction ni réserve qui puisse affaiblir l'effet de cette clause, etc. De cet ensemble de documents, il résulte, jusqu'à l'évidence, que dans tout cela c'était la Sardaigne qui stipulait et la Suisse qui promettait.

fiées par la diplomatie ; c'est donc ici le lieu de voir à quels territoires elle s'étend. D'après les dispositions combinées de l'article 92 de l'Acte final et de l'article 3 du Traité du 20 novembre 1815, le territoire neutralisé comprend toute la portion située au Nord d'Ugines, comprenant le Faucigny, le Chablais et la plus grande partie de l'ancienne province de Genevois, et à l'Ouest, la portion de terrain délimitée par une ligne passant par Ugines, Faverges, Doussard, le col d'Entreverne, Lescheraine, le cours du Sierroz, le lac du Bourget, le canal de Savière et le Rhône, soit en tout les deux tiers au moins de la Savoie [1].

Au reste, jamais les stipulations dont il s'agit n'ont été mises en vigueur. Après les grandes guerres du

---

[1] Le tracé de la frontière de la région neutralisée n'a jamais été officiellement déterminé ; il reste donc sur ce point quelque incertitude, au moins en ce qui concerne la direction à donner à ce tracé à partir de Lescheraine. M. Lameire, dans la carte annexée à son ouvrage, indique comme limite une ligne arbitraire aboutissant à peu près à l'extrémité N. du lac du Bourget. Il est impossible d'accepter ce tracé qui ne tient aucun compte du système orographique du pays. Une ligne de neutralité est, par la force des choses, une ligne stratégique, et il est inadmissible que l'on ait entendu faire traverser à une ligne semblable trois chaînes de montagnes ou de collines et deux vallées, alors qu'il est possible de rejoindre les lieux indiqués dans le traité au moyen d'une ligne suivant successivement deux vallées, celles du Chéran et du Sierroz, séparées par un col d'une hauteur insignifiante. Le tracé que nous proposons est indiqué par M. Ducis. (*La neutralité militaire de la Savoie,* p. 10.)

commencement du siècle, la Sardaigne jouit d'une longue période de paix. La campagne de 1848 entre la Sardaigne et l'Autriche ne souleva pas la question de neutralité[1] et, en 1859, les troupes françaises purent traverser une portion du territoire neutralisé (du pont de Culoz sur le Rhône au Pont Rouge sur le Sierroz), sans soulever de protestation bien sérieuse. Avec l'année 1860, la question de la neutralité de la Savoie est entrée dans une nouvelle phase, par suite de l'annexion de la Savoie à la France, réalisée par le traité du 24 mars 1860. La conséquence logique de ce traité aurait dû être de faire disparaître à jamais cette neutralité qui devenait sans objet. L'ancienne Sardaigne, devenue l'Italie, n'avait plus besoin d'être protégée contre les entreprises de la France, puisqu'elle-même venait, de son plein gré, de faire abandon à sa voisine des territoires que la neutralité de 1815 avait pour objet de garantir des incursions françaises. La France, maintenant maîtresse de la Savoie, ne pouvait posséder un droit dirigé contre elle-même. Le danger avait cessé et, entre les deux Puissances ramenées à leurs frontières naturelles, n'existait plus aucun besoin de la protection artificielle de cette neutralité[2].

---

[1] Lameire, *l. c.*, pp. 101 et ss.

[2] Il y eut cependant à cette occasion deux protestations formulées : l'une par l'Autriche, l'autre par l'Angleterre, et une note de la Suisse, du 14 avril 1859.

Telle ne fut pas cependant la solution adoptée par le Traité de 1860, et pour s'expliquer le parti pris à cet égard par les négociateurs, il faut noter que, depuis quelque temps déjà, un courant d'opinion s'était formé en Suisse qui tendait à accréditer cette idée, que la neutralité de la Savoie du Nord avait été stipulée en 1815, non point dans l'intérêt de la Sardaigne, mais dans l'intérêt de la Confédération helvétique. Cette thèse trouva d'abord son expression dans une notification du Conseil fédéral en date du 14 mars 1859 [1]. Peu après, la même pensée se rencontre beaucoup plus nettement formulée dans un message du Conseil fédéral à l'Assemblée fédé-

---

[1] *Feuille fédérale,* 1859, t. I, pp. 236 et ss. Après avoir déclaré son intention formelle de maintenir la neutralité suisse, avoir rappelé qu'une partie de la Savoie est comprise dans ladite neutralité et cité les textes à l'appui, le Conseil fédéral continue en ces termes : « Si donc les circonstances le réclament, *et pour autant que la mesure sera nécessaire pour assurer et défendre sa neutralité et l'intégrité de son territoire,* la Confédération suisse fera usage du droit qui lui a été conféré par les traités européens d'occuper les parties neutralisées de la Savoie... Le Conseil fédéral déclare qu'il s'efforcera de se mettre d'accord avec le gouvernement de S. M. le roi de Sardaigne au sujet des conditions spéciales d'une telle occupation ». — La Sardaigne, dans sa réponse du 16 avril 1859 (*Feuille fédérale,* 1859, t. I, pp. 421 et ss.), se garda bien d'adhérer à cette interprétation. Le Gouvernement se dit simplement « heureux de recevoir l'assurance formelle que la Confédération est prête à remplir, le cas échéant, les stipulations internationales qui se réfèrent aux provinces neutralisées de la Savoie », et proposa une Conférence pour régler le sens, la portée et l'extension des obligations qui résultent du Protocole de Vienne.

rale [1], dont voici les principaux passages : « Les cir-
« constances qui se rattachent à la partie neutralisée de
« la Savoie sont en rapport immédiat avec la neutralité
« Suisse, et ont mérité d'être pris *(sic)* par nous en mûre
« et sérieuse considération. Comme on le sait, les traités
« de 1815 garantissent à certaines parties du territoire
« savoisien, de même qu'à la Suisse, une neutralité per-
« pétuelle, et ils donnent à la Confédération, dans le cas
« où une guerre aurait éclaté ou serait imminente entre
« les deux Puissances voisines, la *latitude* d'envoyer
« des troupes dans cette partie du territoire, pour autant
« qu'elle le jugerait convenable. Ces stipulations reçoi-
« vent, aujourd'hui pour la première fois, une significa-
« tion pratique, c'est pourquoi nous avons dû nous ren-
« dre bien compte du sens dans lequel elles doivent être
« comprises. Après avoir examiné la lettre aussi bien
« que l'historique des documents qui s'y rapportent, nous
« sommes arrivés à la conviction que l'occupation de la
« zone neutralisée de la Savoie ne doit être considérée
« pour la Suisse que comme un *droit* et non point
« comme une *obligation*, et qu'elle doit faire usage de
« ce droit autant qu'il est nécessaire pour la défense et
« la sauvegarde de la neutralité suisse, ainsi que pour
« l'intégrité de notre territoire. »

---

[1] Message du 29 avril 1859, *Feuille fédérale*, 1859, t. I, pp. 429 et ss.

Cette interprétation n'était certainement pas autorisée par la Sardaigne, car, dans une pièce officielle, un peu postérieure, nous trouvons la mention d'une divergence de vues entre la Suisse et la Sardaigne au sujet des conditions légales de l'occupation [1].

Sur ces entrefaites intervenait la cession de la Savoie à la France, et la Suisse affectait de considérer cette cession comme contradictoire aux stipulations des traités de 1815, en ce sens qu'elle rendait impossible le maintien de la neutralité de la Savoie telle qu'elle résultait des traités susdits [2]. La Confédération recourut, en cette occasion, à une action diplomatique fort vive [3] dont le

---

[1] Rapport de la Commission du Conseil des États, du 28 juillet 1859, *Feuille fédérale,* 1859, t. II, p. 343.

[2] Cette affirmation si souvent répétée n'est pas facile à justifier, et la seule explication que l'on en trouve consiste à dire que la neutralité garantie suffisante contre une Puissance de second ordre, ne vaut plus rien contre la France, Puissance de premier ordre (Protestation du 19 mars 1860). Mais s'il en est ainsi, comment comprendre que la Suisse, si inquiète du voisinage de la France au S.-O., n'ait jamais songé à prendre contre elle aucune précaution pour sa frontière de l'Ouest ?

[3] M. Kern, ministre de la Confédération à Paris, avait reçu, dès le 28 janvier 1859, des instructions confidentielles de son Gouvernement le mettant en garde contre les dangers d'une annexion de la Savoie à la France, et émettant l'idée d'une cession du Chablais et du Faucigny pour cette hypothèse (*Souvenirs politiques,* ch. XI, pp. 171 et ss.). V. en outre les notes du Conseil fédéral, en date du 9 mars 1880, au Ministre suisse à Paris (*Feuille fédérale,* 1860, t. I, p. 479), et à l'Envoyé suisse à Turin (*Feuille fédérale,* 1860, t. I, p. 481), et les notes conformes du Ministre suisse à Paris (13 mars 1860, *Feuille fédérale,*

but avoué était l'annexion au canton de Genève des provinces du Chablais et du Faucigny, annexion réputée par le Conseil fédéral « le seul expédient qui pût répondre à la situation actuelle ».

Indépendamment des droits qu'elle pensait avoir à cette cession, la Suisse pouvait se croire autoriser à la réclamer, soit par le consentement d'une part de la population intéressée[1], soit par l'accueil que sa demande avait d'abord reçu du Gouvernement français. L'empereur Napoléon III avait paru d'abord disposé à seconder les projets du Gouvernement helvétique[2], et son ministre des affaires étrangères, quoique moins affirmatif, ne décourageait pas absolument les espérances que l'annexion de la Savoie avait suscitées. Mais les souvenirs de la scission de 1814 étaient encore trop proches en Savoie pour que l'on pût se prêter de bonne grâce à une nouvelle combinaison de ce genre. La Savoie tout entière protesta[3] contre toute idée de démembrement, et l'Empereur, obligé de se rendre aux

---

1860, t. I, p. 427), et de l'Envoyé suisse à Turin (14 mars 1860, *id.*, p. 428).

[1] V. les adresses des habitants de la Savoie du Nord, en date du 16 mars 1860, dans la *Feuille fédérale*, 1860, t. I, pp. 498 et ss.

[2] Kern, *Souvenirs politiques*, *l. c.*

[3] Ducis, *l. c.*, pp. 103 et ss. A cette occasion, une députation nombreuse se rendit à Paris, et, dans une audience obtenue le 21 mars 1860, protesta énergiquement contre tout morcellement de la Savoie.

raisons qu'on lui donnait, dut refuser aux Suisses l'acquisition qu'il leur avait d'abord laissé entrevoir. Le ministère français des affaires étrangères s'appliquait en même temps à rétablir dans leur véritable sens les stipulations du Congrès de Vienne[1], et la France, pour ôter tout prétexte à des réclamations ultérieures, faisait insérer dans le traité de Turin, du 24 mars 1860, un article 2 ainsi conçu : « Il est entendu que Sa Majesté
« le roi de Sardaigne ne peut transférer les parties neu-
« tralisées de la Savoie qu'aux conditions auxquelles il
« les possède lui-même, et qu'il appartiendra à Sa
« Majesté l'Empereur des Français de s'entendre à ce
« sujet tant avec les Puissances représentées à Vienne
« qu'avec la Confédération helvétique, et de leur donner
« les garanties qui résultent des stipulations rappelées
« dans le présent article. »

La Suisse n'en protesta pas moins, soit contre le fait de l'annexion, soit contre le mode suivant lequel la population de la Savoie allait être appelée à se prononcer sur ses destinées[2]. Mais ces protestations n'eurent

---

[1] Notes de M. Thouvenel, en date du 17 mars et du 7 avril 1860. — Cf. Note de M. Cavour, du 21 mars 1860, et note de M. Thouvenel, du 13 mars 1860.

[2] Protestation du Conseil fédéral du 19 mars 1860 ; Note du Conseil fédéral du 30 mars 1860, *Feuille fédérale*, 1860, I, 508 ; Rapport de la Commission du Conseil national du 2 avril 1860, id., p. 531 ; Rapport de la Commission du Conseil d'État du 3 avril 1860, id., p. 537; Note

d'écho sérieux qu'en Angleterre [1], et ne parvinrent pas à convaincre l'Europe que l'annexion de la Savoie à la France constituât une violation des traités de 1815. La question ne tarda pas à tomber devant une indifférence générale. Cette indifférence aboutit même à un résultat très malheureux. L'art. 2 du traité de 1860 n'était, on l'a vu, qu'une disposition transitoire destinée à sauvegarder l'état de choses antérieur jusqu'à ce qu'il plût aux Puissances d'examiner à nouveau la question, et de la résoudre au mieux des intérêts de tous. Cette réunion des Puissances formellement demandée soit par la Suisse, soit par la France, agréée par les Puissances tierces et ajournée à la demande de la Prusse et de l'Autriche, n'a jamais eu lieu [2].

En 1870, le Gouvernement suisse dénonça son intention d'occuper éventuellement la Savoie sous la réserve d'une entente avec le Gouvernement français [3]. Cette

---

du Conseil fédéral du 5 avril 1860, id., p. 547 ; Note du même du 11 avril 1860, id., p. 551.

[1] On sait que la question fut l'objet d'un débat à la Chambre des Communes, le 23 juin 1860.

[2] Nous rappellerons ici qu'à l'ouverture de la session législative de 1863 (5 nov.), Napoléon III réclama une fois de plus la convocation d'un Congrès où aurait été discutée, entre autres, la question de la neutralité de la Savoie.

[3] Message du Conseil fédéral du 16 juillet 1870, *Archives diplomatiques,* 1871-72, p. 169 ; Déclaration du Conseil fédéral du 18 juillet 1870, id., p. 188 ; Message du Conseil fédéral du 1er déc. 1870, id., t. III, p. 1099.

intention ne fut pas réalisée, mais la correspondance diplomatique de l'époque révèle chez les deux gouvernements la volonté de considérer la clause de neutralité comme encore en vigueur, et en vigueur à l'occasion de toute guerre intéressant la France et non pas seulement en cas de guerre entre la France et l'Italie. C'est une extension de la neutralité à une hypothèse à laquelle ses auteurs n'avaient probablement pas songé.

La question de la neutralité de la Savoie demeure donc ouverte, et pour arriver à son sujet à une conviction raisonnée, il ne nous reste plus qu'à exposer les raisons alléguées par la Suisse en faveur des prétentions que nous venons de rappeler. Sur quoi se fondent les prétendus « droits positifs » de la Suisse sur les provinces du nord de la Savoie (circul. du 19 mars 1860)?

Aux termes des actes précités et en particulier de la protestation annexée à la circulaire du 19 mars 1860, l'argumentation de la Suisse consiste, d'une part, à soutenir que la neutralité de la Savoie a été instituée en vue de fortifier la neutralité de la Suisse en complétant son système de défense; d'autre part, à invoquer certains vieux instruments où la Confédération croit pouvoir puiser un droit véritable sur une part de la Savoie.

La neutralité de la Savoie a-t-elle été accordée à la Suisse dans le but de lui permettre de compléter son système de défense? Cette opinion pourrait trouver une certaine force dans l'expression plusieurs fois employée par les textes que la Savoie fera partie de la neutralité suisse, si l'induction que l'on en peut tirer n'était contredite par l'histoire de cette neutralité. Il y a, en effet, quelque chose de contraire au bon sens à affirmer qu'un régime demandé par le roi de Sardaigne et accepté par la Suisse, moyennant compensation, ait été cependant organisé au profit de cette dernière[1]. De plus, en elle-même cette affirmation n'est pas soutenable. En admettant même que cette neutralité couvre d'une façon efficace la frontière sud-ouest de la Suisse, à quoi cette garantie peut-elle lui servir, alors que sa frontière ouest est complètement dégarnie ; n'est-il pas évident que si la Suisse avait songé en 1815 à fortifier sa neutralité par une neutralisation des territoires avoisinants, elle aurait visé la Faucille et le pays de Gex avant de penser au Genevois? Comment expliquer alors ce droit de passage réservé aux troupes sardes à travers le Valais? Comment justifier cette extension de la neutralité primitivement accordée, concordant avec l'agrandissement des domaines du roi de Sardaigne ; était-ce contre l'ambition des rois

---

[1] On trouve, à la vérité, dans la note du Conseil fédéral du 30 mars 1860, que c'est Genève qui, en 1815, a demandé d'abord la neutralisation de la Savoie, mais nous n'avons rien découvert dans les Actes du Congrès de Vienne qui justifie cette opinion.

de Sardaigne que l'on songeait, en 1815, à se prémunir[1]? Ce système, on le voit, se heurte à une foule d'impossibilités matérielles, et il a fallu toute l'énergie du Gouvernement suisse pour l'accréditer[2].

Mais on propose un autre argument et l'on prétend trouver dans un traité de 1564 l'origine des droits de la Suisse. L'art. 14 de ce traité de Lausanne, passé entre les seigneurs de Berne et le duc de Savoie, contient une promesse réciproque des parties de s'interdire toute

---

[1] L'auteur anonyme d'une brochure publiée sous ce titre : *Das gute Recht der Schweiz* (Leipzig, Duncker et Humblot, 1886), soutient, avec un sérieux admirable, que le plan de l'état-major français est d'attaquer l'Allemagne en passant par la Savoie du Nord et par la Suisse. L'idée est à coup sûr nouvelle, et les maîtres de l'art militaire seront sans doute reconnaissants à l'ingénieux auteur de leur avoir indiqué une route stratégique à laquelle ils n'auraient certainement pas songé sans lui.

[2] L'opinion soutenue par la Confédération a été adoptée par un certain nombre d'auteurs (V. Neumann, *l. c.*, p. 203 ; Calvo, *l. c.*, p. 490). Dans le sens de l'opinion défendue au texte, V. Renault, *Conférences*, pp. 144 et ss. ; Chrétien, *l. c.*, p. 280 ; Ducis, *l. c.*, ch. XIII et ss.; Payen, *La Neutralisation de la Suisse, Annales de l'École des sciences politiques,* 1892, pp. 642 et ss. ; Baron, *La Neutralité de la Savoie du Nord et les traités de 1815* (Genève, 1883) ; Filitis, *Essai sur la neutralité perpétuelle* (thèse), Paris, 1885, p. 75 ; Lameire, *l. c.*, p. 90 ; Piccioni, *l. c.*, pp. 178 et ss. ; Milanowitch, *l. c.*, pp. 34 et 171.

Geffcken professe une opinion intermédiaire. Pour lui, la Suisse a incontestablement le droit de présenter la neutralité de la Savoie comme instituée dans son intérêt, mais il ne s'ensuit pas qu'elle ait été conçue contre la Sardaigne : elle est à la fois dans l'intérêt des deux nations. Cette opinion transactionnelle ne vaut guère mieux que celle que nous combattons.

aliénation de certains territoires (parmi lesquels les territoires ultérieurement neutralisés) au profit d'un tiers [1]. C'est principalement sur cette disposition que la Suisse s'est fondée pour prétendre que l'annexion de la Savoie violait la foi due aux traités. Mais il faut observer que le traité en question n'a jamais été ni complètement exécuté, ni observé dans celle de ses dispositions qui nous intéresse ici. Les nombreuses occupations dont la Savoie a été le théâtre n'ont jamais soulevé de protestations de la part des cantons. Il ne s'en est pas produit davantage, soit lors de la cession du pays de Gex à Henri IV, soit lors de l'annexion de la Savoie à la France, en 1792, soit en 1814, lorsqu'une part notable du territoire en question fut laissé à la France par les Puissances mêmes qui allaient neutraliser l'autre partie. En réalité, cet art. 14 est toujours resté lettre morte, et on n'est pas peu surpris de le voir exhumer en 1860. Que ce même traité soit demeuré en vigueur quant à d'autres

---

[1] Voici le texte de cet article tel qu'il est donné par M. Ducis : « Est arrêté que nulle des dites parties fera cession ou transport des villes, forteresses, terres et gens à elle présentement attribués, à aucun autre prince, seigneur, villes et pays ni communautés quelconques, soit à titre d'achat, permutation ou en toute autre sorte et manière ; et ce, afin que d'un côté et d'autre ils soient et demeurent déchargés d'incommodité de voisinage étranger et moleste ». Le même texte se trouve reproduit soit dans la protestation du 19 mars 1860, soit dans l'ouvrage de M. Kern, avec des variantes sans portée.

de ses dispositions, qu'il ait été confirmé à plusieurs reprises comme on l'a observé, cela est encore exact, mais cela ne signifie nullement qu'il ait subsisté tout entier. Autant vaudrait dire aujourd'hui que les traités de 1815 n'ont rien perdu de leur force, parce que certaines de leurs dispositions n'ont pas cessé d'être observées [1].

Telle est la substance de l'argumentation de la Suisse. On le voit, elle n'a rien qui puisse affaiblir le jugement que nous avons porté sur la signification de la neutralité, après avoir étudié les actes desquels elle a tiré son origine.

Demandons-nous maintenant ce qui reste à l'époque actuelle de cette neutralité et quels en sont les effets. Existe-t-elle seulement? Beaucoup en doutent, mais nous ne saurions nous ranger à leur avis. La neutralité de la Savoie est, à l'heure présente, inutile, dangereuse même, mais elle n'en existe pas moins. Jamais elle n'a été abrogée par un acte formel, en toute occasion elle a été considérée comme subsistante, c'est une raison suffi-

---

[1] On fait intervenir parfois aussi, dans l'intérêt de la cause suisse, certain traité de 1603 par lequel le duc de Savoie s'était interdit de fortifier dans un rayon de quatre lieues autour de Genève. Nous retrouverons ce traité un peu plus loin. Bornons-nous à remarquer qu'il ne saurait être considéré comme l'origine de la neutralité de 1815, car il n'est même pas mentionné dans les Actes concernant cette neutralité.

sante pour que l'on tienne pour existant encore les stipulations qui l'ont établie [1].

[1] Nous n'hésiterons pas à nous séparer sur ce point de l'opinion de la plupart des auteurs qui professent des vues correctes sur le caractère de la neutralité de la Savoie. Plusieurs d'entre eux pensent que l'annexion de la Savoie à la France a mis fin à cette neutralité (Ducis, *l. c.*, p. 141 ; Lameire, *l. c.*, p. 124 ; Milanovitch, *l. c.*, pp. 34 et 171 ; Piccioni, *l. c.*, pp. 192 et ss. ; Chrétien, *l. c.*, p. 180, n. 1; *Observations sur la prétendue neutralité de la Haute-Savoie* (anonyme). Paris, Dumaine, 1881. Juridiquement, cette thèse ne nous paraît pas pouvoir être adoptée. Encore qu'il soit parfaitement vrai que cette neutralité a été établie au profit de la Sardaigne seule, on ne peut pas soutenir qu'il soit actuellement permis à la France de la faire disparaître à son gré. Sans rechercher s'il y a là une charge réelle, et il est certain que le mot *charge* ne correspond point du tout à l'esprit de cette institution, il reste incontestable que les traités de 1815 ont établi entre la Sardaigne et la Suisse un certain état de droit tout à l'avantage de la première, mais sur le maintien duquel la seconde pouvait légitimement compter. Quoique cet état n'ait point été constitué dans l'intérêt de la Suisse, la Suisse peut toujours prétendre qu'elle a intérêt à la persistance de cet état, et réclamer, comme un droit, l'accomplissement de la charge qui lui incombe. Il est à remarquer, en effet, que les traités de 1815 présentent cette neutralité non point comme une faculté, mais comme un droit ferme et qu'il n'appartient ni à l'une ni à l'autre de faire disparaître. La neutralité subsiste donc, bien qu'elle ait perdu sa raison d'être, parce qu'elle n'a pas perdu son fondement juridique, la convention des intéressés, elle subsiste en vertu des traités de 1815 et non point du tout en vertu de l'acte de 1860 qui ne contient à cet égard qu'une disposition de rappel, d'une valeur fort incertaine.

La situation présente est assez périlleuse, et il serait de l'intérêt commun de la France et de la Suisse de faire disparaître un état de droit qui ne leur profite ni à l'une ni à l'autre. L'agrément des Puissances signataires des traités de 1815 serait peut-être nécessaire à cet effet, mais on ne voit pas quel intérêt pourrait pousser ces Puissances à le refuser. Nous ne pouvons pas, dans tous les cas, nous rallier à

Cela étant, appliquons-nous à dégager les effets actuels de cette neutralité.

La détermination des effets actuels de la neutralité savoyenne repose, à notre avis, sur les deux idées suivantes : 1° elle n'a jamais été conçue comme une situation destinée à donner à la Suisse une souveraineté quelconque sur les terres neutralisées ; 2° comme toute autre neutralité, elle n'est nullement exclusive du droit qui appartient à l'État de défendre son territoire.

Pendant la paix, rien, suivant nous, ne distingue les cantons neutralisés de toute autre portion du territoire français. L'administration y accomplira régulièrement ses fonctions au point de vue militaire comme au point de vue civil. Il n'est pas douteux, par exemple, que les lois sur le recrutement militaire n'étendent leur action sur la population du territoire neutralisé. La pratique a

---

l'opinion exprimée sur ce point par Geffcken (*l. c.*, pp. 639 et ss.) : il considère comme un avantage précieux pour la France d'avoir, en cas de guerre, une partie appréciable de sa frontière couverte par l'armée suisse. Nous y voyons au contraire un grave danger. Sans suspecter en aucune façon le zèle ni la bonne foi de la Suisse, il est à craindre que sa mobilisation forcément plus lente que celle de ses voisins, ne la mette pas à même de protéger, en temps utile, la zone que les traités ont confiée à sa garde. Et puis, si un ennemi de la France viole la neutralité de la Savoie, la Suisse se trouvera, par le fait, directement menacée dans sa propre neutralité, elle devra couvrir ses frontières, et l'on peut se demander si ses troupes, dont la bravoure n'est point en question, pourront suffire à cette double besogne.

toujours été conforme à ce point de vue, et cette pratique n'a jamais soulevé de protestations. De même, le Gouvernement français a le droit d'entretenir des garnisons sur la zone neutre, et de leur faire accomplir toutes les manœuvres propres à leur donner avec l'habitude de leur métier une connaissance approfondie du pays. Il faut même aller plus loin, et nous pensons que rien ne s'oppose à ce que la France construise, si elle le juge à propos, des forteresses sur le territoire neutralisé. A la vérité, la pratique, sur ce point, paraît contredire nos affirmations. Sur le bruit qui avait couru, en 1883, que la France se disposait à fortifier la crète du mont Vuache, situé à quelque distance de Genève, le Conseil fédéral fit entendre des plaintes, et le Ministère français, par l'organe de M. Jules Ferry, donna satisfaction à ces plaintes en démentant les bruits qui avaient couru à ce sujet (Note du 14 décembre 1884).

Mais cet exemple n'a rien de décisif, outre que dans ce débat la question de droit n'a pas été tranchée, Genève alléguait contre la France un vieux Traité de 1603, par lequel la Sardaigne avait renoncé au droit de construire des forteresses dans un rayon de quatre lieues autour de la ville. Sans rechercher ici si ce vieux Traité est encore ou n'est plus en vigueur (et des doutes sérieux sont permis à cet endroit), il convient d'observer ici que l'abstention de la France dans la circonstance ci-dessus rappelée pouvait avoir sa raison d'être dans la seule considération de ce Traité, et ne doit pas tirer à conséquence en ce qui concerne la question du droit de fortifier le territoire neutralisé. Sur ce point, aucun doute ne nous paraît possible. La France doit songer au cas où la neutralité stipulée serait violée par une nation voisine, assez lestement pour que les Puissances garantes de cette neutralité n'arrivent pas à temps pour empêcher cette violation. Elle doit songer que l'invasion de la zone neutre aurait en outre, pour elle, cet inconvénient particulier de livrer à un ennemi audacieux la clé des vallées du Rhône et de la Saône, et comme cette perspective n'est point du tout improbable, il est de son devoir de prendre par avance toutes les mesures qui lui semblent devoir, à l'occasion, concourir d'une façon efficace à la défense de son territoire. Ne serait-il pas contradictoire que la Suisse, qui a pris pour elle-même le sage parti de fortifier ses principaux défilés, voulût imposer à ses voisins de laisser leur frontière ouverte, sous le prétexte que leur territoire sur ce point participe à la neutralité helvétique? Ne serait-il pas absurde que la France devînt la victime d'une neutralité stipulée au profit de son auteur, la Sardaigne, en gardant au côté un trou béant, véritable et permanente invitation à une invasion dont les conséquences pourraient être désastreuses[1]?

[1] Les exigences de la Suisse à cet égard sont d'autant plus étran-

C'est en temps de guerre seulement que la neutralité conservée produira ses principaux effets. Ici plusieurs questions s'élèvent, toutes très intéressantes.

La France a-t-elle le devoir, aussitôt la guerre déclarée, de retirer ses troupes des territoires neutralisés ? On peut être tenté de le décider ainsi, en donnant la force d'une injonction aux mots « se retireront », qui se trouvent dans l'article 92 de l'acte final du Congrès de Vienne. Mais la déclaration du comte de Saint-Marsan, du 26 mars 1815, reproduite dans le protocole du 29 mars, montre que ce retrait des troupes (et leur passage par le Valais) était une faculté et non point un devoir. Le protocole a été mal copié sur ce point, mais le Traité du 16 mars 1816 entre la Sardaigne et Genève reconnaît

ges qu'elles auront pour résultat de rendre plus difficile sa tâche en temps de guerre. Au point de vue du droit, il est d'autant moins permis de soutenir que cette interdiction de fortifier est implicitement comprise dans les traités de 1815, que l'art. 90 de l'acte final du Congrès de Vienne a expressément réservé au roi de Sardaigne la faculté de fortifier ses États sans distinction ni réserve. Sur quoi se basera-t-on pour formuler une pareille interdiction ? Un auteur belge (Arendt, cité par Geffcken, p. 635) enseigne qu'en général un État neutralisé a le droit de s'opposer à ce que ses voisins fortifient sur ses frontières, mais son opinion n'a trouvé aucun crédit. D'autre part, le traité de 1603 si souvent cité n'a été fait que parce que Genève, qui ne devait son indépendance qu'à l'insurrection, craignait toujours que le duc de Savoie ne tentât de reprendre par la force l'exercice de sa souveraineté perdue. Peut-on de bonne foi soutenir qu'après tant de changements ce traité demeure encore en vigueur, et spécialement n'a-t-il pas été abrogé par l'art. 92 précité de l'acte final ?

que la Diète fédérale a entendu l'accepter dans son texte primitif, et que toute différence de mots qui peut être remarquée, ne doit être considérée ni comme une restriction, ni comme une déviation du sens originaire (art. 7). Le retrait des troupes françaises n'est donc qu'une faculté dont nous sommes libres de ne pas user, et qui ne peut en aucun cas nous empêcher de grouper sur le territoire neutralisé une quantité de troupes quelconque, si elles sont affectées à défendre cette neutralité[1].

La Suisse a, de son côté, le devoir de défendre par l'emploi de ses forces cette même neutralité. Doit-elle attendre pour cela d'en être priée par la France, ou peut-elle agir en vertu de sa propre initiative ? Ce point a fait, en 1870, l'objet d'un incident diplomatique, mais il n'a pas été vidé. Nous concéderions assez volontiers à

---

[1] On pourrait être tenté d'objecter à notre opinion le passage relatif à l'emploi de la garde municipale qui se trouve à la fin de l'art. 92, mais on ne jugera sainement de la signification de ce passage, qu'à la condition de se rappeler que l'article lui-même n'a été écrit que pour permettre au roi de Sardaigne de retirer ses troupes, ce à quoi il avait le plus grand intérêt, et que le texte a été naturellement conçu en supposant que le susdit roi userait de la faculté qu'il avait sollicitée et qui lui avait été conférée. Il paraît certain aussi qu'en défendant l'entrée du territoire aux « troupes armées d'aucune puissance », les plénipotentiaires se sont référés à l'hypothèse du retrait volontaire des troupes sardes, et n'ont entendu en aucune façon interdire leur maintien. Si ces deux clauses devaient être considérées comme une obligation et non pas comme une faculté, on ne s'expliquerait pas qu'elles aient été proposées par le marquis de Saint-Marsan au nom de son maître.

la Suisse le droit d'agir d'elle-même, non pas qu'il s'agisse d'un droit organisé à son profit (rien n'est plus faux que ce point de vue), mais parce qu'elle est responsable du maintien de la neutralité, non envers la France seule, mais envers toutes les grandes Puissances. Elle peut donc, si elle juge la mesure nécessaire, occuper la Savoie neutre, mais il convient d'observer qu'elle devra combiner son action avec celle de la France, pour tout ce qui concerne cette occupation. Cette entente, nous sommes heureux de le constater, a toujours été présentée par le Conseil fédéral comme nécessaire, chaque fois qu'il a pu être question pour lui d'ordonner l'occupation de la Savoie[1]. Et, en effet, une entente harmonique des deux Puissances permettra seule d'éviter que la présence de troupes étrangères ne contrarie l'action de l'administration indigène ; elle réglera les opérations combinées des forces helvétiques et des forces françaises en vue de la défense du territoire neutralisé, car, nous ne saurions trop le répéter, c'est en auxiliaires et en amis, nullement en maîtres absolus, que les contingents suisses doivent paraître sur ce coin de notre domaine. Le célèbre article 92, à la vérité, ne prévoit que l'hypothèse où la garde municipale serait employée au maintien du bon ordre, mais nous savons déjà que ce texte, eu égard

---

[1] *Arch. dipl.*, aux passages cités ci-dessus, p. 333, note 3.

aux circonstances dans lesquelles il a été écrit, se concilie parfaitement avec notre manière de voir.

Dans tous les cas, et ici le texte de l'article 92 est suffisamment explicite, il est bien certain que les faits d'occupation ne pourront jamais fonder une prétention de la Suisse à exercer sur lesdits territoires une souveraineté quelconque. Ce point est essentiel à indiquer et à retenir, car, plusieurs fois déjà, le canton de Genève a manifesté une propension très vive à s'étendre dans le bassin de son lac à notre détriment, et en 1860 notamment, il n'a rien moins fallu que la protestation indignée de la population savoyenne pour lui épargner une funeste scission [1].

Que dire du passage des troupes? On sait qu'en 1859 une partie des troupes françaises à destination d'Italie emprunta pour son transport une partie de territoire neutralisé. Le fait passa alors à peu près inaperçu. Ce fait pourrait-il se répéter? La question nous paraît assez délicate. Il est certain que le Gouvernement français a le droit de faire circuler sur ce territoire toutes les troupes, quel que soit leur nombre, qui peuvent être destinées à sa défense, que d'autre part il a le devoir de s'abstenir de profiter de la situation pour réaliser des opérations qui

---

[1] M. Ducis rapporte sur ce point une anecdote intéressante, et qui jette un jour aussi clair que possible sur les intentions de la Suisse en 1860. *V.* son ouvrage pp. 143 et 144.

seraient impossibles sans cet état de neutralité. Il y a là une mesure à garder, mesure délicate et grosse de difficultés pour l'avenir. Sur ce point, comme sur tous les autres, une nouvelle convention des grandes Puissances serait fort désirable. Comme leur intervention est elle-même très peu probable, nous pensons que la France montrerait pour les traités de 1815 tout le respect possible en immobilisant les troupes qu'elle croirait devoir consacrer à la défense du territoire neutralisé. Rien ne saurait l'empêcher de pourvoir par elle-même à la défense de la portion de sa frontière mobilisée ; rien ne peut lui interdire au cours d'une guerre, d'augmenter le chiffre des troupes vouées à cette œuvre, s'il lui paraît insuffisant ; mais en même temps, pour éviter tout soupçon de fraude, pour que l'on ne puisse pas l'accuser de se servir de ce lambeau de terre comme d'une retraite inaccessible, où une armée poursuivie pourrait se préparer en toute sûreté à de nouvelles opérations, il serait sage et juste de renoncer à employer sur un autre point des troupes qui auraient été à un moment quelconque chargées de la garde de la zone neutre.

Disons, en finissant, qu'aucun motif ne s'oppose à ce que la France tire de son territoire neutralisé le contingent que celui-ci doit lui fournir. C'est ainsi que l'on a procédé depuis 1815, et cette pratique n'a jamais été jugée contraire aux devoirs dérivant de cette sorte de neutralité.

En résumé, cette neutralité ne signifie qu'une chose : c'est que l'on doit s'abstenir, sur le territoire neutralisé, de toute action hostile qui ne serait pas entreprise en défense de la neutralité elle-même. Ce peu de chose est déjà trop : il ne constitue pas pour la paix publique une garantie bien puissante et, en retour, il impose à deux nations des charges appréciables qui n'ont plus ni raison d'être, ni utilité[1].

---

[1] Nous n'avons touché dans notre étude qu'aux plus importantes des questions soulevées par ce singulier état de neutralité partielle de la Savoie, mais un peu de réflexion fait apparaître toute une série d'autres difficultés qui ne manqueront pas de se produire lorsque cette neutralité sera invoquée. M. Lameire en dit quelque chose dans la 3e partie de son ouvrage (pp. 188 et ss.). Il s'étend en particulier sur l'usage des réquisitions en territoire neutralisé. A la vérité, il ne nous semble pas qu'il y ait là matière à embarras. Les réquisitions constituent un droit parallèle à l'action militaire, et pourront s'exercer, soit pour l'entretien des troupes que le Gouvernement français tirera de la population de ce territoire, conformément aux lois militaires, soit pour l'usage de celles qu'il peut juger d'y placer pour la défense de la neutralité. Une question plus embarrassante serait celle de savoir si les garnisons suisses posséderont ce même droit. Comme elles ne peuvent y être placées que pour défendre les intérêts de la France, il sera juste de le leur accorder, ainsi qu'on l'accorde à des alliés. Ce qui paraît bien plus malaisé, c'est la question de savoir si et jusqu'à quel point le Gouvernement français peut constituer en territoire neutralisé des établissements militaires, tels que : dépôts d'armes ou de munitions, magasins d'habillement ou de vivres, usines à destination des besoins de l'armée, dépôts de wagons, etc. Nous ne pouvons pas discuter ici ces questions, mais leur énonciation seule suffit à démontrer combien il serait nécessaire de reviser en cette matière les traités existants.

VINGTIÈME CONFÉRENCE.

Fin de la guerre. — Cessation pure et simple des hostilités. — Ses conséquences. — Inconvénients de ce mode de transition de la guerre à la paix. — Fin de la guerre par anéantissement de l'État vaincu. — Ancien droit. — Exemples contemporains. — Application à la guerre civile. — Condition des citoyens de l'État disparu. — Traité de paix. — Armistice. — Préliminaires de paix. — Traité définitif. Application de la théorie générale des traités. — Pouvoir du gouvernement de fait. — Études des clauses des traités de paix. — Clauses générales, clauses particulières. — Clauses générales : 1° Cessation des hostilités ; 2° Amnistie ; 3° Libération des prisonniers ; 4° Droit de *postliminie*. Clauses particulières. — Cession de territoires. — Droit d'option laissé aux habitants du territoire cédé. — L'annexion d'un territoire doit-elle être subordonnée au consentement de ses habitants ? — Indemnités de guerre, leur exagération, ses dangers.

L'état de guerre ne peut être jamais qu'une crise passagère destinée à faire cesser d'un seul coup et à l'aide d'une secousse violente des différends dont la persistance rendrait impossible la continuation des rapports des peuples entre eux. Le rétablissement de la paix est le but de la guerre et sa raison d'être ; sa raison d'être, car la guerre n'apparaît comme juste et nécessaire dans l'ordre général du monde qu'en tant qu'elle constitue le seul moyen de garantir aux nations une existence généralement paisible, et de leur permettre de vouer leurs forces aux progrès de l'humanité[1] ; son but, car la guerre en elle-même est mauvaise et destructive, pour le vainqueur aussi bien que pour le vaincu, et chacun d'eux n'en supporte les charges que dans l'espérance d'en faire sortir une paix favorable à ses intérêts[2].

Nous avons parcouru les diverses phases de la guerre ; étudions maintenant ce qui concerne le rétablissement de la paix.

On compte trois modes différents de transition de la guerre à la paix. Cette transition s'opère parfois par la cessation pure et simple des hostilités, parfois par l'absorption de la personnalité du vaincu dans la personnalité du vainqueur, le plus souvent par l'effet d'un traité de paix.

Il est arrivé, dans certaines occasions, que la paix s'est trouvée rétablie entre peuples belligérants, sans qu'aucun d'eux ait manifesté la volonté expresse de se prêter à cette substitution, simplement parce que les parties ont d'elles-mêmes renoncé à la lutte. On peut dire qu'en pareil cas la lassitude des combattants met fin à

---

[1] Phillimore (III, p. 771) observe avec raison que la cessation d'une guerre injustement continuée intéresse tous les États, et que ceux d'entre eux qui n'ont aucune part dans le différend, sont moralement et juridiquement autorisés à combiner leurs efforts pour arriver à l'apaiser.

[2] Grotius, l. III, c. 25, § 2.

l'action. Quelquefois, un traité de paix intervient, longtemps après la fin des hostilités, dans le but de régulariser et d'éclaircir la situation respective des adversaires ; mais il importe peu : ce n'est pas le traité qui met fin à la guerre en semblable hypothèse, c'est le fait de l'interruption des actes hostiles, et, si dans l'intervalle souvent fort long qui sépare ces deux termes, quelque acte isolé de violence vient à se produire, il est certain que son auteur ne peut prétendre aux immunités particulières à l'état de guerre.

Le rétablissement de la paix par simple cessation des hostilités est fatalement un fait rare, et n'est possible qu'entre peuples assez éloignés l'un de l'autre pour pouvoir demeurer longtemps privés de relations mutuelles régulières. L'histoire nous apprend, en effet, que c'est dans des circonstances de ce genre que ce phénomène s'est produit le plus souvent. L'expédition française au Mexique s'est terminée purement et simplement par le retrait du corps expéditionnaire. De même, la guerre infructueuse entreprise au commencement du siècle par l'Espagne contre ses colonies révoltées était terminée depuis de longues années, lorsque la métropole se décida enfin à reconnaître les nouveaux États Sud-Américains et à traiter avec eux[1]. Quelque ami de la paix que l'on

---

[1] *Geffcken sur Heffter*, p. 430, n. 1.

soit, il est impossible de souhaiter que les guerres se terminent de cette façon. La paix ainsi obtenue a moins de chances de durée, car les belligérants ne se sont abstenus de traiter qu'avec l'idée de faire valoir ultérieurement leurs prétentions réciproques. De plus, le moment précis de la transition, moment important, surtout dans la guerre maritime où il clot le temps pendant lequel des prises pouvaient être légitimement faites, est toujours difficile à déterminer. Enfin, les rapports des nations belligérantes, n'étant point fixés à nouveau dans un instrument exprès, souffrent d'une fâcheuse incertitude. Quels sont leurs droits respectifs? Sont-ils tels qu'ils existaient au moment où les hostilités ont éclaté, ou tels qu'ils se comportaient au moment où elles ont cessé? Faut-il (pour employer les termes sacramentels) se référer, en ce qui les concerne, au *status quo ante bellum* ou à l'*uti possidetis?* La question est controversée entre les auteurs. Malgré l'avis contraire du savant Phillimore[1], nous croyons raisonnable de décider que la renonciation simultanée des deux adversaires équivaut à une acceptation tacite de l'état de choses existant au moment où elles cessent, de l'*uti possidetis*, par conséquent. Mais nous observerons en même temps que celles des relations de droit qui n'avaient été que sus-

---

[1] Phillimore, III, p. 772.

pendues par l'effet de l'état de guerre revivent d'elles-mêmes au moment de sa disparition, et revivent telles qu'elles étaient avant la guerre; les hostilités, n'ayant point pour objet le changement de ces relations, n'ont pu en aucune façon les affecter.

La guerre peut cesser également par la disparition complète de l'État auquel la fortune des armes a été contraire. Cet événement portait autrefois le nom de *debellatio*. La terminaison de la guerre par *debellatio* était fréquente dans les sociétés anciennes, à ce point que Tite-Live[1] nous a transmis les termes de la formule sacramentelle de la *deditio,* par laquelle le peuple subjugué s'abandonnait entièrement et pour jamais à la discrétion de son vainqueur. Et cela était logique. Les Républiques anciennes faisaient la guerre dans le but d'arriver à la suprématie universelle, et leur ambition ne souffrait pas qu'il y eût auprès d'elles d'autres pouvoirs capables de contrebalancer leur influence et de limiter leur domination. Ce qui était autrefois la règle est devenu aujourd'hui l'exception ; cependant, notre époque a été témoin de la réunion de petites souverainetés à des Empires plus puissants. Cette réunion souvent a été

---

[1] « Itaque populum Campanum urbemque Capuam, agros, delubra Deûm, divina humanaque omnia in vestram, Patres conscripti, populique romani ditionem dedimus ; quidquid deinde patiemur, dediticii vestri passuri (Rap. par Phillimore, *l. c.*, p. 774).

volontaire, mais quelquefois aussi elle s'est accomplie par voie de *debellatio*. Il en a été ainsi du Hanovre, de la Hesse et du Nassau en 1866, du royaume des Deux-Siciles en 1859, et des États du Pape en 1870.

Ce mode d'acquisition est de tous le moins enviable[1]. Fondé exclusivement sur l'usage de la force, il arrivera le plus souvent qu'il laissera après lui les traces durables d'une hostilité trop justifiée, et qu'il préparera pour l'avenir des germes de haine et de discorde. Les souvenirs laissés par les partages successifs de la Pologne ne sont point encore éteints. On invoque pour le justifier la toute-puissante raison d'État, et l'on dit que ce procédé peut s'expliquer comme moyen unique de sortir de situations qui seraient sans cela inextricables. On voit trop clairement combien cette raison est élastique, et comme il est facile de l'employer à légitimer les plus scandaleuses usurpations ; on devine aussi quelle inquiétude fâcheuse son emploi jette sur les relations internationales, et comment une société paisible des peuples devient impossible, s'ils se sentent constamment menacés dans leur existence par l'ambition de voisins puissants. La possibilité même de la *debellatio* nous semble le plus grand obstacle qui puisse exister au progrès des relations internationales.

Il est vivement à souhaiter qu'un pareil moyen tombe

---

[1] *Geffcken* sur *Heffter*, p. 431, n. 2.

en désuétude dans les rapports des nations entre elles : aussi bien il n'est déjà que fort exceptionnel. On remarquera au contraire que, en cas de guerre civile, les hostilités ne cessent normalement que par l'écrasement complet de l'un des partis en présence, par sa disparition en tant que pouvoir séparé. Il en est ainsi, en fait, et il n'est pas désirable qu'il en soit autrement. La conservation de l'unité nationale, qualité toujours péniblement acquise, est un bien au point de vue international. Pour la sûreté et pour la facilité des relations des peuples entre eux, il faut qu'ils ne soient pas exposés à voir s'émietter leurs pouvoirs respectifs, s'affaiblir et se démembrer les entités sur la puissance et la responsabilité desquelles ils ont compté.

Même dans les cas où elle a encore son application, la *debellatio* moderne ne ressemble pas à la *debellatio* antique. Geffcken (*l. c.*) dit avec raison qu'il n'y a plus, de nos jours, de *deditio*. L'État conquis passait autrefois sous la domination du peuple conquérant : dans l'ensemble de ce dernier, ses citoyens avaient une situation inférieure, et qui variait elle-même avec les circonstances. Il est remarquable, par exemple, que les Romains, ces maîtres conquérants, n'étendirent jamais, même dans les circonstances les plus favorables, même à l'égard de leurs frères les Latins, le droit de cité aux habitants des provinces qu'ils annexèrent tour à tour à leurs domaines, et que le moment où une mesure générale étendit le droit de cité à tous les habitants de l'Empire fut aussi celui où, déchu de sa splendeur primitive, annihilé en fait par l'autocratie impériale, ce titre avait perdu à peu près toute sa valeur.

Il n'en va plus de même de nos jours, et l'on considérerait comme un outrage à l'humanité de ne pas élever le peuple, dont on vient d'absorber le territoire, à la pleine qualité de citoyen[1]. Ajoutons que la disparition de la personnalité d'un État ne comporte, d'après nos idées actuelles, aucune diminution dans les droits d'ordre privé de ses membres[2].

Mais les deux procédés que nous venons d'analyser sont l'un et l'autre purement exceptionnels ; normalement, presque toujours, on peut le dire, c'est par le moyen d'un traité que s'effectue la transition de la guerre à la paix.

De tous les traités, ceux qui ont pour objet de rétablir

---

[1] Cela, réserve faite des mesures particulières d'administration ou de police qu'il peut être nécessaire de prendre immédiatement après la conquête. Le principe cité au texte ne serait pas indistinctement applicable aux acquisitions coloniales. Il serait le plus souvent imprudent de conférer la qualité de citoyen à des indigènes peu civilisés qui ne manqueraient pas d'abuser des drois qu'elle leur conférerait. Là où n'existe pas une grande similitude dans la culture et dans les mœurs, l'égalité politique ou civile n'a pas de raison d'être. C'est ainsi que les Algériens ont été déclarés Français, mais non point citoyens français par le Sénatus-Consulte de 1865. Calvo (IV, p. 389) donne des renseignements intéressants sur le mode de procéder du gouvernement des États-Unis à l'égard des territoires nouvellement conquis.

[2] De Kirchenheim, dans la *Holtzendorff's Handbuch*, t. IV, p. 792.

la paix entre des peuples en guerre sont les plus importants. Ils font l'objet de toute une procédure longue et minutieuse[1], et cela s'explique : même lorsque des nations ont résolu de déposer les armes, il importe d'étudier avec le plus grand soin, et de résoudre avec la dernière exactitude les différends qui les divisent, afin qu'une paix mal faite ne renferme pas des brandons de discorde prêts à rallumer au premier jour l'incendie que l'on avait voulu éteindre.

Une fois les adversaires déterminés à traiter, le premier soin doit être d'arrêter l'effusion du sang. On y parvient au moyen d'un armistice. Nous connaissons déjà la théorie de l'armistice[2], et il est inutile d'y revenir ici. Nous noterons cependant en passant qu'un armistice de ce genre ne saurait être conclu par un chef militaire non autorisé : c'est un acte d'une grande portée politique, et qu'il appartient à ceux-là seuls auxquels ont été commises les destinées de leur patrie de conclure. Nous noterons aussi que lorsqu'un armistice de ce genre est signé, la paix est moralement certaine, et il convient de se relâcher quelque peu de la rigueur que l'on a coutume d'apporter dans l'interprétation des conventions faites au cours des hostilités. Il ne nous paraît pas douteux, par

---

[1] V. les détails de cette procédure dans Klüber, §§ 320 et ss., pp. 458 et ss.
[2] V. notre 1ᵉʳ vol., 9ᵉ conférence, pp. 260 et ss.

exemple, que si l'armistice est resté muet sur la question de ravitaillement des places assiégées, ce ravitaillement ne doive être accordé — et l'on sait que cette question est, en thèse générale, fort discutée ; — on ne voit pas non plus qu'il subsiste en cette hypothèse de raison de prohiber toute communication entre adversaires. C'est une question de convenance que les chefs résoudront suivant les circonstances.

L'armistice qui sert de préliminaire à la conclusion de la paix est normalement un armistice général. Il arrive parfois que l'on laisse les hostilités se poursuivre sur certains points, après les avoir interdites sur d'autres. Nous en avons eu un lamentable exemple en 1871, lorsque le Gouvernement de la Défense nationale, égaré par de faux rapports, fit excepter de l'armistice du 28 janvier l'armée de Bourbaki, et que ce dernier (ou plutôt son successeur Clinchant), n'ayant pas obtenu en temps utile connaissance du traitement particulier qui lui avait été réservé, en fut réduit à se jeter en Suisse pour éviter d'être pris avec ses troupes. La paix elle-même ne se signe plus de nos jours en une seule fois. Pour éviter de prolonger outre mesure la situation un peu inquiétante qui a été créée par l'armistice, pour ne rien sacrifier, cependant, du temps nécessaire à l'étude des questions

---

[1] Valfrey, t. III, ch. XI, pp. 103 et ss.

sur lesquelles le traité de paix doit statuer, on a pris l'habitude, à notre époque, de rédiger successivement deux instruments séparés. Ce sont d'abord les préliminaires de la paix dans lesquels on se borne à fixer les points principaux, de l'admission desquels dépend la cessation des hostilités, puis le traité définitif[1].

Le traité de paix obéit aux règles qui gouvernent tous les traités : aussi est-ce de son contenu que nous avons à nous préoccuper, et non point de sa forme. A cet égard, cependant, un point mérite l'attention. Il va sans dire que le soin de faire les traités de paix a toujours appartenu aux autorités de l'ordre le plus élevé. Suivant les temps, suivant la constitution de chaque pays, ces autorités varient elles-mêmes, et il ne nous appartient pas d'entrer dans ces détails de droit constitutionnel. Mais, ce qu'il faut remarquer, c'est que, quels que soient les bouleversements qui ont pu s'accomplir pendant la guerre, dans l'ordre intérieur des pays belligérants, c'est au Gouvernement de fait et à lui seul qu'il appartient de signer la paix. La capacité internationale du Gouvernement de fait est un des premiers principes du droit des nations. C'est un principe nécessaire à l'indépendance res-

---

[1] Presque toutes les grandes paix de notre époque ont été ainsi précédées de la signature de préliminaires. V. les exemples cités par Calvo. V. p. 367.

pective des États, et que la pratique actuelle n'hésite pas à reconnaître et à appliquer. La guerre de 1870 a donné lieu, à ce point de vue, à des négociations intéressantes. On sait qu'à la suite du désastre de Sedan la République fut proclamée à Paris, et que, jusqu'à la fin des hostilités, la direction des affaires fut gardée par le Gouvernement de la Défense nationale, gouvernement dont l'action ne souleva pas de résistance sérieuse dans le sein de la population, mais qui, n'ayant pas eu son principe dans le suffrage des citoyens, pouvait prêter à certaines critiques. Les puissances allemandes paraissent avoir voulu profiter de ces circonstances pour traiter de la paix avec l'empereur prisonnier, espérant sans doute rencontrer chez lui moins d'opposition aux prétentions exorbitantes qu'elles émettaient déjà et que nous dûmes plus tard subir[1]. Il faut dire, à l'honneur de Napoléon III, que l'appât d'un intérêt dynastique ne le fit pas hésiter un instant dans cette circonstance. Il refusa absolument de se prêter à ces manœuvres, et un refus pareil fut également opposé par l'impératrice aux tentatives faites auprès de sa personne[2]. La guerre continua donc jusqu'à ce que, épuisés, nous dûmes nous résigner à déposer les armes,

---

[1] V. Valfrey, t. 1, ch. IV, pp. 103 et ss.

[2] C'est du reste un principe général du droit des gens qu'un souverain prisonnier perd le pouvoir de diriger les affaires de l'État. — De Kirchenheim, *l. c.*, p. 797.

mais alors ce fut le Gouvernement de la Défense nationale qui traita de l'armistice et des préliminaires de la paix. Cependant, la chancellerie allemande exigea qu'avant la signature du traité définitif, une Assemblée fût élue par le suffrage universel des citoyens, qui eût les pouvoirs nécessaires à une ratification incontestablement valable du traité. Elle ne peut être blâmée d'avoir pris cette précaution.

Comme toutes les conventions de quelque importance, le traité de paix n'est parfait qu'autant qu'il a été ratifié, et cette exigence doit s'entendre des préliminaires comme du traité définitif. La nécessité de cette formalité donne lieu à la question de savoir à compter de quel moment les stipulations du traité produiront leur effet. Sera-ce du jour de la signature du traité ou du jour de sa ratification? En principe, un acte juridique ne peut produire ses effets qu'autant qu'il est complet et parfait. Jusque-là, il ne constitue qu'un simple projet et un projet n'a, par lui-même, pas de valeur. Aussi, en général, les conditions de la paix ne seront-elles exigibles qu'après la ratification. Cependant, la signature d'un instrument quelconque, préliminaires ou traité, vaut toujours au moins armistice, lorsqu'elle n'a pas été précédée d'un armistice formel. Les hostilités doivent cesser immédiatement sur mer et sur terre, et, jusqu'à la ratification, on est encore en état de guerre, mais l'on n'est plus en état d'hostilité effective[1].

Le traité de paix a ceci de particulièrement avantageux, qu'il contient un exposé net et détaillé des conditions auxquelles les belligérants consentent à renouer des relations pacifiques et amicales. Ce sont ces conditions que nous allons examiner tout à l'heure. Mais il convient auparavant de toucher en deux mots à une dernière question de principes. Quelque soin que l'on mette à la rédaction des traités, il arrive fréquemment que certains points sont omis, sur lesquels il eût été utile de statuer.

Comment interpréter en pareil cas le silence des parties ? Heffter soutient que l'on doit s'en tenir à l'*uti possidetis,* c'est-à-dire considérer comme consolidée et changée en état de droit la situation qu'avaient les belligérants au moment de la cessation des hostilités. Il est combattu fort justement par son annotateur Geffcken[2]. Celui-ci fait observer avec raison que les parties ont indiqué expressément, dans les clauses du traité, les modifications que l'événement de la guerre a fait subir à leurs relations réciproques, que si elles n'ont rien dit, la conclusion naturelle de ce silence est qu'elles n'ont entendu apporter aucun changement à leur état antérieur.

---

[1] Heffter, p. 440.
[2] Id., p. 436 et n. 2.

La règle est le *status quo ante bellum* et non point l'*uti possidetis*. C'est absolument notre opinion.

Passons maintenant à l'examen des clauses et conditions des traités de paix. On en distingue communément deux sortes. Les unes sont dites générales, parce qu'on les trouve dans tous les traités ; les autres particulières : ces dernières n'ont rien de nécessaire, leur insertion ou leur omission dépendent des circonstances et de la nature des intérêts en jeu.

Les clauses générales forment le contenu obligatoire des traités de paix. A la rigueur, on pourrait se dispenser de les exprimer et les tenir pour sous-entendues, tant il est vrai que sans elles il n'y a pas de paix véritable. On y arrivera apparemment, car on remarque déjà que ces clauses sont déchues de leur place ancienne. Elles étaient autrefois placées au début de l'instrument, on les voit maintenant fréquemment à la fin ; bientôt elles n'y seront plus du tout[1].

Voici les principales de ces clauses :

1° Le traité de paix consacre la cessation de toute hostilité et le rétablissement d'un état de paix et de bonne amitié entre les belligérants. Et, en effet, du jour où il est

---

[1] On peut citer, en outre, les articles séparés et les articles additionnels relatifs à l'exécution du traité ou à son interprétation ou aux réserves que les parties jugent à propos de faire. Ces articles sont tantôt publiés, tantôt tenus secrets. De Kirchenheim, *l. c.*, p. 803.

passé, tout emploi de la force doit cesser. Cesseront de même ce que nous appellerons les droits utiles, le pouvoir de faire des réquisitions, le droit de percevoir les impôts. Même si des prestations arriérées sont dues à un titre quelconque, elles ne pourront plus être perçues à compter de la paix. Telle la règle, à moins qu'il ne soit intervenu quelque convention contraire. On fait exception, toutefois, pour les obligations ayant une origine volontaire et relativement indépendante des faits de guerre. Telles étaient autrefois les rançons promises par les prisonniers, tels seraient de nos jours encore les engagements qu'ils auraient pris afin de pourvoir à leurs besoins pendant leur captivité.

Tous faits de guerre doivent cesser du jour où la nouvelle de la conclusion de la paix parvient aux troupes en campagne. Dans une guerre terrestre, où chaque gouvernement demeure en communication constante avec ses armées, ce point ne donne pas lieu à difficulté. Il n'en est pas de même en cas de guerre maritime, et souvent la validité d'une prise est discutée à raison de la connaissance que le capteur pouvait avoir de la cessation des hostilités[1]. Pour ne point éterniser les doutes, on prend souvent la précaution de fixer un délai extrême à l'expiration duquel

---

[1] V. dans Hall, p. 435, le cas du *Swineherd* qui a donné lieu à de vives contestations à ce point de vue.

l'ignorance prétendue du capteur ne pourra plus être prise en considération.

2° Le traité de paix contient nécessairement ce que l'on appelle la clause d'*amnistie*. Cette clause a elle-même un double sens. Dans sa signification la plus ancienne [1], elle fait allusion à ce que le traité de paix met un terme au différend qui avait amené la guerre; dans son sens moderne, elle signifie que chacun des belligérants renonce à poursuivre par les voies civiles ou criminelles les auteurs des faits délictueux ou dommageables dont l'état de guerre a été la cause. Examinons successivement ces deux significations.

Il est naturel que la paix ait pour conséquence de faire à jamais disparaître le différend pour lequel on a pris les armes. Les belligérants se pardonnent à la fois et les torts antérieurs à la guerre qu'ils s'imputent réciproquement, et les dommages qu'ils ont pu se causer mutuellement au cours de leurs opérations. Cet abandon de toute réclamation est toujours fait à titre perpétuel, ce qui ne signifie pas qu'en fait il produise toujours des effets perpétuels. Dans tous les cas, il ne peut être réputé valable que relativement au différend qui a motivé la guerre, et dont le règlement est l'objet du traité de paix.

Sous son second aspect, la clause d'amnistie a quelque

---

[1] Klüber, § 324, p. 463 ; G.-F. de Martens (éd. Vergé), § 335, p. 371.

chose de plus particulier. Elle se recommande cependant des mêmes raisons. S'il était permis, après la guerre, de rechercher les auteurs des infractions commises au cours des hostilités, à l'état de guerre proprement dite succéderait un état de malaise à peine meilleur, et qui menacerait constamment le sort de la paix conclue[1]. Cette amnistie qui, mieux que la précédente, mérite son nom, couvre tous les actes faits par les sujets des Puissances belligérantes, soit à leur préjudice respectif, soit au préjudice de l'État, qui seraient justement tombés sous le coup des lois de la guerre, si l'on se fût avisé de les poursuivre en temps utile. Excès de pouvoir, abus de la force, rébellion, actes d'hostilité des non combattants, tout cela se trouve couvert par l'amnistie. La clause d'amnistie est même conclue en termes assez généraux pour effacer le caractère délictueux des actes d'un sujet contre son propre pays ; elle couvre donc jusqu'à la trahison[2]. Cela cependant n'est pas absolument nécessaire, et, dans le silence du traité, pourrait peut-être ne pas être admis. L'essentiel, en cette matière, est que l'acte se rattache d'une façon étroite à l'état de guerre, qu'il s'agit d'effacer jusque dans le souvenir. Par conséquent, ni les délits de droit commun dont la guerre a

---

[1] *Geffcken* sur *Heffter*, p. 434, n. 8.
[2] *Contrâ,* de Kirchenheim, *l. c.*, p. 808.

été l'occasion mais non la cause, ni les infractions commises antérieurement à la déclaration de guerre, ni celles qui ont eu pour théâtre un territoire neutre, ne peuvent en aucune façon prétendre à bénéficier de la clause d'amnistie.

L'amnistie a la même raison d'être en cas de guerre civile qu'en cas de guerre internationale : elle est peut-être encore plus nécessaire en cas de guerre civile. Cependant, elle n'est pas aussi facilement admise dans le premier cas que dans le second. Dans l'hypothèse d'une simple insurrection, le droit de la guerre n'ayant pas sa place, le droit à l'amnistie n'existe pas. Il sera peut-être sage d'accorder cependant l'amnistie, mais ce sera par mesure politique, nullement par application d'une idée de droit.

3° La liberté des prisonniers est aussi l'une des conséquences normales de la guerre ; nous ne sommes plus au temps où la servitude était leur lot, pas davantage à celui où leur libération était subordonnée au paiement d'une rançon. Au moment même où la paix vient à être signée, les prisonniers deviennent libres : ce n'est pas à dire cependant qu'ils puissent être tous renvoyés immédiatement. Dans l'intérêt de l'ordre et de la discipline, il est nécessaire d'espacer les convois de prisonniers, et, lorsqu'ils sont fort nombreux, il s'écoulera fatalement un temps assez considérable avant que les derniers d'entre eux puissent être libérés. Peut-on retenir des prisonniers de guerre, postérieurement à la conclusion de la paix, afin d'achever de leur faire subir une peine privative de liberté à laquelle ils auraient été condamnés? La réponse à faire à cette question dépend de la nature de l'infraction qui a entraîné la condamnation. S'il s'agit d'une faute disciplinaire, le principe de l'amnistie veut que cette faute soit oubliée, et que la condamnation intervenue ne fasse pas obstacle à la mise en liberté du coupable[1]; s'il s'agit d'un délit de droit commun, les mêmes considérations n'interviennent plus, et rien ne s'oppose à ce que le condamné soit retenu au lieu de son internement jusqu'à l'expiration de sa peine. Pour qu'il en fût autrement, il faudrait une décision gracieuse qui n'est nullement obligatoire.

4° Enfin, le traité de paix aura pour conséquence la restitution, soit à l'État, soit aux particuliers, des biens saisis au cours des hostilités par l'ennemi, et dont la

---

[1] On considère au premier abord la libération des prisonniers sans considération pour les peines disciplinaires qu'ils peuvent avoir à subir comme une mesure libérale et propre à aider au rétablissement des relations amicales entre les belligérants. Mais, en y regardant de plus près, on est tenté de regretter cette générosité qui contribue à augmenter la sévérité des mesures prises à leur égard. Toute faute de quelque gravité sera punie de mort, parce que l'exécution d'une peine privative de liberté sera bientôt entravée par la paix et l'amnistie. Cette circonstance contribue certainement à augmenter les rigueurs du droit pénal de la guerre, et il semble qu'un renversement des principes sur ce point serait favorable à la cause de l'humanité.

convention ne lui laisse pas la possession[1]. Cette obligation générale de restitution a été soudée, on ne sait trop pourquoi, par les auteurs anciens au droit romain du *postliminium*[2], et est encore souvent, de nos jours, désignée par le terme de droit de *postliminie*. Il n'y a pas cependant de rapport direct entre l'institution ancienne et l'institution moderne. L'ancien *postliminium* avait été surtout inventé pour épargner aux prisonniers de guerre les conséquences vraiment fâcheuses qui résultaient, dans l'ordre civil, de la captivité. Grâce à cette fiction, le citoyen romain soustrait par un moyen quelconque à la servitude, était censé n'avoir jamais été ni prisonnier, ni esclave; il recouvrait donc immédiatement tous ses droits, soit politiques, soit civils, il était même réputé n'en avoir jamais été dépouillé, et conservait pour cette raison sa qualité d'ingénu. De même, s'il venait à mourir chez l'ennemi, une autre fiction, celle de la loi Cornélia, le réputait mort à son entrée en captivité, pour lui éviter les déchéances auxquelles l'application du droit commun l'aurait soumis. Aujourd'hui, il n'est plus besoin de tout

---

[1] Phillimore, III, part. X, ch. IV. M. le professeur de Kirchenheim a publié dans le *Manuel de Holtzendorff* une fort intéressante dissertation sur le *Postliminium* (*Die Lehre vom Postliminium*, 31ᵉ partie, ch. II, t. IV, §§ 180 et ss.).

[2] Si l'on voulait à toute force relier au droit romain cette doctrine, il eût été peut-être plus naturel d'en faire un cas de *restitutio in integrum*.

cela. On n'a pas à s'inquiéter du moyen de restituer au prisonnier ses droits, il ne les a pas perdus ; leur exercice a été suspendu par la force des choses, mais les droits eux-mêmes n'ont pas péri, et rien ne s'oppose à ce qu'ils rentrent en vigueur dès que vient à disparaître l'obstacle qui avait été temporairement mis à leur action. Comme le dit fort bien M. de Kirchenheim, « le *postliminium* moderne ne signifie plus résurrection du droit, mais disparition des obstacles qui entravaient son action[1] ».

Le *postliminium* ancien avait ainsi pour conséquence de faire renaître la propriété de l'ancien possesseur, lorsqu'une chose prise par les ennemis sur un Romain venait à leur être ultérieurement reprise.

A-t-il encore dans cette acception des applications, on peut en douter. Le droit de la guerre ne fait acquérir, soit à l'envahisseur soit à l'occupant, que la propriété des choses destinées à la consommation. Pour toutes les autres, le *postliminium* n'a rien à faire, puisqu'à aucun moment la propriété n'en a été déplacée ; pour celles-là la question n'a un intérêt qu'autant qu'au moment de la paix la consommation en vue de laquelle elles ont été saisies n'a pas été effectuée. En matière de guerre maritime, il est vrai, des questions plus délicates peuvent naître, mais nous ne nous occupons pas ici de guerre maritime.

[1] *L. c.*, p. 837.

Tel qu'il existe actuellement le droit de *postliminie* trouve sa principale application en droit public, et alors il signifie qu'aussitôt qu'un territoire occupé est évacué par l'ennemi pour quelque raison que ce soit, il retombe de plein droit sous la domination de son souverain légitime, de telle sorte que seule l'autorité de ce souverain de ses lois, de ses officiers peut y être exercée, et que toutes les institutions de droit public (lois, magistratures, police) inaugurées par l'occupant perdent de plein droit leur puissance. Encore faut-il remarquer qu'il n'est nul besoin, pour justifier cet effet, d'avoir recours à l'idée d'un droit particulier de *postliminie,* que le caractère notoirement provisoire du droit de l'occupant y suffit parfaitement. On remarquera aussi que le droit de *postliminie* actuel (s'il existe) n'a pas d'effet rétroactif. Nous avons insisté plusieurs fois sur ce point important. Les actes faits par l'ennemi dans la limite des pouvoirs que lui reconnaît le droit des gens ont une validité certaine que la cessation de l'occupation ne doit pas faire disparaître. Ils perdent leurs conséquences pour l'avenir, mais les conséquences déjà acquises dans le passé demeurent intactes.

Au commencement de ce siècle, une question relative au *postliminium* a fait assez grand bruit pour mériter d'être rappelée ici. La ville de Gênes avait été conquise par la France en 1797, son gouvernement républicain supprimé, et son territoire incorporé d'abord à la France, ensuite à la République cisalpine. L'amiral anglais, lord Bentinck, reprit Gênes en 1814, et son territoire fut incorporé par le traité du 30 mai 1815 aux domaines de la monarchie sarde. Les Puissances disposèrent de Gênes comme d'une conquête, alors qu'il eût été juste de lui faire application du droit de *postliminie* en la replaçant dans son état antérieur à 1797. Ce procédé souleva de vives protestations parmi lesquelles celles de sir James Mackintosh[1] sont demeurées célèbres, mais on se rappelle que les souverains, réunis en congrès à cette époque, pensaient avoir le droit de remanier à leur gré la carte de l'Europe.

Dans tout traité de paix, les conditions particulières sont aussi les plus importantes, parce que ce sont elles qui, en réalité, déterminent la cessation des hostilités. Naturellement, la variété de ces conditions est infinie, dépendant exclusivement de l'entente des parties intéressées. Les énumérer, les analyser en détail est impossible. Mais au moins est-il utile de porter son attention sur certaines stipulations fort usitées, et qui jouent dans les traités de paix un rôle prépondérant. Nous toucherons ainsi à deux points, aux conquêtes et aux indemnités pécuniaires.

---

[1] Phillimore, III, pp. 189 et ss. Pour l'opinion contraire, V. Schœll, III, p. 401.

C'est une tradition aussi vieille que la guerre elle-même que le vainqueur profite de sa supériorité pour imposer à son adversaire le sacrifice de certaines portions de son territoire. Cette pratique appartient au droit commun des nations, et, si peu rationnelle qu'elle soit au fond, rien ne permet de prévoir qu'elle ne sera pas perpétuelle. L'acquisition par voie de conquête, jugée autrefois la meilleure de toutes, est considérée aujourd'hui encore comme parfaitement légitime par l'opinion générale. Toutefois, dans cette pratique même, bien des modifications ont été introduites par le cours du temps. Nous avons vu plus haut que, pour la population du pays ainsi acquis, conquête était autrefois équivalent à asservissement. Cette notion ne dépassa pas l'antiquité, et, pendant toute la durée du moyen âge, les habitants des pays cédés ne tombèrent pas pour cela dans une situation inférieure. Même il était fréquent qu'au moment de la cession ils obtinssent la réserve de leurs libertés et privilèges particuliers [1]. Quant à la légitimité de la cession, personne n'en doutait et personne ne pouvait en douter. C'était l'époque de la souveraineté patrimoniale, et il était loisible d'aliéner une province comme on vendait un champ, sans que ses habitants eussent la possibilité d'échapper à la domination de leur nouveau

---

[1] Vattel, III, § 199, p. 82.

maître. Le progrès du droit s'est manifesté sur ce terrain par la permission laissée aux habitants du pays cédé de demeurer fidèles à leur ancienne allégeance. Cette faculté eut d'abord comme condition que ceux qui voudraient en user aliénassent leurs immeubles situés en pays conquis, mais ce point est tombé en désuétude, et on leur impose plus volontiers aujourd'hui l'obligation de transférer leur domicile hors du territoire cédé. Le droit d'option dont nous parlons se rencontre déjà dans des traités passés pendant la Révolution française, il est sanctionné par les traités de 1815 dans une disposition il est vrai assez obscure, et qui a donné lieu depuis à des conflits qui ne sont point encore épuisés ; depuis cette époque le droit d'option est devenu une clause de style, il fait partie du droit commun des traités de paix.

La cession d'un territoire n'a-t-elle pas d'autres conditions ? Nous touchons ici à une question brûlante entre toutes, celle de savoir si une conquête peut être légitime en dehors du consentement de la population du territoire cédé, question plus intéressante pour nous que pour tous autres, et que nous allons essayer de traiter à un point de vue purement scientifique, sans faire, dans le débat, la moindre place au sentiment, si excusable qu'il puisse être cependant, de se sentir touché par les faits dont nous avons été les témoins.

La question n'a pas une longue histoire. A part quelques plébiscites organisés sous la Révolution française, il faut aller jusqu'à la réunion de la Savoie et de Nice à la France en 1860 pour voir la population d'une province consultée sur la question du changement de sa nationalité[1]. Il s'agissait, il est vrai, d'une cession d'un caractère éminemment pacifique et amical. Quelques années plus tard, le célèbre art. 5 du traité de Prague promettait aux habitants du Schleswig qu'ils seraient appelés à voter sur le démembrement dont ils allaient être l'objet, mais

[1] Il est de mode, nous ne savons trop pourquoi, de présenter le plébiscite dans lequel les habitants de la Savoie et du comté de Nice ont affirmé leur volonté de devenir Français comme « une simple comédie ». (*Geffcken* sur *Heffter*, p. 438, n. 2). Il n'y a dans cette façon d'envisager les choses, rien autre qu'une allégation complètement fausse et plus qu'audacieuse. Pense-t-on que, dans une question de cette importance, les habitants intéressés aient donné à l'annexion la totalité de leurs suffrages sans en avoir la volonté? Est-ce parce que le suffrage a été postérieur au traité qu'on lui refuse tout caractère sérieux, mais alors il faut traiter aussi de comédie les ratifications qui interviennent parfois longtemps après. En ce qui concerne la Savoie au moins, la vérité est celle-ci : du jour où les princes de la maison de Savoie ont clairement manifesté l'intention de devenir des souverains italiens, la Savoie, qui n'a jamais été et ne sera jamais italienne, s'est détachée d'eux. Incapable de vivre isolée, elle a saisi, avec un empressement réel et conscient, l'occasion qui s'est présentée à elle de s'unir au pays qui présentait avec elle les plus grandes affinités et dont, géographiquement et ethniquement, elle était en réalité une province. Plus de trente ans se sont écoulés depuis, la Savoie a versé son sang pour la France sur les champs de bataille, est demeurée fidèle à ses malheurs, n'a jamais fait entendre ni une plainte, ni un regret. Ces faits ne prouvent-ils pas jusqu'à l'évidence que le plébiscite de 1860 a été autre chose qu' « une simple comédie » ?

cette promesse ne fut jamais tenue, et l'Autriche consentit même, au traité de Berlin de 1878, à renoncer à toute prétention à son accomplissement. Lors de la cession de l'Alsace-Lorraine en 1871, il ne fut naturellement nullement question du suffrage de la population.

La pratique actuelle des nations n'exige donc pas, pour la validité d'une cession de territoire, le consentement de la population du territoire cédé. Que cette pratique existât autrefois, à l'époque où le domaine de l'État n'était pas distinct du domaine particulier du souverain, cela n'a rien qui puisse surprendre. Mais aujourd'hui et après les changements qui se sont opérés dans le droit public de tous les peuples, on peut se demander, non seulement si cette pratique est digne de notre époque, mais si elle n'est pas en contradiction flagrante avec les notions considérées comme les plus certaines dans cette branche du droit. Dans l'ordre intérieur, le principe de la souveraineté du peuple est maintenant incontesté : là où le gouvernement n'est pas l'émanation directe du suffrage des citoyens, au moins tient-on pour certain que c'est du consentement du peuple que s'exercent ses pouvoirs, et dans l'ordre international précisément, l'admission de cette même idée a eu pour conséquence cette loi absolue que, pour former une personne internationale capable, il suffit à un gouvernement de justifier que son pouvoir s'exerce incontesté, sans qu'on puisse lui opposer d'objection concernant sa légitimité. Comment concilier avec cela la possibilité de dénationaliser une population malgré son dissentiment ? Cette population qui serait libre d'imposer au respect des nations étrangères un gouvernement de son choix ne serait pas libre de conserver la nationalité qui a ses préférences ; il faudra qu'elle se soumette ou qu'elle émigre : cela est contradictoire, cela est injuste[1]. Que l'on n'objecte pas que cette fraction de population dont il s'agit ne peut avoir de volonté distincte de la volonté du corps social dont elle fait partie, que, le souverain ayant consenti à la disjonction qui est mise comme condition à la paix, la population cédée doit se conformer à cette décision comme à toutes celles que prend l'autorité dans la limite de ses pouvoirs. Dans ce raisonnement, le plus sérieux cependant de ceux qui peuvent être opposés à notre manière de voir, il n'y a rien autre qu'une méprise. Tant qu'une société persiste, les organes auxquels elle a confié la direction de ses intérêts communs peuvent agir souverainement dans les limites de leur mandat, et il n'appartient pas à des volontés particulières de s'insurger contre la volonté générale.

---

[1] Cf. *Ott* sur *Klüber*, p. 366 ; *Vergé* sur *G.-F. de Martens*, p. 364 ; Calvo, IV, pp. 394 et ss., et, en général, tous les publicistes français : MM. Funck Brentano et Sorel professent à cet égard une opinion particulière. V. pp. 335 et ss.

Mais ici la question est différente. Il s'agit de savoir si la société continuera ou ne continuera pas à exister par rapport à la population du territoire cédé. Il est bien évident que les questions qui touchent à l'existence même de la société ne rentrent pas dans les attributions des directeurs qu'elle s'est donnés. Pour les résoudre il faut un nouveau pacte social, et, dans nos idées actuelles, ce pacte doit être accepté, il ne peut plus être imposé. S'imagine-t-on une société civile ou commerciale dans laquelle le conseil d'administration modifierait à son gré la composition de la société, que dirait-on d'un gouvernement qui, en dehors de toute cession, signifierait à une province qu'elle ne fait désormais plus partie de la communauté, qu'elle ait à s'organiser en État séparé ? Ces hypothèses ne sont pas, au point de vue social, plus étranges que l'hypothèse d'une cession de territoire en dehors du consentement de la population, et cependant qui ne voit qu'elles sont inadmissibles et absurdes ?

Notre question a été agitée en dernier lieu à l'occasion de la cession de l'Alsace et de la Lorraine à l'Allemagne. Devant la répulsion décidée de la population et pour apaiser l'indignation qui se faisait jour de toutes parts, nombre de défenseurs alléguèrent en faveur de l'annexion une foule de raisons, trop peut-être, car à leur quantité même on peut deviner que la cause en faveur de laquelle on les invoque manque de solidité.

On a souvent cité les droits historiques de l'Allemagne[1]. Il ne nous appartient pas d'entrer ici dans les controverses qu'ils ont fait naître; mais, à supposer même que ces droits existent (et je crois qu'ils n'existaient plus), il faut alors admettre qu'ils se sont conservés pendant des siècles avec leur caractère primitif de droits féodaux, immuables, perpétuels, ignorants des transformations que le progrès des idées et des mœurs a fait subir au droit public des nations. Il est bien certain que si le consentement du peuple doit être tenu pour un facteur d'importance dans les cessions territoriales, ce n'est pas l'antiquité plus ou moins grande du droit que l'on prétend avoir qui peut empêcher ce facteur d'exercer sa légitime influence.

On parle aussi volontiers du droit d'expansion des nations qui leur donnerait un titre à s'emparer du patrimoine d'autrui[2]. Ce prétendu droit d'expansion n'est rien autre que le droit du plus fort et, s'il faut l'accepter, il faut se résigner aussi à ne jamais voir les rapports des peuples régis par la justice et la raison. C'est la négation même du droit international, et sous la plume d'internationalistes convaincus, cette négation a au moins quelque chose de piquant.

---

[1] V. sur ce point Padeletti, *l'Alsace et la Lorraine et le droit des gens,* § I, R. D. I, 1871, p. 466.

[2] Cf. *Lueder* dans le *Holz. Handb.,* IV, § 49, pp. 178 et ss.

Un argument de meilleure apparence est celui qui consiste à reconnaître qu'une conquête est chose fâcheuse, mais parfois nécessaire, pour supprimer des occasions de conflits entre nations[1]. La raison, si elle était exacte, pourrait être considérée comme concluante, mais elle ne serait exacte qu'autant que l'on démontrerait qu'il n'existe pas d'autres moyens que la conquête d'éviter les conflits que l'on redoute. Est-il une seule hypothèse où cette démonstration puisse être faite avec succès? Ne voit-on pas qu'en dehors de la conquête il existe quantité d'autres moyens de résoudre une situation inquiétante, qu'une neutralisation par exemple est certainement une mesure plus efficace. A qui viendra t-il à l'esprit de prétendre que la conquête de l'Alsace et de la Lorraine ait mis l'Allemagne à l'abri d'une agression de la part de la France? Il serait plus vrai et plus franc d'avouer que l'on conquiert parce que l'on veut conquérir, parce que l'on espère s'assurer ainsi une perpétuelle suprématie.

Un dernier trait révèlera bien la pauvreté de toute cette argumentation. Un jurisconsulte des plus habiles, et dans lequel l'Allemagne a trouvé, au lendemain de ses victoires, un critique plus que bienveillant, n'hésite pas à réprouver les conquêtes faites dans un intérêt dynastique

---

[1] *Geffcken* sur *Heffter,* p. 438, n. 2.

comme celles qui ont leur cause dans « une loi imaginaire d'équilibre », il ne réprouve pas moins les annexions faites dans un esprit intolérant de propagande[1]. Mais, ajoute-t-il, la question change de face lorsqu'à la suite d'une attaque injuste, l'offensé se retourne contre son agresseur et parvient... à repousser l'attaque et à remporter lui-même une série de triomphes ». En pareil cas, M. Rolin Jaequemyns approuve l'annexion et, une fois de plus, le bon droit de l'Allemagne apparaît aux yeux de tous. Aujourd'hui que le voile qui couvrait en partie l'histoire de l'origine véritable de la guerre de 1870 est complètement levé, lorsque l'aveu même du coupable a révélé au monde stupéfait les fils de cette sinistre comédie qu'un publiciste étranger n'a pas craint d'appeler le plus grand crime des temps modernes, n'y a-t-il pas quelque chose de douloureusement ridicule à voir mettre en avant de semblables raisons ?

N'insistons pas davantage sur ces pénibles souvenirs. Notre conclusion est celle-ci. Tant que le pur droit de conquête subsistera, tant que l'on ne subordonnera pas toute annexion au consentement de la population cédée, le droit international demeurera sur ce point dépourvu d'une base rationnelle avouable, et animé de principes qui sont une menace perpétuelle pour la sécurité des États.

---

[1] Rolin Jaequemyns, R. D. I ; 1871, p. 383.

Telle est la question capitale qu'engage la matière des cessions de territoire consenties à la suite d'une guerre. Ajoutons en terminant sur ce point que, quoi qu'il advienne de cette question, la conquête n'est accomplie qu'après que le traité de paix a été signé. C'est alors seulement que le territoire de la Puissance conquise passe sous la domination du conquérant, et que ses habitants perdent leur nationalité antérieure.

Une autre clause, d'origine relativement récente, paraît destinée à jouer un rôle important dans l'histoire des traités de paix : c'est la stipulation par laquelle le vainqueur exige du vaincu le paiement de sommes considérables à titre d'indemnité de guerre. Pour donner un fondement raisonnable à cette pratique, il faut remonter jusqu'à l'idée ancienne d'après laquelle celui qui combat pour une cause juste a le droit de faire supporter à son adversaire les frais de la campagne entreprise contre lui. On conçoit que le vainqueur songe à profiter de ses succès pour faire supporter au vaincu les frais de la guerre, sans songer que si cette coutume augmente le prix de la victoire, elle augmente aussi le poids de la défaite, et qu'elle crée pour l'avenir des dangers à celui-là même qui en a le premier bénéficié. Mais ce qui est plus menaçant, c'est le chiffre auquel ces indemnités sont arrivées[1]. Pendant longtemps, on s'était contenté d'exiger

---

[1] Guelle, II, pp. 246 et ss.

quelques dizaines ou au plus quelques centaines de millions. Après vingt ans de guerre, les alliés nous demandèrent 700 millions, et cette indemnité fut la plus forte qui eût été vue jusque-là. En 1871, les Allemands ont exigé de nous la somme énorme de cinq milliards. Grâce à ses ressources exceptionnelles, la France a pu les payer. S'arrêtera-t-on là? rien ne permet de l'espérer, et il est fort possible que l'on impose un jour les milliards comme on imposait autrefois les millions. Le résultat de ce système est facile à prévoir. Il présente deux inconvénients très graves. La perspective de pareilles aubaines est pour les nations une sollicitation puissante à la guerre. Elle introduit dans leurs rapports la cupidité, cette forme, la plus vile de toutes, de l'ambition, par là elle menace gravement la paix publique. Et puis quel peut être sur le pays vaincu l'effet d'un pareil prélèvement? Cet effet c'est la ruine, la ruine aussi et plus complète que celle qui serait résultée d'une dévastation systématique du sol, c'est à sa suite la fatalité des haines héréditaires, et la soif de venger sa misère par la misère des autres.

Il faut prévoir aussi le cas où le vaincu se trouvera dans l'impossibilité de satisfaire son vainqueur. Alors l'énorme obligation subsistant entre eux fera du premier une sorte d'esclave du second. Plus d'indépendance pour lui tant qu'il n'aura pas secoué son fardeau, plus de prospérité par conséquent et plus de progrès.

Ce tableau est peut-être sombre, nous le croyons exact. La pratique des indemnités est déplorable, et les abus qu'elle ne manquera pas d'engendrer contrebalanceront les progrès que le droit de la guerre a pu accomplir à notre époque.

Tels sont les principaux points concernant les traités de paix. Une étude complète exigerait bien des développements dans lesquels il nous est impossible d'entrer. Disons, en terminant, que l'exécution des conditions de la paix, assurée autrefois par des remises d'otages, est maintenant garantie par l'occupation d'une part des terres du vaincu. Cette occupation, assez semblable à celle que nous avons précédemment étudiée, a ceci de particulier qu'elle n'autorise pas l'occupant à exercer les pouvoirs qui ne se justifiaient antérieurement que par l'intérêt de ses opérations militaires.

CONCLUSION.

Ayant ainsi terminé l'enquête longue, quoique encore incomplète, que nous avons suivie, touchant la fonction du droit dans les us et coutumes de la guerre, il convient de résumer en quelques idées générales les résultats de notre étude.

Dès le début de cet ouvrage, nous nous sommes appliqué à démontrer que l'état de guerre n'est point, comme on est porté à se l'imaginer, contradictoire à l'idée de droit, et que, même dans ces temps redoutables où les passions des peuples paraissent déchaînées à l'envi, il subsiste encore une place pour la justice et pour la raison, que tout lien n'est pas rompu entre les combattants, qu'il leur reste assez d'intérêts communs pour justifier de l'existence d'une loi commune, bref, que rien, ni dans la nature du droit, ni dans les conditions de la lutte, ne s'oppose à ce qu'il y ait un droit de la guerre.

Nous disions alors : le droit de la guerre est possible ; arrivé à la fin de ces études, nous osons affirmer qu'il existe. Et tous ceux qui nous auront suivi dans nos recherches, le reconnaîtront comme nous. Quelque point que l'on aborde dans ce vaste domaine, le spectacle que l'on a, l'impression que l'on recueille sont les mêmes. Tout semble d'abord obscur et confus. Les opinions les plus diverses se croisent et s'entre-choquent sur chaque point, et, lorsque par fortune, un semblant d'accord vient à se produire, les faits se chargent le plus souvent de démentir ce que la doctrine enseigne. Cependant, à y regarder de plus près, on voit clairement que, quelle que soit la part à faire à l'incertitude, tout n'est pas incertitude dans notre science. Partout on ressent la nécessité d'une limite à imposer à l'arbitraire des belligérants, encore que cette limite ne soit point le plus souvent irrévocablement fixée. Cette limite, chacun suivant ses idées et ses habitudes, suivant ses sentiments, même suivant sa profession, l'avancera ou la reculera à son gré ; l'un la fixera à un point que l'autre n'atteindra pas, mais aucun, après s'être interrogé franchement, ne pourra nier qu'il soit indispensable de fixer un terme que les combattants ne peuvent dépasser sans commettre une action illégitime et le plus souvent honteuse ; aucun ne contestera l'existence du droit de la guerre, quoique chacun puisse avoir ses idées propres sur les règles dont il le compose. C'est ainsi que ceux-là même qui s'insurgent contre le terme de *droit de la guerre,* ne laissent pas d'admettre sous le nom d'usages de guerre ces principes et ces lois dont ils affectent de se défendre.

Faut-il donner une preuve de ce phénomène : nous la trouverons près de nous, et elle sera concluante. S'il est dans tout notre domaine un sujet sur lequel il puisse paraître oiseux de poser des principes quelconques, c'est certainement le chapitre des causes légitimes de la guerre. A supposer même qu'il y ait sur ce point des vérités à dire, ces vérités paraissent destinées à demeurer confinées dans l'enceinte de l'école, à rester à l'état de données philosophiques susceptibles d'intéresser des hommes d'étude, mais entièrement indifférentes à la politique des hommes d'État. Et cependant, lorsque, il y a une année à peine, une indiscrétion voulue apprit au monde étonné quel avait été le véritable artisan de la guerre franco-allemande de 1870, et de quels moyens il s'était servi pour parvenir à ses fins, lorsque tomba devant l'évidence cette odieuse légende de la France provocatrice, de la France ennemie du repos du genre humain, qui, pendant vingt ans, avait été sans cesse exploitée contre nous, n'y eut-il pas une explosion générale d'indignation, non seulement chez nous, mais dans ces pays étrangers qui, lors de nos malheurs, n'avaient eu pour nous que de l'indifférence, et même jusqu'au sein de l'Empire qui a dû à cette fraude sans exemple son élévation ? Que l'on aille dire, après cela, qu'il s'agissait de politique et de guerre, qu'en politique comme en guerre il n'y a ni droit ni justice, et tout esprit droit repoussant cet étrange sophisme, n'aura que du mépris pour ceux qui n'auront pas craint de l'employer.

Il existe donc un droit de la guerre pour l'opinion publique, et, à plus forte raison, en existe-t-il un pour l'élite qui ne craint pas d'aborder et de scruter les problèmes de la vie sociale. Et le point est capital, car les innombrables hésitations auxquelles notre discipline peut encore donner lieu, disparaîtront une à une devant une connaissance plus approfondie des véritables intérêts des nations. Ce droit existe, et, nous pensons l'avoir montré, il existe du jour où éclatent les hostilités jusqu'à celui où un traité inaugure entre les nations ennemies une nouvelle période de paix. A quelque moment que l'on se place, dans quelle situation que l'on suppose les belligérants, qu'il s'agisse de combattants ou de non combattants, la raison, le sentiment de la justice, la considération de l'humanité leur imposent certaines règles dont ils ne doivent jamais se départir.

Il en est ainsi, et si l'on veut réfléchir un moment à ce qu'est la guerre actuelle, on se convaincra vite qu'il ne peut en être autrement.

La guerre n'est plus, de nos jours, cette irruption d'un peuple qui, confiant dans la supériorité de ses armes, convaincu le plus souvent de sa vocation à la domination universelle, aborde son ennemi pour l'absorber, le soumettre, l'anéantir. Les guerres d'extermination ne sont plus de nos jours, et, sous sa forme actuelle, la guerre est simplement le moyen de résoudre les conflits internationaux que l'on ne parvient pas à apaiser d'une autre façon, moyen rude, barbare, irrationnel entre tous, mais qui a été de tout temps et qui est encore le lot commun de l'humanité[1].

La guerre est le recours à la force, et consiste à faire à son ennemi tout le mal nécessaire pour briser sa résistance, mais aussi la raison la plus élémentaire commande-t-elle de ne point dépasser cette limite du nécessaire. Au delà, toute violence, toute souffrance, toute destruction est sans objet; elle est contraire à la raison, elle est interdite par le droit de la guerre.

Entre les fondements philosophiques du droit de la guerre, la raison doit avoir la première place, parce qu'il n'est pas de facteur dont l'intervention soit plus légitime et l'influence plus apparente dans la constitution de notre science. C'est de la raison que découlent la distinction des combattants et des non combattants, le respect des blessés, la prohibition de toute destruction inutile. L'inutile même, en cette matière, n'existe pas : dépouillés du caractère de légitimité qu'ils empruntent à leur nécessité,

---

[1] War, dit Phillimore : is not to be considered as an indulgence of blind passions, but as an act of deliberate reason, and, as lord Bacon says « no massacre or confusion, but the highest trial of right ». (Phillimore, III, p. 78.)

les actes hostiles dégénèrent immédiatement en attentats inavouables dirigés contre les biens les plus précieux, les droits les plus sacrés de l'homme : la vie, la liberté, la propriété. Ce qui, ailleurs, porterait simplement le nom d'inutile, mérite ici les qualifications de barbare, de désastreux, d'inhumain : c'est une vérité que l'on doit avoir constamment présente à l'esprit, pour mesurer exactement le degré d'autorité et de respect que doit obtenir ici la raison.

Une autre idée tout aussi certaine et tout aussi féconde est que la guerre est un état éminemment exceptionnel, funeste à tous égards aux nations qui y sont engagées, et qui n'a de raison d'être que parce qu'il tend nécessairement au rétablissement de la paix. Cette considération, dont la justesse n'attend point une démonstration, nous conduit rationnellement à cette autre conséquence que les belligérants, parce qu'ils savent que le rétablissement de la paix est le but de leurs efforts, ne doivent rien faire qui rende ce rétablissement impossible, ni qui condamne la paix à venir à revêtir le caractère d'une trêve temporaire, prélude d'autres luttes inévitables. Le jurisconsulte Lorimer[1] a bien appelé cette règle le principe d'économie. Le principe d'économie ne permet pas que l'on se serve indistinctement, au cours de la lutte,

---

[1] *Droit international,* l. IV, ch. x et suiv.

de tous les moyens qui paraissent propres à briser la résistance de l'adversaire. Il exige que l'on fasse un choix entre ces moyens, et que l'on emploie de préférence ceux qui conduisent au résultat, en impliquant la moindre somme de perte. C'est ce principe qui interdit les grandes dévastations, qui commande de respecter la vie de l'ennemi désarmé, parce que l'avantage que peuvent procurer de tels actes, au point de vue de la guerre poursuivie, ne compensent pas les pertes considérables qu'ils impliquent, au détriment des intérêts généraux de l'humanité. Dans le respect que l'on a coutume de montrer pour certaines parts de la fortune publique, réputées particulièrement précieuses, les églises, les musées, les bibliothèques, les hôpitaux, nous reconnaîtrons une autre application de cette idée. Une abstention pareille n'est pas quelquefois sans imposer une gêne momentanée à des combattants, mais cette gêne, on considère qu'ils doivent la souffrir plutôt que de se prêter à des actes qui rendraient plus éloignée et plus précaire l'espérance d'une paix véritable.

C'est enfin au même ordre d'idées que nous rapporterons cette habitude fidèlement suivie entre ennemis, de faire preuve en toute occasion de la plus grande courtoisie, et de s'épargner des injures qui aigriraient les victimes, en même temps qu'elles aviliraient leurs auteurs. Cette loi de convenance touche elle-même au droit, en ce qu'elle constitue une économie utile, propre à rendre plus prompt et plus facile le rétablissement toujours désiré des relations amicales entre les adversaires.

Tels sont les points principaux sur lesquels il appartient à la raison de faire entendre sa voix, et d'imposer une limite à l'arbitraire des belligérants. Mais on méconnaîtrait, de propos délibéré, la nature de l'homme, si l'on faisait ici abstraction de ce qu'elle présente de plus noble et de plus élevé. La guerre prend l'homme tout entier, et il n'est pas un côté de sa nature qui ne doive exercer son influence sur sa conduite. S'il est vrai qu'il paraît sur les champs de bataille pour y déployer sa force, cette force ne doit être ni aveugle, ni brutale, et nous venons précisément de constater que l'opinion unanime des peuples n'autorise pas le combattant à résister à l'influence de sa raison. Allons plus loin : l'homme est avant tout un être moral, et cette qualité d'être moral sera pour lui la source d'une autre série de lois, tout aussi sacrées que les précédentes ; plus sacrées peut-être même, car elles sont plus spontanées et, en quelque sorte, plus humaines : ce sont elles, en effet, qui ont apparu les premières, et, sans remonter dans l'histoire plus haut que Grotius, on rencontre une époque où la guerre apparaissait encore (comme un jurisconsulte l'a nommée plus tard) un état de violences indéterminées, et où l'on sentait déjà que c'est pour les combattants une obligation de conscience de se soumettre à certaines règles. Les suggestions de la conscience ont eu ainsi leur place plus tôt que les exigences de la raison, et l'homme d'État hollandais qui n'apercevait pas, en raison, de bon motif de poser une limite à la liberté des combattants, ne cessait pas de leur prêcher la modération au nom de la philosophie et de la religion.

Il serait insensé de prétendre que la nature morale de l'homme ne doive pas avoir sa part d'influence dans les guerres de notre temps, ni que la conscience soit pour le militaire un ornement bon en temps de paix, un insigne de parade dont on doive se hâter de secouer la gêne avant d'entrer en campagne. Une opinion aussi aveugle viendrait à l'encontre de deux lois déjà anciennes et dont l'autorité s'accroît incessamment dans l'opinion publique, c'est que la guerre doit être pratiquée avec justice et loyauté.

La justice a sa place marquée dans la pratique de la guerre moderne, si étrange que cela puisse sembler d'abord. Dans cette procédure, dans cet exploit par lequel on fait exécuter tout un peuple, comme s'exprimait Bentham[1], l'observation de ce sens de la justice n'est pas moins nécessaire qu'elle ne l'est dans les débats pacifiques de nos tribunaux. C'est le sentiment de la justice

---

[1] *Traité de législation,* trad. Dumont, III, p. 393.

qui veut qu'une guerre ne soit engagée qu'autant qu'il devient nécessaire de donner une sanction à un droit violé, c'est encore lui qui commande au vainqueur de s'arrêter lorsqu'il voit sa cause gagnée, et lui fait un crime de prolonger, dans un but d'ambition personnelle, les maux de ses ennemis. Et ce sentiment est si profondément ancré dans la conscience humaine, que s'il est vrai que beaucoup se laissent entraîner à résister à ses injonctions, tous, du moins, se défendent obstinément de l'avoir jamais osé, et tentent l'impossible pour se mettre à cet égard à l'abri du reproche. De plus, dans la pratique de la guerre elle-même, la prépondérance du sentiment de justice se fait aussi très nettement sentir. L'organisation du droit pénal de la guerre tout entier en est la conséquence. La conception et la sanction des crimes de guerre, la trahison, l'espionnage, la rébellion, est une œuvre à la fois de nécessité et de justice : de nécessité, en ce qu'elle tend à rendre plus rares des actions particulièrement dangereuses par les peines fulminées contre elles ; de justice, en ce que définissant rigoureusement les éléments du fait punissable, elle procure par là même une sécurité relative à tous ceux qui ne s'en sont pas rendus coupables.

L'action de la justice et ses progrès actuels sont plus sensibles encore dans le droit formel. Pendant longtemps, l'administration de la justice aux armées était plus que sommaire. Pas de procédure, par conséquent pas de garantie pour les intérêts particuliers engagés dans le débat. Tout officier était un juge, et l'honnêteté du magistrat paraissait au législateur une garantie suffisante de la rectitude de la sentence qu'il prononçait et faisait exécuter immédiatement. Cette façon de faire est aujourd'hui rejetée comme indigne de notre civilisation, et la législation pénale des grandes nations militaires a adopté ce principe, qu'il n'y a pas de peine sans une condamnation émanée d'un tribunal régulier, après accomplissement de la procédure prescrite par la loi.

Ces règles ne sont pas les seules satisfactions que la pratique de la guerre croit devoir s'imposer en faveur de la justice, mais telles quelles, elles justifient notre dire : la guerre n'éteint pas le sentiment de la justice et se résout d'elle-même à subir son influence.

Un dernier facteur du droit de la guerre, facteur important entre tous, et aussi le plus ancien parmi tous ceux que nous avons énumérés, est la loyauté. Que la loyauté soit nécessaire à la guerre, personne n'en doute; que l'on se soit préoccupé d'assurer son empire, l'histoire est là pour en témoigner. N'est-ce pas l'observation de la loyauté qui forme cette frontière si délicate et si essentielle entre la ruse, cet exercice légitime d'une force intellectuelle, l'habileté, et la tromperie, cette habitude réprouvée, toujours jugée indigne de l'honneur d'un général et d'une armée. N'est-ce pas la loyauté, plus encore que l'utilité, qui oblige un ennemi à tenir religieusement la parole qu'il a donnée à son ennemi, n'est-ce pas encore la loyauté qui (comme le remarque très bien Brocher de la Fléchère[1]) a interdit de tout temps aux combattants de se servir d'armes perfides, comme le poison, ou de moyens dissimulés, comme le poignard d'un assassin ? La loyauté est, en temps de guerre, une loi absolue, elle nous offre l'exemple remarquable d'une qualité qui, en temps de paix, est une vertu, et que la guerre transforme en une rigoureuse règle de droit.

Voilà quelle est, à nos yeux, la justification de l'existence du droit dans la guerre, et si l'on y réfléchit, elle se réduit à cette idée fort simple que la guerre est une lutte d'homme à homme, qu'elle ne peut pas échapper, et qu'en fait elle n'a pas échappé à l'influence de ces qualités qui sont l'apanage nécessaire de l'âme humaine, que pratiquée par des créatures intelligentes et sensibles, elle devait, dans toute la mesure possible, être dominée par la raison et le sentiment.

Le droit de la guerre se résout donc, en dernière analyse, dans une conciliation des nécessités que comporte l'usage de la violence, et des nécessités qu'imposent à l'homme les qualités essentielles de sa nature.

---

[1] Brocher de la Fléchère, *Les Révolutions du droit*, t. II, p. 93.

Dans quelle mesure cette conciliation doit-elle être faite, combien faut-il accorder aux unes, et combien faut-il réserver aux autres? c'est ce que nous avons essayé de déterminer dans les études qui précèdent. Mais nous ne saurions assez insister sur le caractère secondaire et relativement peu important de cette mesure. Non seulement nous n'avons pas la prétention d'imposer nos propres vues et nos opinions particulières sur ce sujet, mais la diversité des sentiments ne nous paraît pas un défaut capital. L'essentiel est de bien voir, de constater et de comprendre que la guerre n'autorise pas l'emploi illimité de la force, que cet emploi, dans toute la mesure permise par son but, doit admettre les mêmes freins qu'admettent les hommes qui s'y livrent, subir l'empire de la raison, obéir aux suggestions de l'humanité. Ce point central une fois admis, c'est sans grande peine que l'on parviendra à obtenir un accord sur les nombreuses questions particulières que renferme notre sujet.

Le but de la constitution et de l'étude du droit de la guerre est, bien certainement, de diminuer les maux qui naissent pour l'humanité du fait des hostilités. On sait les services qu'il a déjà rendus à cet égard, il pourra en rendre de plus grands encore dans l'avenir, quoique sa sphère d'action soit strictement limitée par la nécessité où il se trouve, de laisser les nations user librement, dans leurs conflits, de la somme totale de forces qu'elles peuvent amener sur le terrain.

Ce que la science peut raisonnablement prétendre, c'est de ramener l'action de la violence à son véritable objet, qui n'est pas le mal en lui-même, mais une supériorité matérielle à conquérir ; c'est aussi d'empêcher que la force, enivrée de sa toute-puissance, ne dégénère en excès par trop contraires à la cause toujours vivante de l'humanité, ou en pratiques incompatibles avec la dignité même de ceux qui se les permettent.

A la vérité, le droit international a un autre but plus éloigné, plus grand aussi, la disparition de la guerre, l'établissement d'une paix perpétuelle; mais, nous l'avons déjà dit, cette perspective paraît encore fort loin de nous, et le droit de chaque époque doit prendre la société pour ce qu'elle est et non pas pour ce qu'il serait souhaitable qu'elle fût. Même il ne semble pas que les progrès continuels de la civilisation poussent l'humanité dans cette voie. De Mohl[1] observait avec raison en 1860 que, par une sorte d'ironie les découvertes les plus récentes faites dans les divers ordres de science, loin de servir à diminuer les chances de guerre comme on aurait pu l'espérer, étaient précisément employées à perfectionner les moyens que possèdent les hommes de s'entre-détruire.

[1] De Mohl, *Staatsrecht Volkerrecht und Politik*, t. I, p. 766.

CONCLUSION 399

Combien sa remarque ne serait-elle pas plus juste encore aujourd'hui ? Sans doute on ne peut mépriser un idéal qui a entraîné à la suite de l'abbé de Saint-Pierre des esprits tels que Leibnitz, Kaut, Bentham et Rousseau, mais on peut penser aussi que des projets qui supposent chez les peuples une abdication de leur indépendance, qui font table rase des passions tantôt sublimes, tantôt funestes, qui poussent parfois les peuples à s'entre-détruire, on peut penser que de tels projets, si raisonnables et si bien ordonnés qu'ils soient, appartiendront au domaine de la fantaisie aussi longtemps que ne se seront pas produites les modifications sociales appelées à rendre possible leur exécution. Même il est permis de regretter que tant d'hommes éminents, séduits par une idée que nous ne pouvons pas ne pas qualifier de chimère, dévouent à une cause qui paraît perdue d'avance des lumières et des forces qui pourraient contribuer avec tant d'efficacité aux progrès du droit international.

Pour dire toute notre pensée sur ce point, si notre époque est destinée à jouir du bénéfice d'une paix ininterrompue, ce n'est ni du progrès des idées d'humanité, ni de l'action de la science que l'on peut attendre ce résultat. Certes, nous croyons aux progrès des idées d'humanité et nous pensons qu'ils sont appelés à exercer une influence toujours croissante sur la pratique de la guerre, mais ce que nous ne pouvons ni ne devons espérer c'est que ces progrès aboutissent à transformer l'humanité elle-même. Pouvons-nous souhaiter que sur les ruines des États actuels un pouvoir absolu s'établisse qui maintienne la paix par la supériorité de sa puissance, et en fasse acheter au peuple le bienfait du prix de leur indépendance et de leur dignité ? Et, en supposant même que cela fût souhaitable, ne voit-on pas clairement tout ce que cela aurait d'éphémère et que le mot de perpétuité ne pourrait lui être appliqué? Pouvons-nous souhaiter que la froide raison prenne dans les relations des peuples un empire tellement exclusif qu'ils s'accordent à répudier la guerre comme irrationnelle et mauvaise, et renvoient de leur plein gré à quelque assemblée de sages le jugement des difficultés qui les divisent. Et si cela même était possible, n'aurait-on pas payé bien cher le trésor d'une paix perpétuelle en lui sacrifiant les passions du peuple, la revendication de son indépendance, le souci de sa dignité, le sentiment de son individualité, l'orgueil de sa valeur, en un mot le patriotisme [1] ?

Quoi qu'il en soit, il nous semble que les meilleures

---

[1] La guerre, dit Sumner-Maine, est un mal trop gigantesque et trop ancien pour qu'il y ait beaucoup de chances de le voir jamais céder à une panacée quelconque, et moins encore à une seule panacée. J'oserai même dire que les présomptions sont à l'encontre de tout traitement systématique qui se vante d'y mettre une fin prompte et radicale (*l. c.*, p. 297).

chances de paix que nous possédons actuellement consistent dans les inconvénients de ce système de paix armée auquel les grands États sacrifient aujourd'hui le meilleur de leurs ressources. Il serait naïf de penser (comme l'observe également de Mohl) que les peuples résisteront perpétuellement à la tentation d'essayer l'effet des merveilleux instruments de guerre dont ils ont jugé nécessaire de se pourvoir [1]. Un armement à outrance doit amener quelque grande guerre, cela paraît fatal, mais cette crise une fois passée, il est fort possible que les gouvernements refusent de persévérer dans une voie dont ils ont eu le loisir d'apprécier les inconvénients et les dangers, que par lassitude alors et aussi par crainte de l'avenir ils conviennent d'un désarmement qui donne un moment de répit à leurs peuples épuisés. Sera-ce alors l'ère de la paix perpétuelle? Une semblable question ne saurait être préjugée, mais il est certain qu'une mesure de ce genre, si elle ne détruisait pas le fait de la guerre elle-même, tendrait à en atténuer considérablement le poids.

Mais ce n'est point sur des hypothèses aussi éloignées que la science peut compter. Aussi bien, en les laissant de côté, son champ d'action demeure encore assez consi-

---

[1] V. cep. Lasson. *Princip und Zukunft des Volkerrechts*, ch. IX, § 8, p. 110.

dérable pour fournir un objet noble et utile aux labeurs de ses disciples. Le droit de la guerre, nous l'avons remarqué du reste, est loin d'être complet : comme principe il existe, comme application il est en voie de formation, et son développement dans les diverses parties de son domaine nous paraît être une œuvre pratique et utile bien digne de tenter le courage de ceux qui ont à cœur les progrès des sciences sociales et le bien de l'humanité.

Tel qu'il existe à notre époque, le droit de la guerre a deux sortes d'adversaires : il faut les combattre les uns et les autres, mais avec des armes différentes.

Beaucoup d'esprits, et des meilleurs, pensent que la culture du droit de la guerre est en somme plutôt nuisible qu'utile. L'existence d'un corps de droit, c'est-à-dire d'un ensemble de règles obligatoires, est à leurs yeux incompatible avec les nécessités de la guerre : pour vaincre, un général doit avoir en tout temps sa pleine liberté d'action ; il ne l'a plus si des prescriptions d'ordre quelconque enchaînent sa volonté. Cette opinion qui emprunte un poids tout particulier à cette circonstance, qu'elle a surtout pour partisans des hommes versés dans la connaissance des sciences militaires, serait en outre assez portée à considérer comme une sorte de profanation toute introduction de l'influence du droit dans l'art de la guerre. Il lui paraît inadmissible qu'un jurisconsulte puisse jamais indiquer à un général la limite qu'il ne doit pas franchir.

Très généralement, les hommes qui s'arrêtent à de semblables objections connaissent mal ce qu'ils repoussent. S'ils étudiaient mieux les préceptes du droit de la guerre, ils reconnaîtraient que loin de vouloir contrarier l'action militaire, le droit de la guerre s'applique à lui laisser toute la latitude nécessaire, qu'il prend soin de ne jamais contrarier les nécessités de la lutte, qu'il abdique plutôt que d'entreprendre sur la liberté qui doit être laissée aux opérations pour qu'elles atteignent leur objet. Ils verraient aussi que dans cette longue collection de règles, il n'en est pas une qui n'ait pour objet, ou l'avantage de l'armée à laquelle on prétend l'imposer, ou le bien de la nation que représente cette armée, que les ménagements que l'on prescrit à l'égard de l'ennemi profitent à ceux-là même qui se résolvent à en user, qu'à la guerre surtout il ne faut pas faire éprouver aux autres ce que l'on craint d'éprouver soi-même. Telle est la véritable physionomie de notre droit : il ne justifie pas les espérances souvent trop grandes que l'on a parfois fondées sur lui, mais aussi ne mérite-t-il pas la plupart des reproches qu'on lui adresse.

Il n'est pas inutile aussi de remarquer, pour répondre à un sentiment de répugnance basé sur une naturelle fierté, que les jurisconsultes qui sont les interprètes du droit de la guerre n'en ont nullement été les fondateurs. Parmi les modernes, les noms les plus célèbres dans ce domaine ne sont point des noms de juristes. On trouve parmi ses fondateurs des théologiens, des philosophes, des hommes d'État, on y trouve très peu de jurisconsultes. On y rencontre des militaires surtout.

Le droit de la guerre est né en grande partie de ces petites conventions que les généraux avaient coutume de passer au cours de leurs campagnes. Ce ne sont point des idées générales et préconçues, ce sont les besoins du moment, l'influence toujours présente de la raison, le sentiment toujours vivant de l'humanité qui ont déterminé sa formation. Ses monuments les plus considérables ne sont pas l'œuvre de jurisconsultes. La convention relative au sort des blessés est due à un philanthrope genevois, M. Dunant, et la première idée de cette très importante réforme avait été émise par un intendant militaire français, M. de Chamousset. La ligue de la neutralité armée et le traité de 1856 sont l'œuvre de la diplomatie. Enfin la conférence de Bruxelles, cette œuvre digne d'un monarque qui avait inauguré son règne par l'abolition du servage, cette réunion solennelle et éminemment féconde en dépit de l'apparence, ne comptait dans son sein que de très rares jurisconsultes. En réalité, il n'est pas de branche du droit qui se soit formée plus directement sous l'influence de la pratique et par le ministère d'hommes aussi éloignés des sciences juridiques. Il est bon qu'il en ait été ainsi. Le jurisconsulte, dominé le plus souvent par les idées générales, fruit de ses habitudes d'esprit, courrait en semblable matière le risque de ne rien faire d'utile pour vouloir faire trop bien. Son rôle est plus effacé, bien que nullement méprisable. A lui revient le soin de réunir les matériaux de l'œuvre, de faire la lumière sur les résultats acquis, de dégager leurs conséquences, au besoin de les soumettre à la critique. Quant à la science, elle gagnera en certitude et en autorité à n'être point son œuvre.

La simple constatation du fait que nous venons de rapporter est de nature à faire tomber bien des préventions. Pour le reste, la diffusion même de la science y pourvoira.

Le droit international a une autre classe d'ennemis tout aussi certains et infiniment plus dangereux, parce qu'ils trahissent sa cause en affectant de la servir. Nous faisons allusion ici à cette école qui professe, en toute occasion, le plus grand respect pour le droit des gens, prétendrait même au besoin en être l'exclusive interprète, et l'arrange de façon à se faire servir par lui au lieu de le servir. Cette école n'est pas française heureusement. C'est l'école des diplomates qui ne reculent devant aucune fraude pour amener une guerre lorsqu'ils pensent qu'elle sera favorable, l'école des généraux qui proclament en toute occasion un respect absolu pour la propriété de l'ennemi et donnent au besoin de leur zèle des preuves retentissantes et dépouillent en même temps les pays traversés par leurs troupes de leur dernier écu, c'est l'école des soldats qui massacrent et dépouillent au nom du droit, trouvant toujours un prétexte pour colorer leurs pires excès, l'école enfin des jurisconsultes qui ont inventé la raison de guerre, cet admirable moyen de rendre honorables et légitimes même les actes que la conscience de l'humanité a toujours flétris de noms odieux. Nous nous sommes attaqué assez souvent aux doctrines de cette école pour n'avoir point ici à y revenir. Cependant nous ne laisserons pas ce sujet sans déclarer que combattre les doctrines de cette école est pour le jurisconsulte un véritable devoir: par ses subtilités elle menace l'avenir de la civilisation de la guerre, par ses supercheries, elle compromet l'honneur et la dignité de la science du droit.

En voilà assez sur ce sujet. Comme tant d'autres sciences sociales, le droit de la guerre est encore fort imparfait, mais il est permis d'espérer dans l'avenir d'une science dont les colonnes fondamentales sont la raison et la justice, l'honneur et la pitié.

FIN

TABLE DES MATIÈRES

ONZIÈME CONFÉRENCE.

Pages.

Objet de cette seconde série de conférences. — La guerre considérée dans les rapports des combattants et des non combattants. — Influence de l'état de guerre sur les non combattants et sur les neutres. — Aperçu historique de la question. — Civilisations anciennes. Droit illimité du vainqueur sur la personne et sur les biens des vaincus. — Époque moderne. — Persistance des doctrines anciennes. Grotius. — Idées modernes. Vattel. — Principes admis de nos jours. — Leurs principales conséquences. — Distinction de l'invasion, de l'occupation et de la conquête.................................. 5

DOUZIÈME CONFÉRENCE.

Des réquisitions militaires. — Nécessité des réquisitions dans l'organisation militaire actuelle. — Leur fondement juridique. — Objet des réquisitions. — Réquisitions exercées sur le territoire français. — Loi du 3 juillet 1877. — Réquisitions de services et réquisitions d'objets ou de denrées. — Logement, nourriture, vêtement, machines et outils, moyens de transport. — Interdiction des contributions en argent. — Réquisitions exercées en territoire étranger. — Diverses formules proposées. — Principe. — Assimilation aux réquisitions pratiquées en territoire national. — Réserve. — Des contributions en argent en territoire étranger. — De la situation des sujets neutres habitant le territoire des belligérants au point de vue des réquisitions... 35

TABLE DES MATIÈRES

TREIZIÈME CONFÉRENCE.

Pages.

Des réquisitions militaires (*Suite*). — Exercice des réquisitions. — Nécessité d'un ordre rigoureux. — Période pendant laquelle il est permis de faire des réquisitions. — Qui peut exercer le droit aux réquisitions. — Principe. Délégations. Subdélégations. — A qui les réquisitions doivent être adressées. — Formes dans lesquelles elles doivent être faites. Ordres de réquisitions. Reçus. — Répartition de la réquisition entre les habitants de la commune.— De l'exercice des réquisitions, considéré au point de vue international. — *Première hypothèse* : Armée française en territoire ennemi. Application des principes du droit français. *Deuxième hypothèse* : Armée ennemie en territoire français. Devoir des maires.......................... 77

QUATORZIÈME CONFÉRENCE.

Des réquisitions militaires (*Suite et fin*). — Sanction du droit aux réquisitions. — Nécessité d'une sanction énergique — Législation française. — Peines prononcées contre les militaires qui abusent de leurs pouvoirs. — Peines prononcées contre les officiers municipaux ou les particuliers qui refusent de se soumettre aux ordres réguliers de réquisition. — Sanction des réquisitions en droit international. — Question des indemnités. — Loi du 9 juillet 1877. — Commissions d'évaluation. — Procédure. — Fixation de l'indemnité. — Recours à l'autorité judiciaire. — Droit international. — Les réquisitions exercées par l'ennemi donnent-elles lieu à indemnité? — Discussion de la question. Système de la loi et de la jurisprudence françaises.. 116

QUINZIÈME CONFÉRENCE.

Caractère vrai du principe de l'inviolabilité de la propriété privée. — Prohibition des destructions inutiles. — Défense du pillage.

— Cas dans lesquels il demeure licite de détruire la propriété de l'ennemi. — De la dévastation comme moyen de guerre. Distinction. — Du butin. — Immunité des biens immobiliers. — Biens mobiliers. — Meubles de l'État. Objets d'art, collections, archives publiques. — Meubles appartenant à des particuliers. Derniers vestiges de la pratique du butin. — Principes suivis dans la guerre maritime. Esquisse des progrès accomplis sur ce terrain... 153

SEIZIÈME CONFÉRENCE.

De l'occupation militaire. — Dans quels cas y a-t-il occupation. — Nécessité d'un pouvoir réel et présent. — L'occupation ne transfère pas la souveraineté. — Changement dans la condition d'un pays occupé. — Impuissance du souverain. — Droits de l'occupant. — Caractères généraux de ces droits. — Conservation de l'organisme politique. Suspension des lois sur le recrutement. — Droits de l'occupant vis-à-vis des fonctionnaires. — Maintien de l'ordre public. — Administration de la justice. — Droits de l'occupant sur les biens du domaine public. — Appropriation des revenus. — Domaine forestier.— Capitaux et créances appartenant à l'ennemi. — Impôts. Perception. Modifications permises. — Des changements apportés à la législation du pays occupé. — Situation du Gouvernement légal. Devoir d'abstention... 188

DIX-SEPTIÈME CONFÉRENCE.

De l'occupation militaire (*suite et fin*). — Droits et devoirs des habitants du territoire occupé. — Conservation de la nationalité. — Maintien des lois civiles et pénales. — Devoir d'obéissance de l'habitant. — Loi martiale. — Ses caractères. — Questions diverses relatives à ce sujet. — Pénalités, responsabilité des communes. — Otages. — Conclusion. — Occupation dans une guerre civile. — Des chemins de fer en temps de guerre. — Considérations générales. — Réquisitions relatives aux chemins de fer. — Droits de l'occupant sur les chemins de fer du pays occupé. — Saisie. — Destruction. — Sort du matériel roulant. — Exploitation. — Tarifs. Employés. — Profits de l'exploitation. — Projet de M. de Stein. — Télégraphes. — Câbles sous-marins.. 223

DIX-HUITIÈME CONFÉRENCE.

De la neutralité territoriale. — Son principe. — Esquisse historique de la neutralité. — Antiquité, moyen âge. — Dix-huitième siècle. — Prétentions de l'Angleterre. — Ligue de la neutralité armée de 1780. — Révolution française. — Seconde neutralité armée. — Blocus continental. — Caractères de la neutralité. — Quels États doivent être considérés comme neutres. — Déclarations de neutralité. *Foreign enlistments acts.* — Droits et devoirs des neutres. — Droit à l'intégrité de leur territoire. — Désarmement des troupes belligérantes qui franchissent la frontière neutre. — Combattants isolés réfugiés en territoire neutre. — Passage de convois de prisonniers ou de blessés sur le territoire neutre. — Obligation du neutre de ne point prendre de part aux hostilités. — Enrôlements en territoire neutre. — Équipement de corsaires dans les eaux territoriales neutres. Cas de l'*Alabama.* Règles de Washington. — Liberté du commerce des neutres avec les belligérants. Ses restrictions. — Leur application à la guerre continentale....................... 263

DIX-NEUVIÈME CONFÉRENCE.

De la neutralité perpétuelle. — Son origine. — Neutralité de la Suisse. — Neutralité de la Belgique. — Droits et devoirs de l'État perpétuellement neutre. — Défense de sa neutralité. — Situation de la Savoie neutralisée. — Progression historique de l'idée de neutralité en ce qui concerne la Savoie. — Congrès de Vienne. — La Sardaigne demande la neutralisation. Décla-

Pages.

ration du comte de Saint-Marsan. — Protocole du 29 mars 1815.
— Traité de Paris du 30 mai 1815. — Acte final du congrès
de Vienne, art. 92. — Traité du 20 novembre 1815. — La neutralisation a été établie au profit de la Sardaigne. — Délimitation du territoire neutralisé. — Campagne de 1859. — Cession
de la Savoie à la France. — Protestations de la Suisse, ses
prétentions. — Maintien de la neutralité. Traité du 24 mars
1860, art. 2. — État actuel de la Savoie neutralisée : 1° en temps
de paix ; 2° en temps de guerre.................................. 302

VINGTIÈME CONFÉRENCE.

Fin de la guerre. — Cessation pure et simple des hostilités. —
Ses conséquences. — Inconvénients de ce mode de transition
de la guerre à la paix. — Fin de la guerre par anéantissement
de l'État vaincu. — Ancien droit. — Exemples contemporains.
— Application à la guerre civile. — Condition des citoyens de
l'État disparu. — Traité de paix. — Armistice. — Préliminaires de paix. — Traité définitif. Application de la théorie
générale des traités. — Pouvoir du gouvernement de fait. —
Étude des clauses des traités de paix. — Clauses générales,
clauses particulières. — Clauses générales : 1° Cessation des
hostilités ; 2° Amnistie ; 3° Libération des prisonniers ; 4° Droit
de *postliminie*. Clauses particulières. — Cession de territoires.
— Droit d'option laissé aux habitants du territoire cédé. —
L'annexion d'un territoire doit-elle être subordonnée au consentement de ses habitants ? — Indemnités de guerre, leur
exagération, ses dangers....................................... 349

Conclusion 401

FIN DE LA TABLE

GRENOBLE. — IMPRIMERIE F. ALLIER PÈRE ET FILS.

EXTRAIT DU CATALOGUE GÉNÉRAL

ASSER (T.-M.-C.), conseil du Ministère des Affaires étrangères du royaume des Pays-Bas, avocat, professeur à l'Université d'Amsterdam : — **Eléments de Droit international privé ou conflit des lois**. Droit civil. — Procédure. — Droit commercial. Ouvrage traduit, complété et annoté par Alphonse RIVIER, professeur à l'Université de Bruxelles, secrétaire général de l'Institut de Droit international, 1 vol. in-8. 8 fr.
CALVO (Charles), ancien ministre, membre correspondant de l'Académie des sciences morales et politiques et de l'Institut de France, de l'Académie royale d'histoire de Madrid, fondateur de l'Institut du Droit international, etc. — **Le Droit international théorique et pratique**, précédé d'un exposé historique des progrès de la science du droit des gens, 5e éd. revue et complétée, 5 vol. grand in-8. 75 fr.
— **Manuel de Droit international pratique et privé**, conforme au programme des Facultés de Droit, 3e édit., 1892, 1 vol. in-12. 7 fr.
— **Dictionnaire de Droit international public et privé**, 2 vol. grand in-8, 1885. . . . . 50 fr.
— **Dictionnaire manuel de Diplomatie et de Droit international public et privé**, 1 vol. grand in-8, 1885. . . . . . 25 fr.
DARRAS (Alcide), docteur en Droit : — **Des Droits intellectuels**. — **Du Droit des auteurs et des artistes dans les rapports internationaux**. (Ouvrage couronné par la Faculté de droit de Douai et par l'Académie de législation), 1 vol. in-8. 12 fr.
FAUCHILLE (Paul). — **Du blocus maritime**. Etude de Droit international et Droit comparé, suivie d'une table analytique, 1882, 1 vol. in-8. . . . . 9 fr.
HOLTZENDORFF (Franz de), professeur à l'Université de Munich : — **Eléments de Droit international public**, traduit de l'allemand par G. Chr. Zographos, 1 vol. in-8, 1891. . . . 5 fr.
LEVASSEUR, *membre de l'Institut, professeur au Collège de France et au Conservatoire des Arts et Métiers*. **La population française**, Histoire de la population avant 1789 et démographie de la France comparée à celle des autres nations au XIXe siècle, précédée d'une introduction sur la statistique, 3 vol. grand in-8 . . . 37 fr. 50
MILOVANOWITCH, docteur en droit : — **Les Traités de garantie au XIXe siècle**. Etude de droit international et d'histoire diplomatique. Théorie juridique. Les congrès de Vienne et la Sainte-Alliance. Question Polonaise. Neutralité Suisse. Neutralité Belge. Formation de l'unité Allemande. Neutralité du Luxembourg. Question d'Orient. Valeur pratique des traités de garantie, 1888, in-8. 8 fr.
NEUMANN (Baron Léopold de), conseiller privé, professeur de Droit à l'Université de Vienne, membre de l'Institut de Droit international : — **Eléments du Droit des gens moderne européen**. Traduit de l'allemand sur la 3e édition revue et augmentée, et annoté par A. DE RIEDMATTEN, avocat à la Cour d'appel de Paris, docteur en Droit, 1886, in-8 . . . . 7 fr.
PICCIONI (Camille), docteur en droit : — **Essai sur la neutralité perpétuelle**, 1 vol. in-8, 1891 . . . . 5 fr.
VERNESCO (Constantin-G.), docteur en Droit : — **Des fleuves en Droit international**, 1 vol. in-8, 1888 . . . . 8 fr.

www.ingramcontent.com/pod-product-compliance
Lightning Source LLC
Chambersburg PA
CBHW052235220526
45471CB00001B/56